rororo

Zu diesem Buch Ein fesselnder Roman über eine starke und mutige Frau: die unglaublich authentische und bewegende Geschichte von Mary Bryant, einer Heldin der Armen, die, um zu überleben, zur Räuberin wurde. Aber ihr unbändiger Wille siegte über ihr schweres Schicksal, das die Menschen ihrer Zeit bewegte: 1786 in England zum Galgen verurteilt, zur Verbannung begnadigt, unter unsäglichen Bedingungen nach Australien geschafft, gelang ihr eine spektakuläre Flucht über See und schließlich ein Neuanfang in Freiheit und Würde.

«Wenn das Abenteuer erst einmal begonnen hat, kann man mit dem Lesen nicht mehr aufhören.» («Eastern Daily Press»)

Judith Cook, geboren 1933, arbeitete als Journalistin für den «Guardian» und das englische Fernsehen und wurde mit mehreren Journalistenpreisen ausgezeichnet. Außerdem schrieb sie Bücher zu historisch-literarischen Themen. Judith Cook lehrt englische Literatur an der Universität Exeter und lebt in Cornwall.

JUDITH COOK

Das trotzige Leben der Mary Bryant

Die unglaubliche Geschichte einer Räuberin im 18. Jahrhundert

Deutsch von
Anne Büchel

Rowohlt Taschenbuch Verlag

Die Originalausgabe erschien unter dem Titel
«To Brave Every Danger» bei Macmillan, London
Einzig berechtigte Übersetzung aus dem
Englischen von Anne Büchel

Veröffentlicht im Rowohlt Taschenbuch
Verlag GmbH, Reinbek bei Hamburg, Februar 1999
Lizenzausgabe mit Genehmigung des
Scherz Verlages, Bern und München

Printed in Germany
Gesamtherstellung Clausen & Bosse, Leck
ISBN 3 499 22468 2

Inhalt

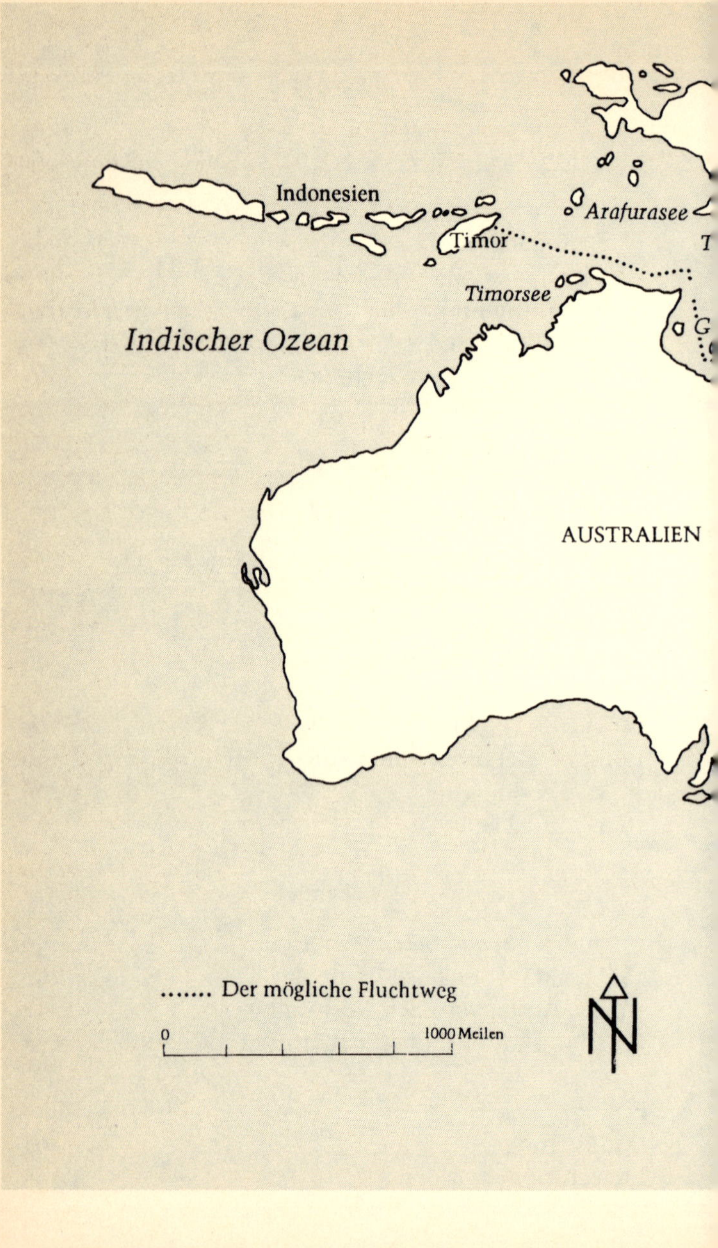
Indonesien
Arafurasee
Timor
Timorsee
Indischer Ozean
AUSTRALIEN
.... Der mögliche Fluchtweg
0
1000 Meilen
N

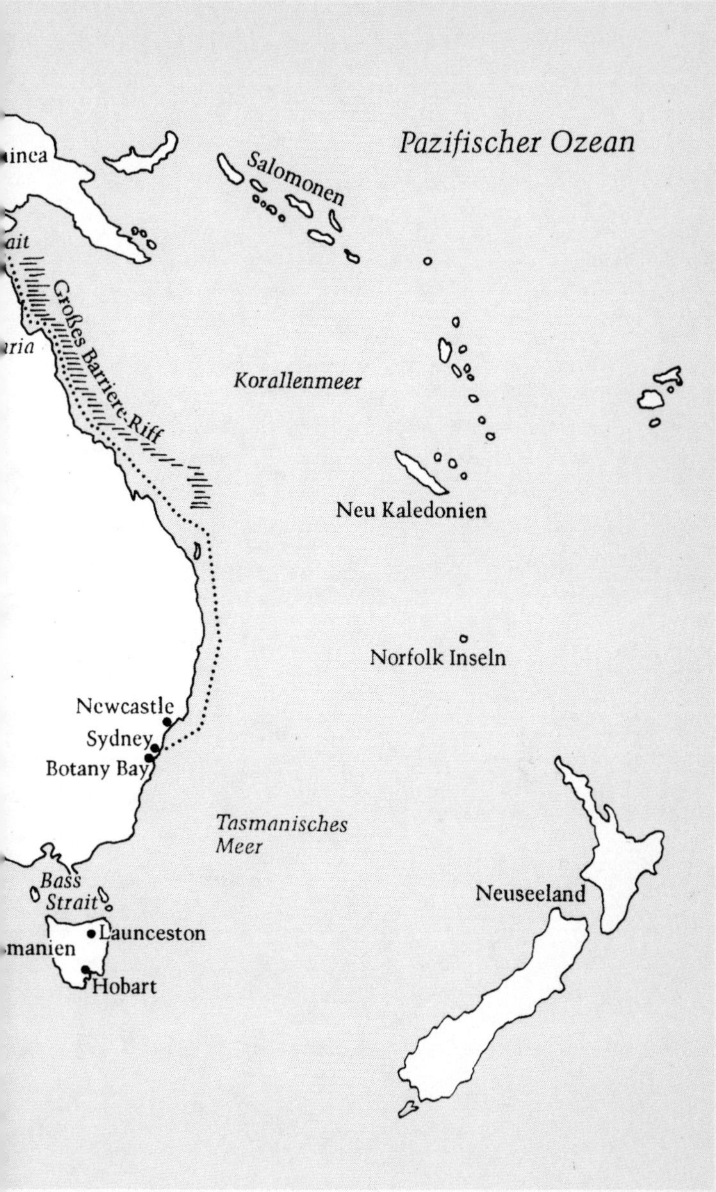

Pazifischer Ozean
inea
Salomonen
ait
Großes Barriere-Riff
aria
Korallenmeer
Neu Kaledonien
Norfolk Inseln
Newcastle
Sydney
Botany Bay
Tasmanisches Meer
Bass Strait
Launceston
manien
Hobart
Neuseeland

I

Cornwall

1. Kapitel

Bewegte Zeiten

Mary Bryant, Tochter eines Seemanns aus Cornwall, war eine Straßenräuberin, die zum Tode verurteilt und dann zur Deportation nach Australien begnadigt wurde; sie war die Geliebte eines Marineoffiziers auf einem Gefängnisschiff, und sie war die «Steuerfrau» eines Kutters, mit dem einige Sträflinge eine waghalsige Flucht über dreitausend Seemeilen unternahmen. Nachdem sie abermals gefangengenommen und nach England zurückgebracht worden war, setzte sich kein Geringerer als James Boswell für ihre Freilassung ein.

Dennoch ist Mary Bryant bis heute wenig bekannt. Die Holländer betrachteten sie als eine Art «Nationalheldin», obwohl ihr Leben nur eine kurze Episode in der niederländischen Kolonialgeschichte darstellt. In Australien, wo sie lediglich vier Jahre lang lebte, hat Mary in jüngster Zeit den ihr gebührenden Platz in der Gründungsgeschichte des Kontinents erhalten. In England dagegen, wo sie geboren wurde, wo sie aufwuchs und wohin sie schließlich zurückkehrte, hat man ihre Existenz kaum zur Kenntnis genommen.

Obwohl das schwarzhaarige, grauäugige Mädchen aus Cornwall keine Schönheit war, muß sie auf viele Männer, die ihr begegneten, höchst faszinierend gewirkt haben, und ihre schillernde Figur geistert durch die Aufzeichnungen jener, die zu den ersten weißen Siedlern in Neusüdwales gehörten.

Mary Bryant muß in der Tat eine außergewöhnliche Frau gewesen sein, und sie hat auch in einer außergewöhnlichen Zeit gelebt. Es gibt eine chinesische Verwünschung, welche lautet: «Mögest du in bewegten Zeiten leben!» Mary erlebte solche bewegte Zeiten, denn sie wurde in eine Epoche hineingeboren, die von wirtschaftlichen und politischen Umwälzungen geprägt war. Die Revolutionen in Amerika und Frankreich lösten beim englischen «Establishment» Angst und Schrecken aus, bestand doch Gefahr, daß auch die einheimische Bevölkerung mit dem Bazillus des Freiheitskampfes angesteckt werden könnte. Die industrielle Revolution führte dazu, daß die zahllosen ihrer wirtschaftlichen Grundlage beraubten Kleinbauern in die Städte strömten, um Arbeit und Brot zu finden. Für die Menschen, die in der zweiten Hälfte des 18. Jahrhunderts geboren wurden, sollte nichts je wieder so sein, wie es einmal gewesen war.

Mary, deren Kindheit und Jugend in die Jahre des amerikanischen Unabhängigkeitskrieges mit seinen für England katastrophalen wirtschaftlichen Folgen fiel, war ein Kind – und in mancher Hinsicht ein Opfer – jener bewegten Zeiten. Sie wuchs in einem Land auf, dessen rasch wachsende Unterschicht von der herrschenden Oberschicht mit dem Instrument eines drakonischen, immer brutaler angewendeten Strafrechts in Schach gehalten wurde. Dieser Umstand hat Mary beeinflußt, und hat sie zweifellos auch den Weg einschlagen lassen, der sie – in Ketten – um die halbe Welt führen sollte. Geprägt war sie aber auch von ihrer Heimat, dem «Wilden Westen» Englands.

Dem modernen Touristen, der die lange Bahnfahrt dorthin unternimmt oder mit dem Auto über holperige Landstraßen schaukelt, wird früher oder später klar, daß Cornwall doch recht abgelegen ist. Dem Reisenden des 18. Jahrhunderts mußte es gar wie ein fernes Land vorkommen, eine Welt für sich, durch Flüsse und Moore sogar vom benachbarten Devon abgeschnitten. Äußerlich hat sich das Bild Cornwalls mit seinen grauen, gegen den scharfen Westwind durch drei Fuß dicke Mauern geschützten Häusern nur wenig verändert. Zu Marys Zeiten lebten freilich viel weniger Menschen dort. Im rauheren Norden mit seinen turmhohen schwarzen Klippen über der rauhen See lagen die Weiler und Gehöfte weit verstreut. Anders der von langgezogenen Buchten und waldreichen Flußtälern dominierte Süden: Hier gab und gibt es neben verschlafenen Kleinstädten und Dörfern auch zwei größere Seehäfen: Fowey und Falmouth.

Wenn wir heutzutage die schlechten Straßen in Devon und Cornwall verfluchen, müssen wir uns erst einmal vorstellen, wie strapaziös die Reise dorthin im 18. Jahrhundert gewesen sein muß: Wer sich eine Kutsche leisten konnte, wurde tagelang durchgeschüttelt, wer zu Pferde oder zu Fuß unterwegs war, hatte bald eine wunde Sitzfläche oder Blasen an den Zehen. Als Marys Eltern jung verheiratet waren, gab es nur eine größere Straße und nur eine einzige, weit landeinwärts gelegene Brücke. Reisende aus Exeter und Plymouth mußten entweder einen Umweg machen oder eine der Flußfähren über den Tamar nehmen – aber gerade die Wege zu den Fährstationen galten als besonders gefährlich, denn da lauerten *highwaymen* und *footpads* (Straßenräuber zu Pferde beziehungsweise zu Fuß).

Wo immer man sich in Cornwall auch befindet, die See ist immer nah. Damals gab sie viel mehr Menschen Nahrung und Arbeit, sie forderte viel häufiger ihre Opfer, und sie prägte den eigenwilligen Menschenschlag, der dort lebt. Marys Familie, die Broads, gehörte einem Volk an, das einst eine eigene Sprache besaß, das dem Walisischen und Bretonischen nah verwandte Kornisch. Stolz auf seine Unabhängigkeit, von tiefem Mißtrauen gegen alles erfüllt, was von jenseits der Grenze kam, hatte dieses Volk seit dem großen Bauernaufstand mehr als einmal gegen den König und die Regierung rebelliert. Heute noch wird einer dieser Aufstände in der kornischen Hymne *And Shall Trelawney Die?* besungen. Während des Bürgerkrieges jedoch machten die Leute von Cornwall ihrem Ruf als unberechenbare Individualisten alle Ehre: Die meisten schlugen sich auf die Seite der Royalisten und kämpften weiter für eine verlorene Sache, noch lange nachdem das übrige England sich mit Cromwell abgefunden hatte.

Vor 1750 waren nur wenige Anzeichen eines bevorstehenden Umbruchs erkennbar, und das Leben in Cornwall verlief nicht viel anders als zu jenen Zeiten, als die *Fowey Gallants*, wie man im Mittelalter die Freibeuter nannte, von Marys Heimatstadt aus in See stachen oder als die Rashleighs ein Schiff zum Kampf gegen die Armada ausrüsteten.

Der 1642 ausgebrochene Bürgerkrieg hatte dem Land allerdings Wunden beigebracht, die hundert Jahre später noch nicht verheilt waren. Viele blutige Schlachten waren in Cornwall geschlagen worden, eine davon vor den Toren von Fowey. Richard Grenville, des Königs General im Westen, hatte mit seiner Armee auf der uralten Hügelfestung Castle Dor – der Legende nach König Markes Burg und Schauplatz der Tragödie von Tristan und Isolde – Stellung bezogen; er hatte die Soldaten des Parlaments auf diesen Hügel gelockt und dann in die sumpfige Küstenebene gejagt, wo sie, zwischen der hereinkommenden Flut und einem weiteren Verband Königstreuer gefangen, jämmerlich ertranken oder niedergemacht wurden.

In diesem Krieg waren Allianzen auseinandergebrochen, hatten sich Familien entzweit. Noch ein Jahrhundert später herrschten Spannungen zwischen den in der

Umgebung von Fowey lebenden Großgrundbesitzern, etwa den Rashleighs und den Robartes, weil ihre Vorfahren für oder gegen den König gekämpft hatten, und einer der Treffrys gehörte sogar zu denen, die das Todesurteil Karls I. mit unterzeichneten.

Zu Marys Zeiten waren Bergbau, Fischerei und Landwirtschaft die wichtigsten Erwerbszweige. Viele Leute betätigten sich auf allen drei Gebieten. Sie besaßen vielleicht ein kleines Stück Ackerland, das für die Selbstversorgung ausreichte, und verdienten in den Kupfer- und Zinngruben noch etwas dazu; oder sie arbeiteten im Winter und Frühjahr in den Minen, im Sommer und Herbst auf einem Fischerboot. Dies war nur deshalb möglich, weil der Bergbau in Cornwall vorwiegend nach dem sogenannten «Tributsystem» betrieben wurde: Mehrere Männer taten sich zusammen, um für einen festen Betrag, der sich nach dem Schwierigkeitsgrad richtete, ein bestimmtes Flöz abzubauen; den Erlös teilten sie unter sich auf. Diese Bergleute genossen ein höheres Ansehen als solche, die im Wochenlohn arbeiteten. Natürlich war das ein riskantes Geschäft, obwohl man vor der Einführung dampfbetriebener Pumpen (die dann zu tiefgreifenden Veränderungen auf dem Arbeitsmarkt führen sollte) nicht in große Tiefen vordringen konnte. Zudem stand es den Grubenbesitzern jederzeit frei, Leute zu entlassen, falls die Preise für Kupfer und Zinn sanken. Die meisten Grubenarbeiter wohnten in Reihenhäuschen, die in unmittelbarer Nähe der meist kleinflächigen Abbaustellen errichtet wurden. Zu jedem Häuschen gehörte ein Garten, den man mit Kartoffeln und Rüben beflanzte, und die damals noch von allen benutzten Allmenden lieferten Futter für Kleinvieh; manche Familien besaßen sogar eine Kuh.

Das Meer lieferte die wirtschaftliche Grundlage Cornwalls, die Sardinen. Sie waren nicht nur ein wichtiges Grundnahrungsmittel, sondern auch ein einträgliches Exportprodukt. Die größten Sardinenschwärme kamen zu Beginn des Sommers, kleinere folgten im Herbst. Ihre Ankunft löste jeweils in Fowey und den kleineren Fischerhäfen eine hektische Aktivität aus, an der sich jeder beteiligte. Frauen und Kinder halfen beim Entladen der Boote mit; das Einsalzen war eine typische Frauenarbeit. Mit den Abfällen düngte man die Felder.

Während der Wintermonate waren die Küstenbewohner fast ausschließlich auf ihren Vorrat an Salzfisch angewiesen. Fiel der Fang schlecht aus, mußten viele Menschen hungern. So sollte denn das Jahr 1768, in dem die großen Schwärme ausblieben, ein Schicksalsjahr werden – für Cornwall im allgemeinen und für Mary ganz persönlich.

Ein beträchtlicher Teil der von der lokalen Wirtschaft dringend benötigten Geldmittel stammte aus dem Export nach den Mittelmeerländern, wo riesige Mengen Fisch als Fastenspeise konsumiert wurden. Einheimische Frachtsegler brachten alljährlich Zehntausende von Fässern über den Ärmelkanal nach Frankreich, über den Golf von Biskaya nach Santander und durch die Straße von Gibraltar bis nach Italien. Für die Rückfahrt wurden Südfrüchte, Gewürze und andere exotische Produkte an Bord genommen. Auch William Broad, Marys Vater, war als Seemann in diesem für Cornwall lebenswichtigen Exportgeschäft tätig.

Für Frauen gab es außerhalb der Fischereisaison oder der Erntezeit kaum Verdienstmöglichkeiten. Erst gegen Ende des Jahrhunderts arbeiteten die Frauen in den Bergwerken, wo man sie im Tagebau beschäftigte. Vielen blieb also nichts anderes übrig, als in den Häusern des

Landadels, bei wohlhabenden Kaufleuten oder Großbauern als Dienstmädchen in Stellung zu gehen.

Die niedrigen Einkommen, die weiten Entfernungen zu größeren Ballungszentren und der leichte Zugang zur Küste mit ihren zahllosen versteckten Buchten führte dazu, daß in Cornwall das Schmuggelgeschäft blühte. Um die Mitte des Jahrhunderts war die Wirtschaft in hohem Maße von dem abhängig, was die Einheimischen «Freihandel» nannten. Riesige Mengen Konterbande gelangten über den Ärmelkanal nach England und brachten die Regierung Jahr für Jahr um Hunderttausende Pfund an Steuereinnahmen. Branntwein und Tabak waren die wichtigsten Schmuggelwaren; es gab aber auch einen florierenden Markt für Wein, Seide, Musselin und während der Zeit, da auf Salz eine Steuer erhoben wurde, für Salz aus Frankreich. Um 1755 war der Schmuggel eine so alltägliche Angelegenheit geworden, daß man sogar am hellichten Tag Frachten löschte und weitertransportierte. Die ganze Bevölkerung war in das Geschäft verwickelt, vom Adel über das Bürgertum und die Geistlichkeit bis hinunter zu den ärmsten Häuslerfamilien. Es kam so gut wie nie vor, daß ein Schmuggler, auch wenn er auf frischer Tat ertappt worden war, von einem einheimischen Schwurgericht schuldig gesprochen wurde, und einmal soll ein Richter einen Angeklagten mit den Worten verabschiedet haben: «Sie verlassen diesen Gerichtssaal mit keinem Makel behaftet außer demjenigen, von Geschworenen aus Bodmin freigesprochen worden zu sein ...»

Aus der landläufigen Einstellung dem Schmuggel gegenüber läßt sich Marys persönliche Einstellung den Behörden gegenüber zumindest teilweise erklären. In Cornwall sah man einfach nichts Unrechtes in der Ausübung eines «Gewerbes», das bei der Obrigkeit meist nur hilflose Wut auslöste. Daß man es mit der Plünderung von gestrandeten Schiffen ebenso hielt, beruht nicht auf Tatsachen, auch wenn für Menschen, die von der Hand in den Mund lebten, ein Wrack ein unverhofftes Glück bedeuten mochte. So soll man im Kirchspiel St. Just zwar nicht ausdrücklich darum gebeten haben, daß ein Schiff strande – formulierte aber: «Wenn es denn sein muß, o Herr, so laß es vor unserer Küste geschehen, zu Nutz und Frommen der armen Leute.» Strandgut an sich zu nehmen war eine Sache, Menschenleben zu gefährden eine andere. Die oft erzählten Geschichten über Segler, die durch falsche Leuchtfeuer ins Verderben gelockt wurden, entbehren jeder Grundlage – es gibt an der Küste Cornwalls genug Riffe und Klippen, die den Schiffen gefährlich werden können.

Überhaupt war das Leben im Cornwall des 18. Jahrhunderts längst nicht so romantisch, wie es in den meisten Erzählungen dargestellt wird. Daß ein feuriger Graf ein schönes Bauernmädchen heiratete, kam in der Wirklichkeit wohl kaum je vor. Die sozialen Klassen lebten streng voneinander getrennt, die Reichen auf ihren Gütern, die übrigen in ihren aus Stein oder Fachwerk gebauten Katen, von denen manche nur aus einem einzigen Raum bestanden. Die Küche enthielt eine große offene Feuerstelle zum Kochen und einen Lehmofen zum Backen; als Brennmaterial wurde Torf oder Stechginster verwendet. Das Wasser mußte man am Bach oder am Brunnen holen, und was die sanitären Einrichtungen anging, so gab es bestenfalls ein Plumpsklo, manchmal auch nur ein in die Erde gegrabenes Loch.

Die gewöhnlichen Sterblichen kamen selten weiter als ein paar Meilen über ihren Wohnort hinaus. Die Reichen hatten Kutschen, die Fuhrleute Karren, doch der Großteil des Gütertransports erfolgte durch Lasttiere. Wer weiter fort wollte, reiste lieber zu Wasser als zu Lande, obgleich seit 1754 eine neue Mautstraße im Bau war. Eine längere Reise, etwa gar nach London, war geradezu eine Expedition, vor allem für Leute zu Pferde; denn man lief ständig Gefahr, durch schlechtes Wetter aufgehalten oder von Straßenräubern überfallen zu werden.

Im fernen London wurde darüber gewitzelt, Cornwalls einziger Reichtum seien seine Parlamentsabgeordneten. In der Tat setzte sich die Grafschaft politisch ausschließlich aus *rotten boroughs* zusammen, Wahlbezirken, die trotz ihrer geringen Einwohnerzahl das Recht hatten, einen Abgeordneten zu delegieren – auch das ein Grund für die zynische Haltung der Einheimischen gegenüber der in London betriebenen Politik. Cornwall, das 1754 nur 135 000 Einwohner zählte, stellte nicht weniger als 44 Abgeordnete, und die gehörten allesamt den mächtigen Sippen des Landadels an, den Rashleighs und Treffrys aus Fowey, den Edgecumbes aus Mount Edgecumbe und Cotehele, den Carews aus Antony, den Boscawens aus Falmouth. Nur im Vorfeld einer Wahl wurden die wenigen Wahlberechtigten von ihren sogenannten Vertretern umworben.

Fowey besaß eine direkte Verbindung zu den berühmten Pitts: Im Jahre 1740 hatten Thomas und William der Ältere, darauf erpicht, daß auch Thomas in die Politik gehen sollte, eine private Überprüfung sämtlicher übernahmereifen *rotten boroughs* vorgenommen und 21 davon, alle in Cornwall, an sich gebracht. Das war für sie von Vorteil, denn sie hatten bereits das bei Fowley gelegene Landgut Boconnec erstanden, dessen Besitzerin verkaufen mußte, nachdem ihr Gatte in einem Duell getötet worden war. Das kleine Fowley mit seinen insgesamt 45 Wahlberechtigten verfügte somit über zwei Parlamentsabgeordnete, von denen in der Regel einer ein Rashleigh war und der andere ein Treffry oder ein Edgecumbe. Im Jahre 1746, als Thomas Pitt kandidierte, wurde Fowey durch einen Jonathan Rashleigh und einen George Edgecumbe vertreten. Die Pitts boten für diese beiden Sitze 2000 Pfund, damals eine beachtliche Summe. Zwar steckten die Wähler von Fowey das Geld ein, schickten aber trotzdem ihre eigenen Leute nach London. Im weiter westlich gelegenen Hayle machte sich der Abgeordnete nicht einmal die Mühe, irgend jemanden zu bestechen: Da ihm fast alle Häuser des Städtchens gehörten, brauchte er seinen Wählern nur damit zu drohen, sie auf die Straße zu setzen, falls sie nicht für ihn stimmen würden.

Vetternwirtschaft herrschte nicht nur bei der Verteilung der Parlamentssitze, sondern auch bei der Vergabe lukrativer Kirchenpfründe. Letztere befanden sich ebenfalls im Besitz reicher Grundbesitzer, die ihre jüngeren Söhne häufig zum geistlichen Amt bestimmten, ob diese sich nun dazu berufen fühlten oder nicht. Wer mehr als eine Pfründe besaß, verpachtete die übrigen, und zwar meist an schlecht bezahlte und unzureichend ausgebildete Hilfsgeistliche. Die Leute von Cornwall waren traditionell religiös. Daß so viele begüterte Pfarrherren ungeniert in Saus und Braus lebten, führte dazu, daß Tausende zum Methodismus übertraten. Der Obrigkeit konnte das nur recht sein, verhieß die Lehre John Wesleys ihren Anhängern doch Gerechtigkeit im Jenseits, so daß man nicht befürchten mußte, das gemeine Volk könne dem Beispiel der Amerikaner und Franzosen folgen und schon im Diesseits auf sein Recht pochen …

Das erste Problem, das ein im 18. Jahrhundert geborener Mensch zu bewältigen hatte, bestand darin, überhaupt das Erwachsenenalter zu erreichen. Die Kindersterblichkeit war sehr hoch. Wer in den Kirchenbüchern jener Epoche blättert, findet zahlreiche Namen, welche, schon bald nachdem sie in der Rubrik «Taufen» eingetragen wurden, in der Spalte «Sterbefälle» erscheinen. Krankheiten wie Pocken, Masern, Keuchhusten und vor allem Diphtherie forderten ihre Opfer ohne Unterschied zwischen arm und reich, wie die vielen Gedenktafeln in der Pfarrkirche von Fowey beweisen. Da gibt es etwa eine, die besagt, daß vier der acht Kinder eines gewissen William Toller noch vor ihrem dritten Geburtstag starben, und auf einer anderen beklagt die Familie Stephens den frühen Tod zweier Knaben und zweier Mädchen, «die ganze Freude und Hoffnung ihrer Eltern».

Nachrichten aus der großen weiten Welt gelangten nur sporadisch nach Cornwall. Die wichtigste Quelle für alles, was «in der Fremde» passierte, war der *Western Flyer and Sherborne Mercury*. Wer lesen konnte und sich in der Fülle des Gebotenen einigermaßen zurechtfand – denn Überschriften oder gar Schlagzeilen gab es damals noch nicht –, kam allemal auf seine Rechnung. Auf der Titelseite standen Anzeigen aller Art, in der Mehrzahl solche für allerlei Pillen und Tränklein, die angeblich alles kurierten. Der Rest des Blattes war eine abenteuerliche Mischung aus Nachrichten, Hofklatsch, Berichten von Parlamentsdebatten, Reportagen über Verfahren vor den lokalen Gerichten und schaudererregenden Schilderungen von öffentlichen Hinrichtungen in der Hauptstadt und anderswo.

Der *Sherborner* wurde per Sonderkurier nach Cornwall gebracht. Überall, wo die staub- und schweißbedeckten *Sherborne Riders* Station machten, wartete schon eine auf Neuigkeiten erpichte Menschenmenge, und die Zeitung fand reißenden Absatz. Der Alphabetisierungsgrad lag in Cornwall höher, als man annehmen sollte, und jede

Nummer wurde so lange weitergegeben, bis sie nur noch aus Fetzen bestand. Dem Historiker Hamilton Jenkins zufolge wurden in Cornwall Klatschmäuler noch bis weit ins 19. Jahrhundert hinein als «Sherborner» bezeichnet.

Alles in allem bot Cornwall um die Mitte des 18. Jahrhunderts ein Bild relativen Friedens. Das Leben war hart, aber die meisten Leute hatten genug zu essen – und auch zu trinken, denn an *kiddlies*, kleinen Schenken, die ihr eigenes Bier brauten, fehlte es nirgends. Das direkt oder indirekt über den «Freihandel» verdiente Geld half manch einer Familie über schlechte Zeiten hinweg, und zahlreiche Heiligenfeste und andere Feiertage brachten Abwechslung in den grauen Alltag und boten eine willkommene Gelegenheit, Dampf abzulassen.

Gegen Ende der 1750er Jahre wurden die ersten Veränderungen sichtbar, am deutlichsten im Bergbau. Während der vergangenen zwei Jahrzehnte hatte es bei den Kupferpreisen starke Schwankungen gegeben, doch dank der Entwicklung der Dampfpumpe konnte das Erz jetzt auch in Tiefen von bis zu 2000 Fuß abgebaut werden. Der Abbau kleiner, weit verstreut liegender Vorkommen lohnte sich für die Grubenbesitzer nicht mehr, und es bildeten sich neue, rasch wachsende Industriezentren. Zahlreiche Bergleute, die früher noch bei ihren Arbeitsplätzen gelebt und im Nebenerwerb etwas Landwirtschaft betrieben hatten, zogen jetzt in die Städte und bewohnten jene tristen Arbeitersiedlungen, die zum Wahrzeichen der industriellen Revolution wurden. Ohne die Möglichkeit, sich selbst mit den Grundnahrungsmitteln zu versorgen oder sporadisch auf andere Erwerbszweige auszuweichen, waren diese Menschen ihren Arbeitgebern und deren Absatzmärkten vollkommen ausgeliefert.

Als Folge von Entlassungen und Grubenschließungen gerieten viele in bittere Not. In seinem Werk «*Cornwall in the Age of the Industrial Revolution*» schreibt John Rowe: «Jede Absatzkrise im Bergbau führte dazu, daß den Pfarreien mehr Menschen zur Last fielen, und zwar nicht nur Kranke und Alte, für die das Elisabethanische Armengesetz vorgesorgt hatte, sondern auch Arbeitsfähige, die ins Elend gerieten, weil es keine Verdienstmöglichkeiten gab.» Zu allem Übel wurden die Minenstädte im Sommer regelmäßig von Epidemien, besonders Typhus und Cholera, heimgesucht, während im Winter die Diphtherie zahllose Kinder dahinraffte. So ist es nicht verwunderlich, daß sich in der Bevölkerung zunehmend Unruhe bemerkbar machte.

Das Schicksal vieler Menschen lag jetzt in der Hand fremder Herren. Bisher waren die Zinn- und Kupfergruben in der Regel von Großgrundbesitzern oder Bankiers finanziert worden, die aus Cornwall stammten und mit den dortigen Verhältnissen vertraut waren. Mit der Einführung der Dampfpumpe wuchsen die Profite, und so strömten von überall her Spekulanten nach Cornwall, die wenig oder nichts vom Bergbau verstanden und denen es nur darum ging, rasch ein Vermögen zu machen. Die Verhüttung des Erzes wurde sehr bald durch Unternehmer aus den Midlands monopolisiert, die durch Kartellbildung ihre Gewinne gewaltig steigerten. Auch James Watt, der Erfinder der ersten in großem Maße eingesetzten Dampfpumpe, verdiente an jeder Tonne Erz, die aus einer mit seiner Maschine ausgerüsteten Grube stammte, eine bestimmte Tantieme.

Während Minen- und Hüttenbesitzer, Spekulanten, Bankiers und Händler Unsummen verdienten, schufteten die Kumpel für kargen Lohn unter grauenhaften Bedingungen. Trotz der Pumpen standen sie oft knietief im

Wasser, die Lungen voller Staub; ihre Lebenserwartung betrug weniger als 35 Jahre. Im Gegensatz zu früher gab es für viele Familien nun keine Saisonbeschäftigung mehr, keine Möglichkeit eines Zusatzverdienstes, wenn die Sardinenschwärme ausblieben oder wenn wegen eines politischen Konflikts das Auslandsgeschäft zusammenbrach.

Von alledem war William Broad, Marys Vater, vorerst nicht betroffen, auch wenn er dieses und jenes von Verwandten oder Freunden, die aus Fowey weggezogen waren, um anderswo Arbeit zu suchen, gehört haben mag. Er ahnte nicht, wie sehr sich die Zeiten ändern würden, als er, irgendwann zu Beginn der 1760er Jahre, einen Hausstand gründete.

2. Kapitel

Fowey

William und Grace Broad heirateten wahrscheinlich 1761, wann genau und wo, ist nicht bekannt. Aufgebot und Trauung erfolgten damals in der Regel am Wohnort der Braut. Grace stammt offenbar nicht aus Fowey oder der näheren Umgebung, denn im Kirchenbuch findet man keinen entsprechenden Eintrag, auch nicht in jenen der Methodistengemeinde und der umliegenden Ortschaften Lanteglos, St. Veep, Par, St. Blazey oder Lostwithiel.

Da William Seemann war, könnten er und Grace sich sehr wohl in einer der Hafenstädte kennengelernt haben, die auf seiner Route lagen – Penzance oder Falmouth weiter im Süden, St. Ives oder Padstow an der Nordküste, Plymouth gleich jenseits der Grenze in Devon. Möglicherweise stammte Grace aus einer noch weiter entfernten Stadt, aus Lowestoft oder Great Yarmouth in Ostengland, Bristol oder gar London; alle diese Häfen wurden von den Küstenfahrern aus Cornwall angelaufen. Freilich waren Ehen zwischen Einheimischen und «Ausländern» in Cornwall eher selten, und als «Ausländer» gilt heute noch jeder, der östlich des Tamar geboren wurde.

Wie auch immer, das frischgebackene Ehepaar ließ sich in Fowey nieder, vielleicht in einem der kleinen Häuschen an der steilen High Street (heute Lostwithiel Street) oder nahe der Pfarrkirche, die St. Fimbarrus geweiht ist, einem der unzähligen keltischen Heiligen.

Um die Mitte des 18. Jahrhunderts wurde die Hafeneinfahrt von Fowey von zwei mit Kanonen bestückten Forts bewacht und jeden Abend mit einer schweren Kette abgesperrt. Die Stadt drängte sich am rechten Ufer des gleichnamigen Flusses, ein gutes Stück unterhalb der Hügelkette, auf der damals eine Windmühle stand. Entlang den Kais und den etwas höher gelegenen Straßen lagen die stattlichen Häuser der Kaufleute und Schiffseigner. Die schmale Hauptstraße war an beiden Enden mit mächtigen Torbögen versehen.

Ein Stück flußaufwärts bei der Anlegestelle der Fähre nach Bodinnick befand sich eine Werft mit drei Kais und einer Helling, wo schnelle Kutter und Schaluppen gebaut wurden. Dort gab es auch Lagerhäuser und Werkstätten, in denen Segelmacher, Reeper, Blockmacher und andere Handwerker alles herstellten, was für den Bau und die Ausrüstung von Segelschiffen benötigt wurde.

Am großen Kai herrschte immer viel Betrieb, denn in Fowey (oder «Foye», wie es damals geschrieben wurde und heute noch ausgesprochen wird) waren mehrere Reeder ansässig, deren Schiffe von dort aus in See stachen. Der Hafen war seit dem Mittelalter bekannt und galt einem alten Bericht zufolge

> «... als der beste im Westen England, denn alle Schiffe, die in diese Richtung segeln, können hier bei günstigen südsüdöstlichen Winden auslaufen, und die ankommenden, gleich aus welcher Richtung, die bei stürmischem Südwind zwischen Rame Head und Deadman Point gegen die Küste getrieben werden, können ohne Schlepptau oder Anker der Gefahr entgehen, wenn sie diesen Hafen ansteuern. Bis zu dreißig große Schiffe finden jenseits des Sandriffs vor Polruan einen geschützten Ankerplatz.»

Im Sturm gegen eine Leeküste getrieben zu werden, ohne den Kurs ändern und das Fahrzeug aus der Gefahrenzone herauszumanövrieren zu können, war der Alptraum aller Seefahrer, denn das endete fast immer mit einem Schiffbruch.

Von früh bis spät transportierten kleine, wendige Boote die für den Export bestimmten Sardinenbottiche zu den vor Anker liegenden Schiffen hinaus, während andere die gelöschten Frachten an Land brachten: Salz, Orangen, Zitronen, Gewürze, Seidenstoffe oder auch alltägliche Produkte wie Meerkohl oder Schiefer. Die zahlreichen kleinen Buchten und Strände außerhalb der Hafenabsperrung dienten des Nachts als Umschlagplätze für Schmuggelgut – Schnaps, Wein und Tabak.

Die Kirchenbücher zeigen einen repräsentativen Querschnitt durch die verschiedenen Berufe, die von den Stadtbewohnern ausgeübt wurden. Mit Abstand am häufigsten findet man die Bezeichnungen «Seemann» und «Arbeiter». «Arbeiter» war der damals übliche Terminus für Bergleute, die im Wochenlohn angestellt waren. Da die nächstgelegenen Gruben sich drei bis vier Meilen landeinwärts befanden, muß es damals schon zahlreiche Pendler gegeben haben, die den Weg täglich zu Fuß zurücklegten. Als «Seemann» wurde jeder Matrose bezeichnet, unabhängig davon, ob er auf große Fahrt ging oder, was viel häufiger der Fall war, auf einem Küstensegler anheuerte. Zu jener Zeit hatten die berüchtigten *press gangs* (Aushebungstruppen) noch nicht begonnen, jeden halbwegs tauglichen Mann für den Zwangsdienst in der Royal Navy aufzugreifen. Obwohl Fowey auch ein Fischerhafen war, gab es nur wenige Leute, die ausschließlich von der Fischerei lebten.

Neben den genannten Berufen gab es in Fowey auch Zimmerleute, Bootsführer, Maurer, Hufschmiede, einen

Stellmacher, mehrere Barbiere und Perückenmacher, einen Hutmacher, einen Schreiber, einen Küster, einen Rechtsanwalt, einen Steuerbeamten sowie einen «Salzsteuereinnehmer für die Südküste».

Aus den Akten ist ferner ersichtlich, daß die Handelsschiffahrt von den Familien Goodall, Stephens, Toller, Major und Williams dominiert wurde und der Schiffsbau von William Nicholls und John Willcock, daß William Beare ein Reeper, William Collins und John Bone Schuster waren. Perücken waren in Fowey offenbar sehr gefragt, gab es doch nicht weniger als drei Perückenmacher, Richard Willington, John Hawkins und Alexander Hoskings. Wer sich einen neuen Hut oder Mantel kaufen wollte, ging zu Henry Lukey, Hutmacher, respektive Thomas White, Schneider. Wer Schriftliches zu erledigen hatte, wandte sich an Thomas Courts, Schreiber – lange nicht alle waren damals des Lesens und Schreibens kundig wie William Broad, der zumindest seinen Namen unter die Eintragungen im Taufregister setzen konnte. Bauarbeiten führte die Firma Thomas Jago aus, deren Inhaber sich rühmte, mit einer alteingesessenen Familie des kornischen Landadels verwandt zu sein.

Zu diesen Jagos gehörte auch der Pfarrer von Fowey, Nicholas Cory, der ein geräumiges Haus neben der Kirche bewohnte. Geräumig mußte es wohl auch sein, denn laut Taufregister schenkte Mrs. Cory ihrem Gatten über einen langen Zeitraum hinweg pünktlich jedes Jahr ein Kind. Der Pfarrer besaß mehrere Pfründen, denn er war auch noch für die Kirchspiele Landrake und Torpoint zuständig, die er später zweien seiner Söhne überließ.

Für das leibliche Wohl war in Fowey reichlich gesorgt. Neben den *kiddlies* gab es in der Stadt mehrere Tavernen und Gasthäuser, von denen drei heute noch existieren:

das *Ship Inn*, das *Lugger* und das *King of Prussia*. Letzteres verdankt seinen Namen nicht etwa einem preußischen Monarchen, sondern dem Schmugglerkönig John Carter. Der pflegte nämlich sein Reich, die Prussia Cove bei Penzance, mit Kanonen gegen die Zollkutter zu verteidigen und brüstete sich damit, daß er nie einen Kunden im Stich lasse, und wäre er auch gezwungen, von den Zollbeamten beschlagnahmte Ware irgendwie wieder herauszubekommen.

Eines der beliebtesten Gasthäuser war das *Rose and Crown* gleich neben dem Friedhof; später geriet es allerdings in Verruf, weil der Wirt, ein «Zugereister» aus Devonport namens Wyatt, einen reichen Juden, der bei ihm logierte, ermordete. Beim Prozeß stellte sich heraus, daß die beiden gemeinsam ein Geschäft mit Falschgeld aufgezogen hatten und sich deswegen in die Haare geraten waren. Wyatt wurde in Bodmin gehängt – eine schauderhafte Angelegenheit, denn der Henker pfuschte, und so dauerte es zwanzig Minuten, bis der Verurteilte tot war. Der mit Ketten gefesselte Leichnam wurde überdies, als abschreckendes Beispiel für alle Passanten, an einem Kreuzweg vor den Toren von Fowey aufgehängt, vermutlich am Galgen bei Four Turnings, der eigens für die Zurschaustellung einheimischer Delinquenten errichtet worden war.

William Broad hatte eine große Verwandtschaft, zu der mindestens zwei verheiratete Brüder gehörten, der eine Schreiner, der andere Bergmann von Beruf. Mit Hilfe ihrer Schwägerinnen fand sich die jungverheiratete Grace wohl bald am neuen Wohnort zurecht. Man zeigte ihr, wo sie Trinkwasser holen und wo sie ihre Wäsche waschen konnte; Stechginster zum Feuermachen wuchs reichlich auf den Hügeln über der Stadt, und Torf gab es bei den

Händlern zu kaufen, die mit Handkarren durch die Straßen zogen.

Wir können uns gut vorstellen, wie das junge Paar die Sonntage verbracht haben mag, bevor William wieder zur See fuhr. Morgens gingen sie zur Kirche, natürlich fein herausgeputzt: William vielleicht im neuen Anzug, den er sich für die Hochzeit geleistet hatte, Grace in einem scharlachroten Wollumhang, wie ihn die Frauen von Cornwall zu tragen pflegten, und mit einer hübschen Musselinhaube. Sie nahmen in einer der hinteren Bänke Platz, denn die vorderen Reihen waren vornehmen Familien wie den Rashleighs und Treffrys sowie den städtischen Notabeln vorbehalten.

Wie die Parlamentssitze wurden auch die öffentlichen Ämter innerhalb der paar Familien, die in Fowey das Sagen hatten, sozusagen «vererbt» – jemand, der nicht diesem erlauchten Kreis angehörte, kam niemals zu solchen Würden. So wurde das Amt des Bürgermeisters jeweils von einem Lambe, Stephens, Pomeroy, Graham oder Rashleigh beansprucht, während dasjenige des Stadtsyndikus vierzig Jahre lang in den Händen der Familie Kimber blieb und jeweils vom Vater auf den Sohn überging.

Die Ankunft der weltlichen Würdenträger in der Kirche anläßlich des Sonntagsgottesdienstes muß ein höchst beeindruckendes Schauspiel gewesen sein, jedenfalls nach der Beschreibung einer gewissen Susan Sibbalds, einer Zeitgenossin von William und Grace Broad, welche diese Zeremonie für die Nachwelt festgehalten hat:

> «Ich weiß noch gut, wie majestätisch der Bürgermeister und die Ratsherren uns allen vorkamen und wie prächtig ihre Gewänder – pelzgefütterte Tuchmäntel, sommers wie winters; die Haare gepudert, über den Ohren zu dicken, steifen Locken gedreht, eine Reihe

über der anderen, und im Nacken in einem Haarbeutel aus schwarzer Seide mit einer großen Rosette zusammengefaßt; ein kleiner Dreispitz und Schuhe mit großen Silberschnallen vervollständigten den sichtbaren Teil der Kleidung dieser Würdenträger. Nicht zu vergessen Ralph Paine, der Träger des Amtsstabes, welcher vor ihnen einherschritt, denn zweifellos bot er, sowohl nach seiner wie nach unserer Meinung, einen imposanten Anblick in seinem langen braunen Umhang und dem mit goldenen Borten gezierten Dreispitz – wer konnte ihn übertreffen? Und welchen Respekt flößte uns die versammelte Obrigkeit ein, wenn Ralph den mächtigen Amtsstab vorne auf die für die Ratsherren bestimmte Bank legte, eine schreckliche Warnung an alle Missetäter!»

Wenn das Wetter es erlaubte und die Predigt des Herrn Pfarrer nicht allzu lange ausgefallen war, spazierten Grace und William vor dem Mittagessen vielleicht noch bis nach Readymoney Cove hinaus, einer Bucht unterhalb eines der beiden Forts. Der merkwürdige Name «Bargeld-Bucht» geht angeblich auf die Goldstücke zurück, die nach dem Untergang einer zur Armada gehörenden spanischen Galeone an Land gespült worden waren. Von dort aus genossen Grace und William die prächtige Aussicht auf Bodinnick und Polruan, zwei Dörfer jenseits des Flusses, und auf die von Wind und Wellen geschaukelten Schiffe, die in der Mündung vor Anker lagen.

Zum Sonntagsmahl waren wohl auch Williams Eltern eingeladen. In guten Zeiten gab es Schweine- oder Rinderbraten mit reichlich Kartoffeln, Rüben und Kohl. Falls Grace aus Cornwall stammte, servierte sie vielleicht auch eine Landesspezialität, *Cornish pasty* genannt, eine mit Fleisch und Gemüse gefüllte Pastete, und zum Nachtisch einen mit Safran gewürzten Rosinenkuchen.

Im April 1762 wurde Grace schwanger, und neun Monate später kam ihr erstes Kind zur Welt, ein Mädchen, das am 22. Januar 1763 von Pfarrer Nicholas Cory auf den Namen Grace getauft wurde. Der stolze Vater unterschrieb im Taufregister als «William Broad, Seemann». Später nannte man die kleine Grace im Familienkreis stets «Dolly», wohl um Verwechslungen mit der Mutter zu vermeiden.

Von der Wohnung der Broads bis zur Kirche waren es nur wenige Minuten zu Fuß. Grace, das Kind auf dem Arm, und William führten den Taufzug an, hinter ihnen folgten Pate und Patin, die Verwandten und Bekannten. Jemand trug den großen, runden, in ein weißes Tuch gewickelten «Wiegenkuchen». Alle, die der Taufgesellschaft auf dem Nachhauseweg begegneten, durften sich ein Stückchen davon nehmen und bedankten sich mit dem frommen Wunsch, das Baby möge «der Gnade Gottes teilhaftig werden und zu einer tugendhaften Frau heranwachsen». Dieser Brauch geht vermutlich auf die Vorstellung zurück, eine unerwartete Gabe würde das Kind und seine Eltern vor dem bösen Blick schützen.

Allem Anschein nach ging William schon bald nach der Taufe wieder auf große Fahrt und blieb lange von zu Hause fort; denn während andere junge Ehepaare jener Epoche meistens ein Kind nach dem anderen bekamen, dauerte es im Falle der Broads geraume Zeit, ehe sich abermals Nachwuchs einstellte.

3. Kapitel

Im *Wonnemonat* Mai

Der 1. Mai war einer der wichtigsten Tage im Festkalender von Cornwall, und bereits in der Nacht davor war so ziemlich alles auf den Beinen. Überall wurden die Häuser mit Blumen und frischem Grün geschmückt, überall wurde gesungen, getanzt und reichlich Bier und Apfelwein getrunken.

Im übrigen hatte jedes Städtchen und jedes Dorf seine ganz besonderen Maitagsbräuche, und vor allem der Fischerort Padstow an der Nordküste war für sein prächtiges Fest weithin berühmt.

Punkt Mitternacht begann der Trommler die Leute zusammenzurufen. Alle versammelten sich auf dem Hauptplatz, wo der blumengeschmückte Maibaum stand, um gemeinsam das traditionelle *«The Merry Morning of May»* zu singen. Danach eilten die jungen Leute übermütig davon, um Weißdornzweige, wilde Hyazinthen und frisches Grün zu pflücken. Wenn der Morgen dämmerte, war jedes Haus festlich geschmückt.

Im Sonntagsstaat und mit Schleifen und Blumensträußchen aufgeputzt, zogen die Kinder von Haus zu Haus, um den Mai «einzusingen», wofür sie mit Kuchen oder ein paar Groschen belohnt wurden. Jetzt kam der Höhepunkt des Festes: Von irgendwoher tauchte das *Hobby Horse* auf, eine merkwürdige Figur mit einem Pferdekopf, ein uraltes Symbol der Fruchtbarkeit, von dem manche behaupten, es gehe bis auf die Bronzezeit zurück. Es galt – und gilt heute noch – als eine besondere Ehre, das *Hobby Horse* verkörpern zu dürfen, eine Ehre, die damals einigen wenigen Familien vorbehalten war und vom Vater auf den Sohn überging.

Das *Hobby Horse* wurde vom «Quälgeist», einem ebenfalls wunderlich maskierten Mann, der einen blumengeschmückten Stock schwang, durch die Straßen gejagt, begleitet von Trommlern und Fiedlern und dem johlenden Volk. Jedesmal, wenn das Pferd ein junges Mädchen unter sein voluminöses Gewand zog, gab es ein großes Gekreisch und Gelächter. Kinderlose verheiratete Frauen dagegen drängten sich heran, um das Tier zu berühren; alle, denen das gelang, durften auf Nachwuchs hoffen. Ob es nun an der Wunderkraft des *Hobby Horse* lag oder an einer in trauter Zweisamkeit verbrachten lieblichen Maiennacht: In der Gegend von Padstow soll es jeweils im darauffolgenden Februar einen wahren Babyboom gegeben haben – ein Phänomen, dem man auch im Fall unverheirateter Paare mit Nachsicht begegnete, sofern diese dann doch noch den Weg zum Traualtar fanden …

Am 1. Mai 1765 wurde bei den Broads nicht nur die Ankunft der schönen Jahreszeit gefeiert, sondern auch die Taufe einer zweiten Tochter. Ein Glückskind, wahrhaftig, galt doch eine Taufe am Maitag als ein besonders gutes Omen! Das Baby war kräftig, lebhaft, mit einem unersättlichen Appetit gesegnet und von Aussehen und Temperament ganz anders als die jetzt zweijährige Dolly, die ein überaus ruhiges und artiges kleines Mädchen war.

Im Lauf des Vormittags trafen die Gäste ein, Erwachsene und Kinder im Sonntagsstaat mit Blumensträußchen an Miedern, Jacken und Hauben. Alle Gasthäuser der Stadt hatten schon seit dem frühen Morgen geöffnet, und so befand sich die Gesellschaft, als sie sich auf den Weg zur Kirche machte, sicherlich bereits in Hochstimmung.

Ordungsgemäß wurde die Taufe von «Mary, Tochter des William Broad, Seemann, und seiner Ehefrau Grace» ins Kirchenbuch eingetragen und von William mit seiner Unterschrift bestätigt. Da man auf allen Plätzen und Straßen feierte, wird es an Abnehmern für ein Stück Wiegenkuchen nicht gefehlt haben und auch nicht an Segenswünschen, daß die kleine Mary der Gnade Gottes teilhaftig werde und zu einer tugendhaften Frau heranwachse. So gab es denn keinen Grund zur Annahme, daß aus Mary jemals etwas anderes werden sollte als eine brave, gehorsame Tochter, die ihren Eltern Ehre machen würde.

Zwei Jahre und zwei Monate später, am 19. Juli 1767, kam Grace Broad abermals mit einer Tochter nieder. Doch diesmal gab es keine fröhliche Feier und keinen Wiegenkuchen, sondern nur eine hastige Nottaufe, denn das Kind, dem man den Name Jane gab, lebte nur wenige Stunden. Beim Begräbnis, das zwei Tage danach stattfand, waren wohl nur die Männer der Familie anwesend, während die Frauen sich zu Hause um die körperlich und seelisch arg mitgenommene Grace und die beiden kleinen Mädchen kümmerten.

Zu Beginn des Jahres 1769 brachte Grace einen Sohn zur Welt, der am 15. Januar nach seinem Vater auf den Namen William getauft wurde. Obwohl der Knabe gesund geboren wurde, lebte er nur sechs Monate; sein Name steht unter dem 4. Juni desselben Jahres im Sterberegister. Wie so viele Kleinkinder ist er wahrscheinlich einer jener Seuchen zum Opfer gefallen, die im England des 18. Jahrhunderts immer wieder ganze Landstriche heimsuchten. Die Kirchenbücher verzeichneten für das Jahr 1769 eine starke Zunahme an Todesfällen.

Wir wissen nicht, ob Grace, vielleicht infolge von Komplikationen bei der letzten Entbindung, kein Kind mehr empfangen oder austragen konnte; wir wissen nur, daß ihr viertes Kind auch ihr letztes war. Sie mag sich damit getröstet haben, daß die ihr verbliebenen beiden Töchter prächtig gediehen.

In welcher Gegend Cornwalls William Bryant aufwuchs, Marys künftiger Ehemann, ist nicht bekannt. Es existieren keine zuverlässigen Angaben über seine Herkunft. In einem ziemlich phantasievoll anmutenden Bericht wird behauptet, er und Mary hätten sich schon als Kinder gekannt, doch das ist wenig wahrscheinlich, denn im fraglichen Zeitraum erscheint der Name Bryant weder in den Kirchenbüchern noch in den Steuerregistern von Fowey. Ein Bryant wurde erstmals in den 1790er Jahren im Kirchenbuch der Gemeinde Langteglos unter «Trauungen» vermerkt, und ein auf den Namen William Bryant getaufter Knabe kam erst zu Beginn des 19. Jahrhunderts in Bodinnick auf die Welt.

Den einzigen Hinweis auf seine Herkunft liefern die Prozeßakten, in denen Williams Geburtsjahr mit 1762 oder 1763 angegeben ist. Die Tatsache, daß er in Launceston vor Gericht gestellt wurde, beweist das zwar nicht, legt aber die Vermutung nahe, daß er aus dem Norden von Cornwall stammte. Eine Überprüfung der Kirchenbücher von Launceston und aller Gemeinden bis hinunter zur Südküste hat ergeben, daß ein Thomas Bryant und eine Anne Gilbert, beide aus Bocconoc, im Jahre 1761 heirateten und daß ihr Sohn William im Juli 1762 in der dortigen Pfarrkirche getauft wurde.

Es gab noch einen Landsmann von Mary, der in ihrem Leben eine Rolle spielen sollte: der spätere Marineoffizier Watkin Tench. Er wurde irgendwann zwischen Mai 1758 und Mai 1759 geboren – wo, läßt sich heute nicht mehr feststellen. Seine Mutter stammte angeblich aus

Wales, sein Vater aus Cornwall; er selbst soll in Penzance aufgewachsen sein, sich aber häufig in Nordwales aufgehalten haben. Im Gegensatz zu den Broads und den Bryants gehörte das Ehepaar Tench zweifellos der Mittelschicht an. Was für einen Beruf der Vater ausübte, ist nicht bekannt, doch da der Sohn die Protektion eines walisischen Großgrundbesitzers namens Wyatt genoß, ist es denkbar, daß er mit den Wyatts verwandt war oder beruflich mit ihnen zu tun hatte. Der junge Watkin erhielt in England eine solide Ausbildung und durfte sogar in Paris weiterstudieren, bevor er das Offizierspatent erwarb und zur Marine ging.

Mit Ausnahme der wenigen im Kirchenbuch verzeichneten Daten wissen wir nichts über Marys Kindheit und Jugend; erst die Zeit ab ihrem zwanzigsten Lebensjahr ist gut dokumentiert. Wir können aber annehmen, daß sie und Dolly unter Bedingungen aufwuchsen, wie sie für Mädchen ihres Standes damals in Cornwall allgemein üblich waren. Wäre der kleine William nicht so früh gestorben, so hätten seine Eltern ihn wahrscheinlich zur Schule geschickt, auch wenn sie das Geld dafür mühsam hätten zusammenkratzen müssen. Für Mädchen aus der Unterschicht hingegen galten Lesen, Schreiben und Rechnen als durchaus entbehrliche Fertigkeiten. Das Beste, was sie sich erhoffen konnten, bevor sie heirateten und Kinder kriegten, war «eine gute Stelle» in einem herrschaftlichen Haushalt.

Eben dazu war die brave, fleißige Dolly offenbar bestimmt. Schon als Kind ging sie der Mutter beim Kochen, Nähen und Reinemachen zur Hand. Sicherlich mußte auch Mary mithelfen und lernen, wie man einen Haushalt führt, denn jede Mutter erachtete es als ihre Pflicht, die Töchter sorgfältig auf ihre künftige Rolle als Ehefrau vorzubereiten. Mary muß überdies aber frühzeitig auch noch andere Dinge gelernt haben.

Alles in ihrer späteren Lebensgeschichte läßt darauf schließen, daß sie von Natur aus das war, was man einen Wildfang nennt. Häuslichkeit war nicht ihre Stärke, und sie scheint sich ganz allgemein lieber mit Jungen abgegeben zu haben als mit Mädchen. Möglicherweise betrachtete William Broad seine jüngere Tochter als eine Art Ersatz für den Sohn, der ihm versagt geblieben war, und nahm sie, wenn er Landurlaub hatte, häufig auf Bootsfahrten mit. Dabei brachte er ihr wohl manches bei, was ihr später einmal von großem Nutzen sein sollte: wie man mit einem Boot umgeht, wie man sich nach den Sternen orientiert, wie man gefährliche Strömungen erkennt.

In jenen Jahren muß auch im abgelegenen Fowey spürbar geworden sein, daß die Zeiten sich geändert hatten, und zwar nicht zum Guten. 1776, als Mary elf Jahre alt war, erklärte sich Amerika für unabhängig, und während der nächsten sechs Jahre führte England Krieg gegen seine eigene Kolonie. In den Dörfern und Städten sah man kaum noch junge Männer. Manche gingen als Freiwillige zur Armee und wurden nach einer rudimentären Ausbildung in den Kampf geschickt; manche meldeten sich bei der Royal Navy oder bei den in Plymouth stationierten Seetruppen. Watkin Tench, der als Leutnant in die Marine eingetreten war, wurde innerhalb weniger Wochen nach Amerika abkommandiert. Andere wurden von den *press gangs* der Royal Navy, die jetzt vor allem in den Hafenstädten Westenglands tätig waren, aufgegriffen und ohne großes Federlesen auf Kriegsschiffe verfrachtet. Dabei kam es häufig zu Zwischenfällen, so in Newlyn in Westcornwall, wo eine anrückende *press gang* von aufgebrachten Frauen mit einem Hagel von faulen

Fischen in Schach gehalten wurde, bis die Männer in die umliegenden Wälder und Moore fliehen konnten. Für einmal mußten die «Presser» unverrichteter Dinge abziehen.

Nachdem sich Frankreich auf die Seite der Amerikaner geschlagen hatte, kam der Seehandelsverkehr bald gänzlich zum Erliegen. Zahlreiche Frachter wurden auf der Fahrt nach London von französischen Kaperschiffen aufgebracht; Geleitschutz gab es nicht, weil fast die ganze britische Kriegsflotte Tausende von Meilen entfernt im Einsatz stand. Die Belagerung von Gibraltar durch spanische und französische Truppen blockierte für die Engländer den Zugang zum Mittelmeer und stoppte die Ausfuhr von Zinn und Sardinen. Der Winter 1778 / 79 war für die kornischen Fischer der schlimmste seit Menschengedenken, und so erließ das Parlament im Mai 1779 ein Gesetz zur vorübergehenden Aufhebung der Salzsteuer; man hoffte, auf diese Weise den inländischen Absatz von Sardinen anzukurbeln. Inzwischen konnten aber nicht einmal mehr Fischerboote in See stechen, denn im westlichen Ärmelkanal kreuzte eine feindliche Flotte und blockierte praktisch alle englischen Kanalhäfen. In jenem Jahr rafften Hunger und Seuchen in Fowey doppelt so viele Menschen dahin wie im Durchschnitt der Vorjahre.

Doch so schlecht die Zeiten auch sein mögen, das Leben geht weiter, und man muß die Feste feiern, wie sie fallen. Im Sommer 1779 heiratete Elizabeth, eine Nichte von William und Grace Broad, einen jungen Mann namens Edward Puckey, und Dolly und Mary, die damals sechzehn und vierzehn Jahre zählten, waren am Hochzeitsfest ihrer nur wenig älteren Kusine gewiß mit dabei.

Zwar hatten viele Familien große Mühe, über die Runden zu kommen, aber mit vereinten Kräften brachten die

Frauen allemal einen Hochzeitsschmaus zustande, ganz so, wie es sich gehörte. Fleisch war teuer, und so behalf man sich eben mit ein paar gewilderten Kaninchen – obwohl Wilddiebe, die sich erwischen ließen, mit einem mehrjährigen Aufenthalt im berüchtigten Gefängnis von Bodmin rechnen mußten. Auch die Mehlpreise waren gewaltig gestiegen, weshalb man lange hatte sparen müssen, damit es für den Hochzeitskuchen und die Pasteten reichte. Dazu gab es Kartoffeln und Steckrüben, und ein paar Fäßchen Bier und Apfelwein standen sicherlich auch bereit.

Am Vorabend der Hochzeit wusch man der Braut das Haar und wickelte es auf zusammengerollte Läppchen, damit es sich am nächsten Morgen auch schön kräuselte. Das Hochzeitsgewand war zwar frisch gebügelt, aber nicht neu, denn auch in guten Zeiten begnügte man sich mit dem Sonntagskleid oder borgte sich eines von einer Freundin aus. Elizabeth war zum Zeitpunkt ihrer Heirat bereits schwanger – ihr erstes Kind kam etwa fünf Monate später zur Welt –, und so versteckte sie ihre nicht mehr gertenschlanke Taille vielleicht unter einem hübschen neuen Schal. Im Cornwall des 18. Jahrhunderts waren schwangere Bräute durchaus nichts Ungewöhnliches, ganz im Gegensatz zu unehelichen Kindern: Ein Mann, der sein Mädchen geschwängert hatte, wurde in der Regel so lange von Verwandten und Bekannten bearbeitet, bis er sich bequemte, vor den Traualtar zu treten. Dennoch findet man in den Taufregistern auch die Namen von Frauen, die ohne Mann zurechtkommen mußten. «William, Bankert der Sarah Andrews» steht da etwa oder «Eliza, Bankert der Elizabeth Vanson» ... oder noch schlimmer: «John, ein Bankert, ertränkt aufgefunden».

Elizabeth aber, einen Blumenstrauß in den Händen

und eine duftige Musselinhaube auf dem Kopf, durfte sich frohgemut auf den Weg zur Kirche machen. Sie und ihr Vater führten den Brautzug an, dahinter kamen die Mutter, die Geschwister, die Verwandten, die Freundinnen. Alle gingen zu Fuß, denn nur reiche Bauern- oder Bürgerstöchter, und natürlich die des Landadels, fuhren in einer Kutsche zur Hochzeit.

Vor dem mit Blumen und weißen Schleifen geschmückten Kirchenportal wartete bereits der Bräutigam in Begleitung seiner Angehörigen und Freunde. Allerlei Späße flogen hin und her: «Na, da ist sie ja endlich! Wir dachten schon, sie hätte es sich anders überlegt und unser Ned hier müßte eine der Brautjungfern zum Altar führen!» Was die Braut etwa mit der Bemerkung konterte: «Er kann froh sein, daß er mich kriegt, euer Ned!»

Bei den einfachen Leuten war die kirchliche Feier bald zu Ende – Orgelspiel oder Glockenläuten kosteten eine Menge Geld. Nach der Trauung mußte das Paar in der Sakristei den Eintrag im Kirchenbuch unterzeichnen; die meisten waren zumindest in der Lage, ihren Namen zu kritzeln. Dann begab sich die ganze Gesellschaft zum Haus der Brauteltern, wo das Essen stattfand; unterwegs kehrte man freilich noch im einen oder anderen Wirtshaus ein, um auf das Wohl des frischgebackenen Ehepaares ein Gläschen zu leeren.

In einer Zeit, da bei vielen Schmalhans Küchenmeister war und es wenig zu feiern gab, schätzte sich jeder glücklich, der zu einem Hochzeitsschmaus eingeladen war. Bevor aufgetragen wurde, mußten die Gäste pflichtschuldig die in der Stube ausgestellten Geschenke bewundern, meist nützliche Dinge wie Töpfe und Pfannen. Auch die Aussteuer wurde hergezeigt, alles selbstgenäht und nicht selten auch selbstgewebt. Falls das junge Paar gleich nach der Hochzeit eine Wohnung beziehen konnte, hatte man das Notwendigste bereits dorthin gebracht: ein Bett, ein Tisch, ein paar Stühle, etwas Geschirr. Elizabeth, deren Vater Tischler war, mag sogar eine Kredenz besessen haben.

Der Hochzeitsschmaus dauerte bis in den späten Nachmittag hinein. Dann wurden Tische und Stühle zur Seite geschoben, damit man Platz zum Tanzen hatte. Einer der Gäste konnte sicherlich die Fiedel kratzen, und bei den ersten paar Runden hüpfte jeder mit, der sich noch einigermaßen sicher auf den Beinen fühlte. Wenn die Älteren, müde geworden, sich zu einem gemütlichen Schwatz zurückzogen, begannen die Jüngeren zu spielen. Besonders beliebt war ein Gesellschaftsspiel, bei dem geküßt werden durfte. Die Mädchen stellten sich im Kreis auf, Gesicht zur Mitte, während ein Bursche auf Zehenspitzen rundum schritt. Bei seiner Erkorenen angekommen, ließ er sein Taschentuch fallen und ging immer weiter rundum, wobei er sang:

«Mein Handschuh brennt, mein Handschuh brennt!
Hab meinem Schatz geschrieben,
Verloren hab ich meinen Brief,
Wo ist er wohl geblieben?»

Schaffte er es, das Tuch aufzuheben, bevor die Betreffende etwas bemerkte, durfte er soundso viele Küsse von ihr fordern. Natürlich wurde bei diesem Spiel von den Mädchen kräftig geschummelt: Gefiel ihnen der «Briefträger», blieben sie brav stehen, gefiel er ihnen nicht, schielten sie dauernd über die Schulter zurück.

Nach und nach verabschiedeten sich die Gäste. Nur die jungen Leute harrten noch aus, bis das Hochzeitspaar sich zurückzog, begleitet von einem Schwall anzüglicher Bemerkungen («Es wäre euch billiger zu stehen gekommen, wenn ihr Hochzeit und Taufe gleichzeitig gefeiert hättet!»). Die beiden taten gut daran, Kammer und Bett sorgfältig zu inspizieren, denn meistens waren dort allerlei mehr oder weniger witzige Überraschungen versteckt worden. Oftmals, vor allem dann, wenn bei der Braut schon «etwas unterwegs war», wurde das Paar auch noch mitten in der Nacht mit einem «Shallal» beglückt, einem unter Verwendung von Pfannen, Zinntellern und Nachttöpfen dargebotenen Ständchen, das schauerlich durch die Gassen hallte. Erst wenn sämtliche Nachbarn die Köpfe aus den Fenstern steckten und sich lauthals über die Katzenmusik beschwerten, kehrte endlich Ruhe ein.

4. Kapitel

Das Todesurteil

Irgendwann im Lauf des Jahres 1785 tat Mary Broad einen Schritt, durch den ihr Leben eine brüske Wendung nehmen sollte. In Anbetracht der Epoche, in der sie lebte, konnte der einmal eingeschlagene Weg nur in die Katastrophe führen.

Der Krieg, den die englische Regierung unter Lord North vom Zaun gebrochen hatte, endete 1782 mit dem Sieg der aufständischen amerikanischen Kolonien. Seit 25 Jahren saß Georg III. auf dem Thron, ein psychisch kranker Mann, dessen Untertanen hin und wieder aus den Gazetten erfuhren, daß er einen «Rückfall» erlitten habe oder daß es ihm «besser» gehe und er nicht mehr unter Beobachtung stehe. Das Land war bei Kriegsende praktisch bankrott, und die Regierung tat, was Regierungen in solchen Fällen zu tun pflegen: Sie erhöhte die Steuern – im Lauf von fünf Jahren um mehr als 20 Prozent. Grundstücke, Häuser, Fenster, Kerzen, Salz, für alles mußten höhere Abgaben bezahlt werden. Freilich kam das Geld nicht so pünktlich herein, wie die Regierung es wünschte, weshalb sie 1785 dem Parlament eröffnete, neue Maßnahmen zur Eintreibung der Steuerschulden seien unumgänglich, denn 714911 Hausbesitzer hätten die Fenstersteuer zwar entrichtet, 284450 seien aber noch im Verzug. Die Leute reagierten prompt, indem sie kurzerhand die Fenster ihrer ohnehin schon düsteren Häuser zumauerten.

Naßkalte Sommer hatten Mißernten zur Folge. Die Getreidepreise schnellten in die Höhe, die Spekulanten machten fette Gewinne. Der Krieg hatte das Volk jahrelang von der Tatsache abgelenkt, daß durch das System der *enclosure* (der «Einzäunung» von Allmenden) eine Agrarreform zugunsten der Großgrundbesitzer betrieben wurde. In einem 1786 erschienenen Pamphlet, dessen Verfasser sich als «Landwirt» bezeichnet, steht zu lesen, daß diese Praxis mit unvermindertem Eifer fortgesetzt werde, und zwar unter dem fadenscheinigen Vorwand, man wolle die Erträge steigern; «in Tat und Wahrheit geschieht das jedoch zum Nachteil der Öffentlichkeit im allgemeinen und treibt Tausende in den Ruin, und niemand hat einen Nutzen davon außer einigen wenigen Grundherren …» Um eine Parlamentsakte zur Genehmigung der Einzäunung von Allmenden zu erlangen, müsse man lediglich zwei Zeugen beibringen, die behaupteten, daß dieses Land niemandem etwas nutze, und wäre es «das beste Ackerland im ganzen Königreich, welches Korn in Hülle und Fülle und von bester Qualität hervorbringt».

Zahllose Kleinbauern, die nicht genügend eigenes Land besaßen und daher auf die Allmenden angewiesen waren, verloren ihre Existenzgrundlage. Während die Großgrundbesitzer immer mehr Äcker und Weiden privatisierten, entvölkerten sich ganze Landstriche; in den Dörfern blieben die Alten und Kranken zurück, die jetzt der Armenfürsorge zur Last fielen. Kein Wunder, daß viele junge Menschen, entwurzelt und ohne jede Zukunftsperspektive, auf die schiefe Bahn gerieten. Andere wanderten nach Übersee aus, um – in den Worten des Pamphletschreibers – «einem Land zu entfliehen, wo sie vom Verhungern bedroht sind und wo ihnen jegliche Möglichkeit, ihre Not zu lindern, entzogen wurde, obwohl ringsum Überfluß herrscht, indes das liederlichste Gesindel, das jemals einem zivilisierten Land zur

Schande gereichte, die Landstraßen unsicher macht und die Galgen reichlich mit Nahrung versorgt».

Als Folge der Landflucht bildeten sich in den großen Ballungszentren um den harten Kern des städtischen Lumpenproletariats eine neue, schnell wachsende Unterschicht. Bittere Armut und suspekter Reichtum existierten eng nebeneinander. Die Kriminellen hatten ihre eigene Sprache, ihre eigenen Gesetze, ihre eigene Hierarchie: ganz oben die Elite der professionellen Straßenräuber, die stets hoch zu Roß operierten, ganz unten die Kinder – Mädchen, die sich schon mit neun, zehn Jahren prostituieren mußten, weil sie vom Stehlen allein nicht überleben konnten, Jungen, die in den Londoner Diebesküchen von Seven Dials, Covent Garden und Southwark ein kümmerliches Auskommen fanden. Daneben gab es die Gelegenheitstäter: schlecht behandelte Dienstboten, die ihre Herrschaft bestahlen, Laufburschen, die hier und dort mal etwas mitgehen ließen, junge Frauen, denen nach dem Verlust ihres Arbeitsplatzes nichts anderes übrig blieb, als auf den Strich zu gehen.

Im ganzen Land wuchs die Empörung über die ungerechte Verteilung des Besitzes. Die Regierung, nach der in Amerika erlittenen Niederlage verunsichert und über die politische Entwicklung in Frankreich zunehmend besorgt, wollte es nicht wahrhaben, daß die Wurzeln des Übels im System der *enclosure*, in den exorbitanten Lebensmittelpreisen und der drückenden Steuerlast lagen. Am 13. Januar 1786 erklärte der Regierungssprecher vor dem Unterhaus: «Sind diese Abgaben auch beträchtlich, so werden sie doch willig geleistet, im festen Vertrauen darauf, daß sie den beabsichtigten Zweck erfüllen werden, nämlich den, die Ausgaben der öffentlichen Hand zu decken und eine weitere Staatsverschuldung zu verhindern.» Ein Paradebeispiel für den Triumph der Hoffnung über die Erfahrung …

Nein, am System konnte es einfach nicht liegen. Zur Bekämpfung der Kriminalität, deren Ursache doch gewiß nur in der angeborenen Schlechtigkeit des gemeinen Volkes zu suchen war, bedurfte es härterer Strafen. Also wurden immer mehr Delikte zu Kapitalverbrechen erklärt – *pour encourager les autres*, in den Worten Voltaires. Die Liste der todeswürdigen Verbrechen wuchs auf gegen zweihundert an. Sie begann mit Hochverrat, Meuterei, Mord, Brandstiftung, Straßenraub; dann folgten Sodomie, betrügerischer Konkurs, Urkundenfälschung, tätlicher Angriff auf Zollbeamte, Viehdiebstahl, Taschendiebstahl mit einer Deliktsumme von mehr als einem Shilling, Ladendiebstahl mit einer Deliktsumme von mehr als fünf Shilling, Einbruchdiebstahl mit einer Deliktsumme von mehr als zwei Pfund Sterling, Baumfrevel, Holzdiebstahl, Wilddieberei, Falschmünzerei, durch bewaffnete Personen ausgeführter Warenschmuggel, Postraub, Kirchenraub, Beschädigung von Schlagbäumen, Verbleib auf freiem Fuß eines zur Deportation Verurteilten, Rückkehr aus dem Verbannungsort vor Ablauf der Frist … Das Problem der Deportation bereitete der Obrigkeit Kopfzerbrechen. Bisher hatte man Schwerverbrecher in amerikanische Strafkolonien abgeschoben, doch nun, da der Krieg verloren war, gab es diese Möglichkeit nicht mehr. Viele nach Amerika Deportierte hatten ihre Freiheit erlangt, indem sie auf der Seite der aufständischen Kolonisten gekämpft hatten.

Für leichtere Delikte wie etwa das Betreiben eines Bordells, Diebstahl mit einer geringen Deliktsumme, Bigamie, Überladen eines zum Gütertransport bestimmten Bootes, Herstellung und Verkauf von Feuerwerk, Bierpanscherei oder Raufhandel gab es eine breite Palette anderer Sanktionen: Gefängnis (auch das wurde angesichts chronisch überbelegter Gefängnisse bald zu einem Problem), Deportation, Prangerstehen und Auspeitschung. Die Auspeitschung war die am häufigsten vollzogene Strafe, und dazu, da sie öffentlich stattfand, eine mit beträchtlichem Unterhaltungswert. Wer sich als Auspeitscher zur Verfügung stellte, erhielt vier Pence pro Person. Gelegentlich wurden Frauen aufgeboten, um weibliche Delinquenten auszupeitschen, was das Spektakel noch aufregender machte.

Ein am 9. Oktober 1782 in der *London Evening Post* erschienener Bericht macht deutlich, welche Art von Leuten am Galgen endeten:

> «Gestern morgen um ca. 9 Uhr wurden nachfolgende Missetäter, auf drei Karren verteilt, von Newgate nach Tyburn gebracht und dortselbst gemäß den über sie gefällten Urteilen hingerichtet, nämlich: Henry Berthand wegen ungerechter Verwendung des Namens eines gewissen Michael Groves; William Jones wegen Diebstahls einer Holzkiste, enthaltend diverse Kurzwaren, aus einem Lagerhaus in der Aldersgate Street; Peter Verrier, Komplize des bereits hingerichteten Charles Kelly, wegen Einbruchs in das Haus von Mrs. Pollard in der Great Queen Street; William Odern wegen Raubüberfalles auf zwei Frauen in Spittlefields; Charles Woolett wegen Straßenraubes, begangen an Bernard Cheale, wobei er diesem eine Taschenuhr aus Metall entwendete; John Graham wegen in betrügerischer Absicht begangener Fälschung einer Banknote; Charlotte Goodall und John Edmonds wegen Diebstahls eines Quantums Wäsche aus dem Haus der Mrs. Fortescue in Tottenham, wo die Goodall in Stellung war; Thomas Cladenbole wegen Straßenraubes, be-

gangen an Robert Chiton, wobei er diesem eine goldene Taschenuhr entwendete; sowie John Weatherley und John Lafee wegen Fälschung von Silbermünzen des Königreiches, welche als Shilling respektive Sixpence bezeichnet werden. Alle Verurteilten legten aufrichtige Reue an den Tag.»

Die damaligen Zeitungen waren voll von solchen Berichten, von denen man sich eine abschreckende Wirkung erhoffte. Daß sie ihren Zweck erfüllten, darf bezweifelt werden; aber jedenfalls wurden sie eifrig gelesen. Jedermann wollte in allen Einzelheiten wissen, wer hingerichtet wurde und wofür, welche Kleidung die Verurteilten trugen, wie sie sich unter dem Galgen verhielten, welches ihre letzten Worte waren – wenn sie denn noch etwas zu sagen wünschten – und wie sie starben. In der Gunst der Leserschaft rangierten die Exekutionen von Tyburn, dem Londoner Richtplatz, an erster Stelle; erst danach wandte man sich der lokalen Kriminalberichterstattung zu.

Die neuen Steuergesetze machten der Bevölkerung Cornwalls schwer zu schaffen. Man lebte im Dunkeln: bei Tag, weil man die Fenster zugemauert hatte, um keine Abgabe zahlen zu müssen, und erst recht bei Nacht, weil Kerzen inzwischen ein Luxusartikel waren. Als schlimmste Last empfanden die Küstenbewohner den wieder eingeführten Strafzoll auf französisches Salz. Ein Bushel (etwa 36 Kilogramm) reichte zum Einsalzen von tausend Stück Sardinen, und das war die Mindestmenge, die eine Durchschnittsfamilie brauchte, um über den Winter zu kommen. So wurde Salz aus Frankreich neben Wein und Branntwein wieder zum profitabelsten Schmuggelgut. Frauen, die an den Kais die Sardinen in Bottiche abfüllten, schmuggelten oft die für den Eigenbedarf benötigten Salzmengen in kleine Bündel verpackt unter ihren Röcken nach Hause. Sie riskierten, dafür ins Gefängnis zu kommen.

Die Fischerei brachte wenig ein, weil die großen Sardinenschwärme ausblieben; doch es fehlte ohnehin an Fischern, denn viele von ihnen waren im Krieg zum Dienst gepreßt und immer noch nicht ausgemustert worden. Nun verrotteten ihre Boote und Netze an den Stränden. In den Bergwerken gab es kaum noch Arbeit. Während der Kriegsjahre hatte das Schmelzerkartell praktisch den ganzen Komplex unter seine Kontrolle gebracht und konnte den Grubenbesitzern die Preise für die Erzverhüttung diktieren. Zudem wurde der Markt von billigem Kupfer aus Anglesey überschwemmt. Die einheimischen Grubenbesitzer versuchten ihre Verluste durch eine Produktionssteigerung wettzumachen; um die Mitte des Jahrzehnts waren die Preise für Kupfer jedoch so stark gesunken, daß Hunderte von Bergleuten entlassen wurden.

Privatisierung der Allmenden, Verlust zahlreicher Arbeitsplätze in der lokalen Industrie, naßkalte Sommer, die Mißernten zur Folge hatten: all dies trieb die Leute auf die Straße. Immer öfter kam es zu Protestaktionen, die nicht selten mit Ausschreitungen endeten. Verschiedene Male marschierten aufgebrachte Bergleute nach Truro und schlugen unterwegs alles kurz und klein, was ihnen in die Quere kam. Teures Getreide mußte aus entfernten Regionen herbeigeschafft werden, und mit jedem Zwischenhändler, der damit zu tun hatte, erhöhte sich der Preis. Vor den Toren Bodmins überfiel eine zornige Frauenschar einen solchen Konvoi, jagte die Fuhrleute davon und verteilte das Getreide unter den Bedürftigen der umliegenden Dörfer.

Im Frühjahr 1784 erfuhren die sensationslüsternen Leser des *Western Flyer and Sherborne Mercury*, daß zu den Missetätern, denen anläßlich des Gerichtstages von Launceston der Prozeß gemacht werden sollte, auch ein gewisser William Bryant gehörte. Er wurde beschuldigt, «mit vollem Wissen und in krimineller Absicht unter dem Namen Timothy Cary Schmuggelgut entgegengenommen zu haben». Alle Quellentexte über William Bryant behaupten dasselbe, nämlich daß er wegen Schmuggelei und Gewalt gegen einen Zollbeamten zur Deportation verurteilt worden sei. Das ist wenig wahrscheinlich: So, wie die Richter damals urteilten, wäre er bestimmt am Galgen gelandet, wenn er tatsächlich einen Zollbeamten «halb totgeschlagen» hätte.

Dem Gerichtsprotokoll ist zu entnehmen, daß Bryant sich vor dem Schwurgericht, das in Launceston ab dem 20. März 1784 tagte und unter dem Vorsitz von Sir Beaumont Hotham und Sir James Eyre, den Vertretern des Court of Exchequer, stand, zu verantworten hatte. Bezüglich des ersten Anklagepunktes erging ein Freispruch. Die vielzitierte Behauptung, daß in Cornwall niemand wegen Schmuggelei von einheimischen Geschworenen verurteilt wurde, trifft für diesen Fall also zu. Allem Anschein nach war man aber der Meinung, für irgend etwas müsse er bestraft werden, und das war dann eben die «Urkundenfälschung» – wahrscheinlich hatte er das Geschäft unter dem Namen Timothy Cary abgeschlossen. Das Urteil lautete auf sieben Jahre Deportation. Wohin man William Bryant deportieren sollte, wußte zu diesem Zeitpunkt allerdings noch niemand.

Er kam damit noch gut davon. Dasselbe Schwurgericht verurteilte zwei andere Angeklagte zum Tode: Anne Thomas, weil sie ihr neugeborenes uneheliches Kind getötet hatte, und John Tout, weil er eine Zitrone, ein Taschentuch im Wert von zwölf Pence sowie andere Gegenstände im Gesamtwert von fünf Shilling und vier Pence gestohlen hatte …

William Bryant mußte vorläufig ins Gefängnis, entweder in das von Launceston oder aber das von Bodmin. Ersteres wird in einem offiziellen zeitgenössischen Bericht als «äußerst schmutzig und baufällig» beschrieben. Es gab kein Wasser, keine Latrine und keinen Hof, in dem die Häftlinge sich etwas Bewegung verschaffen konnten. Der Verfasser, ein gewisser James Nield, schreibt weiter: «Auf meine Frage, wann die Zellen zum letzten Mal gereinigt und getüncht worden seien, erwiderte der Aufseher, daß er den Bürgermeister schon mehrmals aufgefordert habe, solches zu veranlassen. Doch sei ihm stets gesagt worden: ‹Je schmutziger, desto besser, dann sieht es mehr nach einem Gefängnis aus.›» Die Türen waren knapp vier Fuß hoch, und in manchen Zellen gab es nur eine winzige, vergitterte Öffnung, durch die ein wenig Tageslicht hereindrang. Schlafen mußten die Häftlinge auf Stroh. Das Gefängnis von Bodmin befand sich zwar in einem besseren Zustand, war aber berüchtigt wegen der dort immer wieder grassierenden Typhusepidemien («Kerkerfieber» nannte man das), die zahlreiche Opfer forderten. Das Hauptproblem in beiden Gefängnissen war jedoch, wie auch in allen anderen landauf, landab, der chronische Platzmangel.

Der Personenbeschreibung in den Prozeßakten zufolge war Mary Broad im Alter von zwanzig Jahren schlank und ziemlich groß, nämlich fünf Fuß vier Zoll (ca. 160 Zentimeter), was über dem damaligen Durchschnitt lag; sie hatte langes dunkles Haar, große graue Augen, einen breiten Mund, einen schönen Teint und keinerlei entstellende Male oder Pockennarben. Zieht man in Betracht, was sie in den folgenden Jahren alles durchmachte, muß sie auch eine ungemein zähe Konstitution besessen haben und ein hohes Maß an Willenskraft, Mut und Intelligenz. Ein Unschuldslamm war sie aber sicherlich nicht: Die Tat, wegen der man sie verurteilte, würde auch heute als schwerwiegend gelten.

Marys Geschichte blieb in der breiten Öffentlichkeit lange Zeit nahezu unbekannt; erst in den dreißiger Jahren unseres Jahrhunderts kamen ein Buch und zwei gelehrte Monographien über sie heraus. Das Buch – es trägt den Titel *The Strange Case of Mary Bryant* und wurde von einem Berufsoffizier namens Rawson verfaßt – ist eine kuriose Mischung aus Fakten und Fiktion. Mary wird darin zur Heldin eines Trivialromans hochstilisiert, der fast in jedem Kapitel ein Lüstling das Mieder vom Leib reißt, um sich an ihrem «prachtvollen Busen» zu ergötzen. Rawson konnte offensichtlich die Prozeßakten einsehen, verließ sich aber, was die Vorgeschichte angeht, ganz auf seine Phantasie. Seine Mary ist eine ländliche Schöne aus Devon und die Geliebte Will Bryants, welcher, nachdem er einen Zollbeamten «halb totgeschlagen» hat, im Gefängnis von Winchester landet. Er wird von der als Junge verkleideten Mary in einem kühnen Handstreich befreit, aber bald wieder gefaßt. Sie kommt wegen Diebstahls eines silbernen Teelöffels in die Verbannung und bringt auf der Fahrt nach Botany Bay ihr und Wills Kind zur Welt – eine höchst kuriose Sache, wenn sie stimmte, denn zum Zeitpunkt von Marys Verhaftung saß Will bereits seit zwei Jahren im Gefängnis, und ihr Kind wurde erst anderthalb Jahre danach geboren.

In den beiden Monographien werden einzelne Details korrigiert, andere unbesehen übernommen. So soll Mary wegen Entwendung eines Löffels oder eines Mantels verurteilt worden sein. Zwar hatten viele von denen, die mit den ersten Transporten nach Australien kamen, nur geringfügige Diebstähle begangen, aber das trifft auf Mary nicht zu. Was auch immer sie veranlaßt haben mag, auf offener Landstraße Leute zu überfallen, in ihr steckte mehr von einer Draufgängerin als von einem hilflosen Opfer widriger Umstände.

Man darf allerdings nicht vergessen, daß die Bevölkerung Cornwalls 1785/86 den schlimmsten Winter seit Menschengedenken erlebte. W. G. Maton weist in Band II seiner 1797 erschienenen *Observations of the Western Counties of England* darauf hin, daß die Lage in Fowey besonders prekär war. Dort habe in jenem Winter so große Not geherrscht, daß die Leute gezwungen waren, «sich von Napfschnecken zu ernähren».

Über Marys Beweggründe können wir nur Mutmaßungen anstellen. Falls man ihr Gelegenheit gab, sich vor Gericht dazu zu äußern, wurde ihre Aussage nicht ins Protokoll aufgenommen. War es die schiere Not, die Empörung über die herrschende Ungerechtigkeit, die sie alle Vorsicht vergessen ließ? Wollte sie sich durch Raubüberfälle Geld beschaffen, um ihren hungernden Angehörigen zu helfen? Wo sich William Broad zu jener Zeit aufhielt, ist nicht bekannt. Möglicherweise war er auf großer Fahrt; belegt ist nur, daß er damals noch lebte.

Mary hatte längst das Alter erreicht, in dem andere Mädchen entweder verheiratet oder, wie ihre Schwester Dolly, irgendwo in Stellung waren. Vielleicht hatte auch Mary, bevor sie mit dem Gesetz in Konflikt kam, bei einer reichen Familie oder einem Schankwirt in Fowey als Magd gearbeitet. Groß kann die Auswahl nicht gewesen sein, und die Dienstbotenlöhne waren miserabel. Vielleicht hatte sie in Plymouth eine Stelle gefunden, und es war ihr ergangen wie so vielen anderen, die man von einem Tag auf den anderen auf die Straße setzte, weil ihre Moral zu locker war oder aber zu streng (falls sie die Avancen des Hausherrn oder eines Sohnes zurückwiesen) oder weil man ihnen Faulheit, Frechheit oder sonst etwas vorwarf. Dienstmädchen, die auf diese Weise ihre Stelle verloren haben, hatten kaum Chancen, eine andere zu bekommen, denn dazu waren gute Referenzen nötig. Dann blieb ihnen meistens nichts anderes übrig, als sich ihren Unterhalt durch Diebstähle oder Prostitution zu verdienen.

Denkbar ist auch, daß Mary sich in irgendeinen charmanten Gauner verliebte, von zu Hause ausriß und mit ihm durch die Gegend zog. Bei der Verhaftung nach ihrer Herkunft befragt, gab sie nämlich an, sie komme «aus dem Wald», was nach damaligem Sprachgebrauch bedeutete, daß sie keinen festen Wohnsitz hatte. Wenn dem so war, hatte sie die Überfälle vermutlich nicht von sich aus begangen, sondern war von ihrem Liebhaber dazu angestiftet worden.

Straßenräuberei zählte, wie bereits erwähnt, zu den schwersten Verbrechen. In einer Nummer des *Sherborne Mercury* von 1785 steht zu lesen: «Bei Tag und bei Nacht läuft man auf Reisen Gefahr, einem ruchlosen Straßenräuber zum Opfer zu fallen, der, einer Giftnatter gleich, hinter der Wegböschung lauert. (...) Der unheimliche Einbrecher schleicht wie ein böser Geist um unsere Häuser und macht die Nacht zum Alptraum.» Nun war Mary – auch wenn sie Hosen bequemer gefunden haben mag als lange Röcke – gewiß nicht das weibliche Gegenstück zu den Räuberfiguren der Populärliteratur, die sich aus dem Hinterhalt, mit flatterndem Umhang und gezückter Pistole, auf ihre Opfer stürzten: «Geld oder Leben!» Da sie zusammen mit zwei anderen Frauen verhaftet wurde, können wir annehmen, daß die Sache eher so vor sich ging: Die Komplizinnen warteten am Straßenrand, bis jemand erschien, den sie unter einem Vorwand festhielten, worauf Mary – mit oder ohne Pistole – hinter der Böschung hervorkam und Geld und Wertsachen forderte. Wahrscheinlich hat sie bei ihrem ersten Überfall nicht weniger gezittert als der oder die Beraubte. Doch von Mal zu Mal gewann sie mehr Selbstvertrauen – zuviel Selbstvertrauen vielleicht.

Im Januar 1786 verübten Mary und ihre beiden Komplizinnen, Catherine Fryer und Mary Haydon alias Mary Shepard, einen Raubüberfall auf eine Frau namens Agnes Lakeman. Der Tatort war eine Landstraße vor den Toren von Plymouth, vermutlich eine, die vom Hafen in die Stadt führte und häufig von den Fährpassagieren benutzt wurde. Die Überfallene setzte sich offenbar heftig zur Wehr, denn Mary schlug mehrmals auf sie ein, bevor sie ihr eine seidene Haube und andere Sachen entriß, deren Gesamtwert laut Gerichtsprotokoll «£ 11, 11 s» betrug. Ob Agnes Lakeman mit ihrem Geschrei andere Passanten alarmierte oder ob sie die flüchtenden Räuberinnen bis nach Plymouth hinein verfolgte, ist nicht bekannt. Jedenfalls wurden alle drei erwischt und auf Beschluß des Friedensrichters ins Gefängnis gebracht. Dieser verwies den Fall an das Schwurgericht von Exeter, dessen Frühjahrssitzung auf den Monat März anberaumt war.

In der Zeit zwischen Marys Verhaftung und ihrem Prozeß konnten sich die Leser des *Sherborne Mercury* zahlreiche haarsträubende Schilderungen von Hinrichtungen zu Gemüte führen. Die Ausgabe vom 7. Februar zum Beispiel brachte, gleich neben einer Anzeige, welche die Wundertropfen des Dr. Norris anpries, eine Meldung über «ein betrübliches Schauspiel in Tyburn, wo nicht weniger als zwanzig arme Teufel zugleich den Sprung in die Ewigkeit taten». Alle waren für geringfügige Vergehen zum Tode verurteilt worden. «Das älteste dieser bedauernswerten Geschöpfe zählte erst dreißig Jahre. Drei von ihnen waren römisch-katholischen Glaubens und wurden von einem Priester begleitet. Alle wurden innerhalb von zehn Minuten gehängt, kurz vor neun Uhr morgens. Eine solche Massenhinrichtung hat man seit 1740, als Jenny Diver und zwanzig andere gehängt wurden, nicht gesehen.»

In derselben Nummer erschien auch ein ausführlicher Bericht über die in Winchester erfolgte Hinrichtung eines gewissen Robert Carpenter, Marinebeamter. Damals mußte jeder Seemann, bevor er anheuerte, ein Testament hinterlegen, und Carpenter war wegen Fälschung solcher Testamente zum Tode verurteilt worden. Er verschaffte sich einen grandiosen Abgang, indem er sich «bekleidet mit einem eleganten schwarzen Anzug» von einem Leichenwagen zum Schafott kutschieren ließ. Während er die Stufen emporstieg, winkte er der Menge fröhlich zu, schüttelte dem Henker die Hand und tat dann beherzt «den Sprung in die Ewigkeit».

Mary, die an die gute Seeluft in Fowey und an das ungebundene Leben «im Wald» gewöhnt war, erfuhr jetzt zum ersten Mal, was es bedeutete, in einem finsteren Kerker eingesperrt zu sein. Illusionen über ihr Schicksal dürfte sie sich wohl kaum gemacht haben: Wer bei einem Raubüberfall auf frischer Tat erwischt wurde, konnte nicht auf Milde hoffen. In weniger schwerwiegenden Fällen hing es manchmal von der Laune des Richters ab, ob jemand an den Galgen kam oder nicht; aber was Mary getan hatte, war damals eindeutig ein todeswürdiges Verbrechen.

Die Frühjahrssitzung des Schwurgerichts von Exeter

begann am 20. März 1786. In der Woche zuvor wurden Mary, ihre Komplizinnen und weitere Missetäter, nach der wochenlangen Haft verdreckt, verlaust und halb verhungert, in Eisen gelegt, aneinandergekettet und auf ein offenes Fuhrwerk verfrachtet. Unflätige Kommentare, Steine und faules Obst prasselten auf sie nieder, während der Wagen durch die Gassen von Plymouth ratterte. Bis Exeter waren es 45 Meilen über eine schlechte Landstraße, zwei Tagesreisen. Die Wächter nahmen sich nicht die Mühe, jene loszuketten, die ihre Notdurft verrichten mußten, so daß jeweils auch alle anderen auszusteigen hatten. Diese gezielte Demütigung war eine gängige Praxis. Etwa auf halbem Wege wurde übernachtet, doch mußten die Gefangenen angekettet auf dem Fuhrwerk bleiben; wenn sie Glück hatten, bekamen sie wenigstens etwas zu essen. Endstation war das Kastell von Exeter, welches damals auch als Gefängnis diente.

Die Richter, die zwei Jahre zuvor beim Prozeß gegen William Bryant den Vorsitz innegehabt hatten, waren auch für den Gerichtsbezirk Exeter zuständig. So führten denn Sir Beaumont Hotham und Sir James Eyre, jeder mit einem duftenden Blumensträußchen in der Hand, wie es Sitte war, die feierliche Prozession an, mit der traditionsgemäß der Gerichtstag eröffnet wurde.

Der erste und wichtigste Fall, mit dem sich das Schwurgericht zu befassen hatte, war nicht der von Mary Broad (oder «Braund», wie in den Akten vermerkt), sondern derjenige eines gewissen Thomas Ruffel, Gutsverwalter, angeklagt des Mordes an seiner Herrschaft, John und Catherine Breale. Die Sache zog sich in die Länge, denn Ruffel kämpfte verbissen um sein Leben. Es nützte ihm aber nichts: Nach drei Stunden, einer sehr langen Zeit für eine Schwurgerichtsverhandlung in der Provinz, erging das Urteil. Ruffel sollte für sein Verbrechen «gehängt, sein Leichnam zerstückelt und der Anatomi übereignet» werden.

Als nächstes kam der Fall der Susannah Handford an die Reihe. Sie war von einem Hufschmied aus Chudleight geschwängert worden und hatte zwecks Abtreibung der Frucht «ein Pulver» eingenommen, das ihr ein gewisser Christopher Kingdon verschafft hatte. «Daraufhin erkrankte sie und litt mehrere Tage lang schreckliche Schmerzen, ohne daß jedoch die gewünschte Wirkung eintrat. Ein Wundarzt wurde gerufen, und die Frau gab zu, schwanger zu sein.» Gegen Kingdon war Haftbefehl ergangen, doch leider hatte er sich, wie das Gericht erfahren muße, der Verhaftung durch Flucht entzogen, weshalb er nicht persönlich erschien. Auch die bedauernswerte Susannah Handford konnte nicht persönlich erscheinen, denn sie war nach dem mißglückten Abtreibungsversuch verblutet.

Marys Fall kam am 20. oder 21. März zur Verhandlung. Sehr wahrscheinlich sagte Agnes Lakeman persönlich gegen sie aus, vielleicht gab es noch weitere Augenzeugen. Das Protokoll hält keine Einzelheiten fest, nur, daß Mary auf frischer Tat ertappt worden sei und Agnes Lakeman bei dem Überfall diverse Verletzungen erlitten habe.

Der Fall wurde routinemäßig erledigt. Dann setzte sich einer der beiden Richter die schwarze Kappe auf seine Lockenperücke, wie die Tradition es erforderte, und verkündete, daß Mary Broad oder «Braund» für schuldig erkannt worden sei, «in verbrecherischer Absicht auf einer Landstraße des Königreiches die Agnes Lakeman, ledigen Standes, überfallen, dieselbe auf besagter Straße körperlich bedroht und in Lebensgefahr gebracht und sie auf besagter Straße gewaltsam und gegen ihren Willen ihres rechtmäßigen Eigentums, nämlich einer seidenen

Haube im Wert von 12 d sowie weiterer Gegenstände im Gesamtwert von £ 11, 11 s beraubt zu haben». Die Genannte sei daher vom Gerichtssaal ins Gefängnis zurückzuführen und «von dort zu dem Ort der Hinrichtung, wo Ihr am Halse aufgehängt werden sollt, bis Ihr tot seid. Der Herr sei Eurer Seele gnädig!»

Und so wurde Mary nach dem Beschluß des Gerichts ins Gefängnis zurückgeführt. Man empfahl ihr, während der ihr noch verbleibenden Zeit fleißig für ihr Seelenheil zu beten. Sie wußte nicht, ob die Hinrichtung in Exeter stattfinden würde oder in ihrer Heimat Cornwall, in Bodmin. Würde man auch ihren Leichnam am Galgen von Four Turnings aufhängen, als schreckliches Exempel für alle Vorübergehenden und zu Schmach und Schande ihrer armen Eltern?

5. Kapitel

Auf dem Gefängnisschiff

Nach Abschluß einer Schwurgerichtssitzung pflegten die Richter die Liste der zum Tode Verurteilten nochmals zu überprüfen und endgültig festzulegen, wer sterben mußte und wer am Leben bleiben durfte. Es ist schwer nachzuvollziehen, nach welchen Kriterien die Auswahl erfolgte und warum manche an den Galgen kamen, während andere, die dasselbe Delikt begangen hatten, begnadigt wurden. Grundsätzlich hatte man keine Bedenken, Frauen zu hängen, ausgenommen solche, die schwanger waren und «auf den Bauch plädieren» konnten, wie man das nannte. Nicht selten erfolgte die Umwandlung des Todesurteils in Deportation im Fall von Frauen aber aus einer ganz praktischen Überlegung heraus: Man brauchte in den Strafkolonien eine gewisse Anzahl weiblicher Sträflinge, um die männlichen bei Laune zu halten. Egal, ob es sich um junge Mädchen oder Matronen handelte – abgeurteilte Delinquentinnen wurden automatisch als «Huren» registriert.

Vier Tage nach der Urteilsverkündung teilte man Mary und ihren beiden Komplizinnen mit, sie würden nun doch nicht hingerichtet, sondern auf sieben Jahre deportiert.

Deportiert – aber wohin? Die Gefängnisse quollen über von Sträflingen, die auf die Deportation warteten. Die Herren in der Regierung und im Parlament zerbrachen sich schon seit langem den Kopf darüber, was mit den zahllosen Menschen geschehen sollte, für die die Gesellschaft keine Verwendung hatte. Diverse westafrikanische Küstenregionen waren als Verbannungsorte in Betracht gezogen worden, nicht zuletzt aus Gründen der Sparsamkeit: Die Sträflingsschiffe konnten für die Rückfahrt jeweils Sklaven an Bord nehmen. Schon der erste Versuch hatte sich jedoch als Fehlschlag erwiesen, denn fast alle Deportierten waren schon kurz nach der Ankunft gestorben. Besser geeignet schien jenes ferne Land in der Südsee, dessen Ostküste von Kapitän James Cook entdeckt und ausführlich beschrieben worden war; eine definitive Entscheidung stand allerdings noch aus.

Mary und die anderen Glücklichem denen trotz ihrer Missetaten der Galgen erspart blieb, erfuhren also nicht, wohin die Reise gehen sollte, als sie Ende März aus den Zellen geholt und in Reih und Glied aufgestellt wurden, um sich die richterliche Verfügung anzuhören:

> «In Anbetracht der Tatsache, daß Thomas Watson, Anthony Mayne, James Martin, William Coombe alias Kneebone, Samuel Barsby, Samuel Piggot, James Horton, William Cheaf, John Ball, William Brower, Mary Braund, Catherine Fryer und Mary Haydon alias Shepherd vom Schwurgericht zu Exeter für ihre Verbrechen zum Tode verurteilt wurden, so hat Seine Majestät gnädigst geruht, von Seinem Gnadenprivileg Gebrauch zu machen, unter der Bedingung, daß die Genannten nach jenseits der Meere deportiert werden, ein jeder auf die Dauer von sieben Jahren; und ist uns solches bekanntgegeben worden durch Seine Exzellenz Thomas Lord Sydney, Minister Seiner Majestät. Demzufolge hat das Gericht verfügt und beschlossen, die oben Genannten seien zu gegebener Zeit auf eine Dauer von je sieben Jahren nach jenseits der Meere zu deportieren.»

Abermals wurden die Gefangenen zusammengekettet auf Karren verladen. Sie hatten sich inzwischen daran gewöhnen müssen, dauernd gefesselt zu sein. Jeder Verurteilte hatte schwere, mit Ketten am Gürtel oder an einem Halsring befestigte Fußeisen zu tragen, was fast immer aufgescheuerte Haut und eiternde Schwären zur Folge hatte, manchmal sogar Wundbrand, so daß Gliedmaßen amputiert werden mußten.

Einer der Gruppe war James Martin, ein temperamentvoller Ire, der seinem Dienstherrn, Viscount William Courtney, «elf Eisenbolzen im Wert von 2s, 6d sowie andere Gegenstände im Wert von 2s» entwendet hatte. Von ihm wird in dieser Geschichte noch die Rede sein, ebenso von zwei Frauen, deren ursprüngliches Urteil bereits auf Deportation gelautet hatte: Elizabeth Cole, sieben Jahre wegen Diebstahls von irdenem Geschirr, und Elizabeth Baker, ebenfalls sieben Jahre wegen Diebstahls eines Kalbfells.

Bevor die Gefangenen die Rückreise nach Plymouth antraten, bot man ihnen sehr wahrscheinlich Gelegenheit, zu ihrer Erbauung der öffentlichen Hinrichtung Thomas Ruffels beizuwohnen, welche bedauerlicherweise zu einem widerwärtigen Spektakel ausartete. Der Verurteilte zeigte nicht die geringste Bußfertigkeit, sondern stieß lästerliche Flüche aus und wehrte sich so heftig, daß man ihn nur mit großer Mühe aufs Schafott schleppen konnte. Kaum oben angelangt, versuchte er sich auf den Henker zu stürzen, dem es infolgedessen schwerfiel, seines Amtes nach allen Regeln der Kunst zu walten. So mußte Ruffel minutenlang am Strick zappeln, ehe ihn der Tod von seiner Qual erlöste.

In Plymouth wurden Mary und ihre Gefährten auf das Gefängnisschiff *Dunkirk*, das vor Devonport lag, gebracht. Die Regierung hatte solche Schiffe als Zwischenlösung einrichten lassen, weil es in den bestehenden Strafanstalten einfach keinen Platz mehr gab für die vielen Delinquenten, die zur Deportation verurteilt worden waren. Die Idee mit den schwimmenden Gefängnissen stammte von einem gewissen Duncan Campbell, einem rührigen Unternehmer, der vor dem Krieg in eigener Regie Sträflingstransporte nach Amerika durchgeführt hatte und mithin als Fachmann galt. Er schlug der Regierung vor, man möge ihm doch eine Anzahl abgewrackter Kriegsschiffe überlassen, zu vorteilhaften Bedingungen natürlich; diese könnten an diversen geeigneten Orten vor Anker gelegt werden und als Sträflingsunterkunft dienen. Bis zu ihrer Verschickung würde man die Gefangenen beim Bau von Kais und Landeplätzen beschäftigen. Die Herren vom Innenministerium waren von Campbells Idee so begeistert, daß sie mit ihm gleich auch noch einen Vertrag über die Lieferung von Kleidung und Verpflegung für die Sträflinge abschlossen.

Die ersten Gefängnisschiffe wurden auf der Themse zwischen Gallions Reach und Barking stationiert. Da sie schon bald überbelegt waren, installierte man auf den Zwischendecks vom Bug bis zum Heck Brettergestelle, die zugleich als Tische und Schlafpritschen für jeweils sechs Mann dienten. Jeden Morgen wurden die zur Arbeit abkommandierten Sträflinge an Land gerudert. Sie mußten, in Ketten und unter strenger Bewachung, Schotter und Steine schleppen, Pfähle einrammen und andere Schwerstarbeit verrichten.

Das neue System erwies sich als so effektiv, daß Duncan Campbell noch weitere ausgediente Schiffe erhielt, von denen er ein paar bei Portsmouth stationierte und eines, eben die *Dunkirk*, in der Hamoaze-Bucht vor Devonport. Dieses war das erste, auf dem Frauen untergebracht wurden.

Je mehr Nachschub die Gerichte lieferten, desto schwieriger wurde es, die Disziplin auf den Gefängnisschiffen aufrechtzuerhalten. Es kam häufig zu Ausbrüchen, doch die meisten mißlangen und wurden mit Auspeitschung oder verschärften Haftbedingungen bestraft. Eine Massenflucht endete mit einem blutigen Gefecht zwischen Sträflingen und Matrosen des nahegelegenen Arsenals; nur wenige entkamen in die Wälder. Zum schlimmsten Zwischenfall kam es laut eines offiziellen Berichts am 24. März 1786, als die Insassen eines vor Portsmouth liegenden Gefängnisschiffes «ihre Bewacher angriffen und erst überwältigt werden konnten, nachdem acht von ihnen erschossen und sechsunddreißig verwundet worden waren». Die Wachmannschaften der übrigen Schiffe wurden über diesen Vorfall informiert und ließen von jetzt an keinen Sträfling mehr im Zweifel darüber, daß jeder Versuch des Widerstands mit dem Tod bestraft würde.

Die zweitägige Fahrt von Exeter nach Devonport war für Mary und die anderen Gefangenen auf lange Zeit hinaus der letzte Aufenthalt im Freien und auf dem Festland gewesen. Als sie am Kai von Devonport vom Wagen kletterten, konnten sie weit draußen in der Bucht die *Dunkirk* auf und ab schaukeln sehen. Der Anblick war alles andere als ermutigend. Das Schiff wirkte plump und häßlich mit seinen Maststümpfen und einem Gewirr von Kajüten und grob zusammengezimmerten Verschlägen, durch die man die ursprünglichen Deckaufbauten ersetzt hatte. Landseitig waren sämtliche Bullaugen mit Planken zugenagelt, weil sich die Anwohner über den Gestank beschwert hatten, der bei Seewind herüberdriftete.

Die verschiedenen Zwischenfälle auf den Gefängnisschiffen hatten zur Folge, daß die Regierung eine Untersuchungskommission bildete, die eventuelle Mißstände aufdecken sollte. Zuerst hieß es, bezüglich der Unterbringung bestünden keine Bedenken, im Gegenteil, die Gefängnisschiffe seien durchaus «zweckmäßig, gut belüftet und sauber». Später jedoch erklärten mehrere Kommissionsmitglieder, so auch diejenigen, welche die *Dunkirk* besichtigten, diese Schiffe seien wahre Brutstätten von Seuchen und alle Gefangenen schienen von äußerst schlechter Gesundheit zu sein. Einige fortschrittlich gesinnte Experten gaben auch zu bedenken, daß Schwerstarbeit – im Sommer zehn, im Winter sieben Stunden pro Tag – wohl kaum eine geeignete Maßnahme zur Umerziehung von Kriminellen sei; auch könnten die Sträflinge, durch ihre Fußeisen behindert, nicht effizent arbeiten.

Die Neuankömmlinge wurden gruppenweise auf Boote verladen und zur *Dunkirk* hinausgerudert. Nachdem sie über ein Fallreep die von Tang und Schmutz glitschige Bordwand emporgeklettert waren, mußten sie sich in Reih und Glied an Deck aufstellen. Eine Abteilung Marinesoldaten von der nahen Kaserne war zum Wachdienst auf der *Dunkirk* abkommandiert. Ein paar Offiziere standen plaudernd herum und musterten die Neuangekommenen, zumal die weiblichen, mit Kennermiene. Während sie gezählt und ihre Namen, ihre besonderen Merkmale und ihre Delikte sowie die jedem zustehende Ration registriert wurden, hatten die Gefangenen ein paar Minuten Zeit, sich umzusehen.

Noch einmal konnte Mary ihren Blick in die Weite schweifen lassen, über das in der Abendsonne glitzernde Wasser, die Lastkähne und Jollen, die zwischen den weiter draußen ankernden Schiffen und den Docks hin und her fuhren oder Passagiere weiter flußabwärts zum Hafen von Plymouth beförderten. In den Buchten wimmelte es von Fischerbooten. Am anderen Ufer, gegen Westen zu, lagen die grünen Felder und Wälder von Cornwall. Nur vierzig Meilen trennten Mary von ihren Eltern. Bald würden sie erfahren, welch schreckliche Schande ihre Tochter über sie gebracht hatte. Der *Western Flyer and Sherborne Mercury* sollte am 2. April ausführlich über Marys Fall und ihre Verurteilung berichten – ein gefundenes Fressen für sämtliche Klatschmäuler von Fowey und Umgebung.

Jetzt wurden die Gefangenen, Frauen und Männer getrennt, nach unten in ihre Quartiere gebracht. Aus den Luken schlug ihnen ein ekelerregender Gestank von ungewaschenen, auf engstem Raum zusammengepferchten Menschenleibern, verfaulenden Essensresten, Leckwasser, das sich im Kielraum staute, und überfließenden Abortkübeln entgegen. Dazu kam der Lärm, ein ohrenbetäubendes Durcheinander von keifenden, fluchenden, jammernden, brüllenden Stimmen, untermalt vom Knarren und Ächzen des Holzwerks.

Es dauerte eine ganze Weile, bis man im spärlichen Tageslicht, das durch die seeseitigen Bullaugen hereindrang, Einzelheiten erkennen konnte. Ein schweres Eisengitter trennte die Männer- von der Frauenabteilung. Der Raum war so niedrig, daß eine Person von durchschnittlicher Größe gerade noch aufrecht stehen konnte. Unter den apathischen Blicken jener, die schon vor ihnen angekommen waren, suchten sich die Neuen irgendwo einen Platz. Alles war schmutzig und voller Ungeziefer, denn auf dem Zwischendeck wurde nie saubergemacht. Jeden Morgen teilte man den Gefangenen eine knappe Ration Wasser zu, die kaum zum Waschen reichte. Die Männer durften sich jeweils am Sonntag rasieren und bekamen saubere Hemden, aber an Kleidung für die Frauen hatte niemand gedacht, so daß die meisten schon nach kurzer Zeit nur noch Lumpen am Leib trugen.

Manch eine Frau mag sich gefragt haben, ob es nicht besser gewesen wäre, am Galgen zu sterben, als auf unbestimmte Zeit in einem solchen Verlies vegetieren zu müssen. Mary jedoch hielt sich nicht lange mit solchen Grübeleien auf. Nachdem sie den ersten Schrecken überwunden hatte, versuchte sie herauszufinden, auf welche Weise man hier am besten überleben konnte.

Ebenfalls an Bord der *Dunkirk* befanden sich William Bryant und Watkin Tench. Der eine war aus Cornwall hierher verlegt worden und wartete nun darauf, irgendwohin deportiert zu werden, der andere gehörte der Wachkompanie an. Wie so viele Marineoffiziere war Watkin Tench nach Kriegsende auf halben Sold gesetzt worden, und der Auftrag, zu dem man ihn abkommandiert hatte, behagte ihm ganz und gar nicht.

Er hatte im Krieg auf dem Schlachtschiff *Mermaid* gedient und war im März 1778 zum Ersten Leutnant befördert worden. Im Juli desselben Jahres lief die *Mermaid*, von einem französischen Geschwader verfolgt, bei Cape Henlopen in der Delaware Bay auf Grund. Offiziere und Mannschaft ergaben sich dem Kommandanten eines amerikanischen Schiffes und kamen für einige Monate in ein Kriegsgefangenenlager in Maryland.

Tench, der sich während seiner Pariser Studienzeit mit den Schriften Rousseaus und Voltaires beschäftigt hatte und nach damaligen Maßstäben sehr fortschrittliche Ansichten vertrat, muß für die Sache der aufständischen Kolonisten einiges Verständnis gehabt haben. Er wurde Ende 1778 im Zuge eines Gefangenenaustausches repatriiert und kehrte in den aktiven Dienst zurück. Vier Jahre später beförderte ihn Generalmajor Collins – dessen Sohn David sollte dereinst Richter in der ersten Strafkolonie Australiens werden – zum Kapitänleutnant. Doch im Frühjahr 1786, als Tench seinen Posten auf der *Dunkirk* übernahm, muß er sich wohl gefragt haben, ob er bei den Marinetruppen überhaupt noch eine Zukunft hatte.

Im Frühsommer 1786 war die Kapazität der Gefängnisschiffe erschöpft, das System drohte zusammenzubrechen. Gemäß Lord Beauchamp, dem Vorsitzenden des mit dem Gesetzesentwurf in Sachen Deportation beauftragten Ausschusses, warteten viele Verurteilte seit Jahren darauf, irgendwohin abgeschoben zu werden. «Da für ihren Unterhalt keine Mittel vorgesehen sind, ist die Entscheidung, was mit ihnen geschehen soll, dem Ermessen der örtlichen Friedensrichter überlassen, wenn diese die Gefängnisse besuchen; und wenn das Gesetz bleibt, wie es jetzt ist, werden die Mißstände noch weiter zunehmen.» Tatsächlich gab es auf der *Dunkirk* Leute, die schon einen Teil ihrer Strafe in irgendwelchen Zuchthäusern abgesessen hatten; William Bryant hatte bereits zwei seiner sieben Jahre verbüßt.

Angesichts der bedrohlichen Situation erging nun endlich ein Beschluß: «Botany Bay, an der Küste von Neusüdwales auf 33 Grad südlicher Breite gelegen, wird aufgrund der Berichte des verstorbenen Kapitän Cook sowie gemäß der Aussagen der Vertreter von Personen, die ihn auf seiner letzten Expedition begleiteten, als ein Ort betrachtet, der diesem Zweck zu entsprechen scheint.»

Lord Sydney setzte das Schatzamt von dieser Entscheidung in Kenntnis und führte weiter aus: «Ich bin beauftragt, Ihren Lordschaften mitzuteilen, daß gemäß dem Wunsche Seiner Majestät umgehend die für den Transport von 750 Sträflingen nach Botany Bay benötigten

Fahrzeuge zu beschaffen sind, ausgerüstet mit Proviant, Werkzeugen und landwirtschaftlichen Geräten, welche für die Zeit nach deren Ankunft am Bestimmungsort benötigt werden ...» Das alles, wurde den Herren abschließend gesagt, habe «mit aller gebotenen Eile» zu geschehen.

Aus der Perspektive der Regierung eignete sich Botany Bay nicht nur als Verbannungsort für unerwünschte Elemente, sondern auch als britischer Stützpunkt auf dem australischen Kontinent. Man war der Meinung, die Holländer besäßen dank ihrer ostindischen Niederlassungen dort ohnehin schon zu großen Einfluß. Mit anderen Worten: Die Strafkolonie sollte gleichzeitig eine strategische Basis werden. Trotz des Einwandes, Deportation ans Ende der Welt sei ein untaugliches Mittel zur Abschrekkung potentieller Missetäter, «weil sie dort ja nicht, wie seinerzeit in Amerika, zum Nutzen anderer arbeiten müssen», erließ die Regierung eine entsprechende Verordnung und ernannte Kapitän Arthur Phillip zum Gouverneur der neuen Kolonie.

Für Mary und die anderen Frauen, die auf dem schmutzigen Zwischendeck der *Dunkirk* auf ihre Deportation warteten, verstrichen die Wochen und Monate in quälender Langsamkeit. Die Männer konnten wenigstens hin und wieder zum Arbeiten an Land gehen, wenn auch nicht regelmäßig, denn die Auswahl erfolgte nach dem Zufallsprinzip. Nicht so die Frauen. Die meisten von ihnen stammten aus Westengland und waren wegen Diebstahls verurteilt worden; Mary als Schwerverbrecherin nahm unter ihnen einen besonderen Status ein. Mit den ausgekochten «Spitzbübinnen» aus dem großstädtischen Milieu hatten diese einfachen Bauernmädchen nichts gemein. Die von Duncan Campbell gelieferte Verpflegung war so schlecht und so karg bemessen, daß sie zusehends dünner und bleicher wurden. Sie waren verdreckt und verlaust, denn sie besaßen nichts, was ihnen auch nur ein Minimum an Körperpflege ermöglicht hätte, nicht einmal Lappen, die sie als Monatsbinden hätten verwenden können. Eingesperrt in den dunklen Bauch der *Dunkirk*, dämmerten diese Frauen dahin, rauften miteinander, verloren den Verstand, erlitten Fehlgeburten, gebaren Kinder, starben.

Endlich kam die Nachricht, daß sie nach Botany Bay verschickt würden. Aber was konnte dieser Name schon bedeuten für Frauen, die in ihrem ganzen Leben kaum jemals weiter als zehn Meilen über die Grenze ihres Dorfes gekommen waren, die noch nie eine längere Reise unternommen hatten als diejenige zwischen dem Gefängnis und dem Gerichtshof? Für sie hätte Botany Bay ebensogut auf dem Mond liegen können ...

Ob Mary Broad und William Bryant einander nun schon vor oder erst nach ihrer Gefangennahme kennenlernten – auf der *Dunkirk* hatten sie jedenfalls Gelegenheit dazu, denn obschon Männer und Frauen voneinander getrennt untergebracht waren, wurden Beziehungen angeknüpft; immerhin konnte man durch die Gitterstäbe hindurch miteinander plaudern (oder sich etwas zuschreien). Daß es zu Sexorgien unter den Gefangenen kam, wie manchmal behauptet wird, ist freilich unwahrscheinlich; dafür gab es zu viele Aufseher unter Deck und zu viele Wachtposten auf Deck.

Etwas war Mary wohl bald einmal aufgefallen: daß nämlich nicht alle weiblichen Sträflinge schmutzige Lumpen trugen und sich um jeden Bissen Brot raufen mußten. Einige der jüngeren sahen vergleichsweise sauber und wohlgenährt aus; man nahm ihnen gelegentlich die Fußeisen ab und ließ sie für längere Zeit an Deck. Der

Grund für eine solche Vorzugsbehandlung war nicht schwer zu erraten: Diese Frauen schliefen mit Aufsehern oder Offizieren.

Junge Marineoffiziere hatten es ganz allgemein nicht leicht, Bekanntschaften zu schließen, und solche, die wie Watkin Tench auf halben Sold gesetzt waren, konnten sich eine standesgemäße Ehe kaum leisten. Natürlich gab es im Rotlichtbezirk von Plymouth mehr als genug billige Prostituierte, doch bei denen holte man sich nur allzu leicht eine Geschlechtskrankheit. Da war einer schon besser dran mit einer hübschen jungen Gefangenen, die keinen Kontakt zu anderen Männern hatte und auf Befehl zur Verfügung stand.

Und so nutzte Mary, wie es viele Frauen in ihrer Lage getan hätten, diese Chance, sich hin und wieder richtig waschen zu dürfen, eine anständige Mahlzeit zu bekommen und in einem richtigen Bett zu schlafen, auch wenn sie dieses Bett mit jemandem teilen mußte. Mit wem sie es teilte, wissen wir nicht; sie hat sich nie dazu geäußert. Einer der Quellen zufolge war es Watkin Tench. Doch obwohl er in seinen Aufzeichnungen Mary mehrmals voll Sympathie und Bewunderung erwähnt, wirkt sein Ton merkwürdig distanziert für jemanden, der angeblich von seiner ehemaligen Geliebten berichtet.

Wie verhielt sich die Gemeinschaft der Frauen jenen gegenüber, die mit Offizieren ins Bett gingen? Vermutlich reichten die Reaktionen von Feindseligkeit über Neid und Eifersucht bis zu Toleranz und Zustimmung, je nachdem, ob die Betreffende so etwas unter keinen Umständen getan hätte, ob sie es getan hätte, wenn sie begehrt worden wäre, oder ob sie es selbst auch tat oder zu tun bereit war.

Als Mary, zum ersten Mal seit vielen Wochen, sich die Läuse aus dem Haar kämmte und ein sauberes Kleid anzog, als sie von einem Teller aß, sich ohne Fesseln bewegen durfte, ein freundliches Wort vernahm oder doch wenigstens nicht angeherrscht wurde, muß ihr bewußt geworden sein, daß sie richtig gehandelt hatte. Wenn sie die kommende Zeit halbwegs heil überstehen wollte, konnte sie sich den Luxus moralischer Skrupel nicht leisten. Droben an Deck durfte sie die frische, salzige Luft einatmen anstatt des widerlichen Gestanks der Abortkübel, sie sah den Himmel und die Sterne, die Bucht mit den Schiffen, die grauen Kasernen von Devonport und drüben, am anderen Ufer, die grünen Wälder von Cornwall. Daß sie nie mehr frei durch diese Wälder streifen würde, war ihr ebenfalls bewußt. Für eine Frau bedeuteten sieben Jahre Verbannung lebenslänglich. Der Staat kümmerte sich nicht um die Heimschaffung von Deportierten, die ihre Strafe verbüßt hatten. Männer konnten in Neusüdwales jederzeit auf einem Schiff anheuern, ganz gleich, unter welcher Flagge es segelte; Matrosen waren immer gefragt, denn auf den langen, beschwerlichen Fahrten gab es an Bord zahlreiche Krankheits- und Todesfälle. Frauen aber hatten diese Möglichkeit nicht.

Im Herbst 1786 begann die Admiralität mit der Rekrutierung von Freiwilligen für den Dienst auf den Sträflingsschiffen der Ersten Flotte. Watkin Tench meldete sich für eine dreijährige Dienstzeit zum vollen Sold und gelobte mit seiner Unterschrift, sich «für Schutz und Bewachung der neu zu gründenden Kolonie sowie für die Aufrechterhaltung von Ordnung und Disziplin unter den Sträflingen» einzusetzen. Am 12. Dezember notierte er in sein Tagebuch, er habe die definitive Bestätigung erhalten, daß er nach Botany Bay abkommandiert werde. Wenige Wochen nach diesem Datum muß Mary festgestellt haben, daß sie schwanger war.

Liebte sie den Vater ihres Kindes – in Anbetracht der Umstände eine absolut aussichtslose Liebe –, oder sah sie in ihm lediglich den Partner in einer geschäftlichen Transaktion? Wie aus den Sträflingsakten hervorgeht, erwartete man von einem Soldaten oder Offizier, der eine Gefangene geschwängert hatte, daß er sich ungeachtet seiner Herkunft und Position zu seiner Vaterschaft bekannte. Sogar der in Neusüdwales als Militärrichter amtierende David Collins gab dem unehelichen Kind, das er mit einer Deportierten gezeugt hatte, seinen Namen. Was die Identität von Marys Liebhaber angeht – und die Zuneigung, die sie vielleicht für diesen Mann empfand –, so haben wir nur einen einzigen Hinweis: Sie gab ihrem Kind den zweiten Namen Spence. In der ganzen weitverzweigten Verwandtschaft der Familie Broad gab es niemanden, der so hieß. Im übrigen wurde das Kind, da Mary sich so hartnäckig weigerte, den Namen des Vaters zu nennen, offiziell als «Bastard» registriert.

6. Kapitel

Die Erste Flotte

Während Mary versuchte, das Beste aus ihrem Leben auf dem Gefängnisschiff zu machen, bemühte sich der künftige Gouverneur von Neusüdwales, Arthur Phillip, das Unternehmen endlich in Gang zu bringen. Seine Geduld wurde auf eine harte Probe gestellt.

Am 11. Oktober 1786, einen Tag vor seiner Ernennung, war er achtundvierzig geworden. Mit seiner schmächtigen Figur, dem hageren Gesicht und dem schütteren Haar entsprach er ganz und gar nicht dem Idealbild eines Seehelden des 18. Jahrhunderts. Er war ein Brite der zweiten Generation; sein Vater, Jakob Phillip, war seinerzeit aus Frankfurt nach England ausgewandert und hatte eine Londonerin geheiratet.

Mit sechzehn erlebte Phillip im Siebenjährigen Krieg gegen Frankreich seine erste Seeschlacht, mit fünfundzwanzig ging er in Pension und heiratete. Die Ehe war nicht glücklich. Eine Scheidung konnten sich damals nur Leute leisten, die Geld und gute Beziehungen hatten (dazu war ein Parlamentsbeschluß nötig), und so einigte sich das kinderlos gebliebene Paar 1769 auf eine Trennung. Im Jahre 1774 kämpfte Phillip auf der Seite Portugals gegen Spanien, und damals erhielt er als Kommandant eines portugiesischen Schiffes auch den Auftrag, 400 portugiesische Sträflinge nach Brasilien zu transportieren. Sie alle überstanden die Fahrt relativ gut, und das war allem Anschein nach der ausschlaggebende Grund für seine spätere Ernennung zum Gouverneur der neuen Kolonie. Er trat 1778 wieder in die Royal Navy ein und kommandierte während des Unabhängigkeitskrieges das Linienschiff *Europe.* 1784 ging er abermals mit halbem Sold in Pension, um sein kleines Gut in Hampshire zu bewirtschaften.

Arthur Phillip war offenbar ein ausgezeichneter Organisator und ein Mann, der nach damaliger Auffassung ziemlich fortschrittlich dachte.

Laut der von Lord Sydney unterfertigten Ernennungsurkunde setzte die Regierung volles Vertrauen in Phillips «Loyalität, Tatkraft und Erfahrung in militärischen Angelegenheiten» und ernannte ihn somit zum Gouverneur des als Neusüdwales bezeichneten Territoriums,

> «... welches sich erstreckt von jenem Punkt der Nordküste, der Cape York genannt wird, auf 10°39 südlicher Breite, bis zu dem an der Südküste besagten Territoriums auf 43°49 südlicher Breite gelegenen South Cape; sowie Städte, Garnisonen, Festungen oder sonstigen militärischen Anlagen, die auf besagtem Territorium jetzt oder in Zukunft errichtet werden. Demzufolge sind Sie gehalten, Ihres Amtes als Gouverneur besagten Territoriums auf umsichtige und zweckmäßige Weise zu walten, indem Sie sämtliche diesbezüglich notwendigen Anordnungen treffen; und Wir erteilen allen innerhalb des genannten Territoriums dienenden Offizieren und Soldaten sowie allen übrigen von solchen Anordnungen betroffenen Personen strikten Befehl, Ihnen als dessen Gouverneur zu gehorchen. Sie sind ferner gehalten, sämtliche Anordnungen und Weisungen, welche Ihnen jeweils durch Uns und durch andere Ihrer Vorgesetzten zugehen werden, entsprechend den Grundsätzen und Bestimmungen des Kriegsrechtes auszuführen (...)

Gegeben an Unserem Hofe von St. James, den 12. Oktober 1786, im 26. Jahr Unserer Regierung. Auf Befehl Seiner Majestät, gez. Sydney»

Neusüdwales, so hieß es in den Weisungen an Phillip, sei ein Gebiet, welches «aufgrund seiner Fruchtbarkeit, seines gesunden Klimas sowie seiner Abgeschiedenheit (welche den dort befindlichen Personen eine unbewilligte Rückkehr nahezu unmöglich macht) nach Meinung der Regierung in besonderem Maße geeignet scheint, eine Lösung zu bieten im Hinblick auf die Übel, welche sich aus der starken und alarmierenden Zunahme der Kriminalität im ganzen Lande und insbesondere in der Hauptstadt ergeben könnten».

Folglich mußte nun eine Flotte zusammengestellt werden. Neben der regulären Schiffsbesatzung waren zwei Kompanien Seesoldaten zur Bemannung einer Küstengarnison erforderlich; sie hatten die Kolonie gegen Angriffe von Eingeborenen zu verteidigen und für Ruhe und Ordnung unter den Sträflingen zu sorgen. Die Schiffe würden alle «zum Bau von Unterkünften und für die Landwirtschaft notwendigen Gerätschaften» an Bord nehmen, dazu Proviant für die Fahrt und die ersten beiden Jahre nach der Ankunft; danach, so die optimistische Annahme, würden sich die Siedler «dank gemeinsamer Anstrengungen» selbst ernähren können. Man hoffe, hieß es weiter, Soldaten zu rekrutieren, die «wenn möglich» nicht nur das Kriegshandwerk, sondern auch einen Beruf gelernt hätten, Männer also, die im Zivilleben Zimmerleute, Schmiede, Töpfer, Wald- und Landarbeiter waren.

Die Flotte würde unterwegs diverse Häfen anlaufen, um Saatgut, Vieh und Limonen zur Verhinderung von Skorbut an Bord zu nehmen. Sieben- bis achthundert

Sträflinge sollten mit der Ersten Flotte deportiert werden. Auf einem der Schiffe mußte eine getrennte Unterkunft für die Frauen eingerichtet werden, «damit kein Verkehr mit den Männern stattfinden kann».

Mindestens ein Wundarzt, wenn möglich mehrere, sowie ein Seelsorger waren ebenfalls erforderlich, ferner ein *Judge-Advocate*, ein hochrangiger Militärrichter. Man möchte meinen, die Regierung hätte ein so wichtiges Amt einem sowohl in Zivil- wie in Strafsachen beschlagenen Juristen anvertraut, doch der Mann, der diesen Posten erhielt, war David Collins, ein Marineoffizier, der weder über eine juristische Ausbildung noch über entsprechende Praxis verfügte. Das bedeutete zum einen, daß Phillip sich nicht auf einen erfahrenen Berater stützen konnte, zum anderen, daß in allen rechtlichen Belangen die Regeln der Militärjustiz gelten würden.

Schließlich war, wie Phillip erfuhr, auch noch das Problem der sexuellen Bedürfnisse von Soldaten, Matrosen und Sträflingen zu bedenken, da es nicht annähernd genug weibliche Deportierte gab. Aber man könne ja nach der Ankunft in Neusüdwales «ein Schleppfahrzeug, das zum Beispiel in Kapstadt Vieh an Bord genommen hat, wenn nötig auch dazu benutzen, Weiber von den Freundschaftsinseln, Neukaledonien usw. herbeizuschaffen, welches ohne Schwierigkeiten zu bewerkstelligen ist; denn bekanntlich ist es unmöglich, in einer Strafkolonie mit unausgewogenem Geschlechterverhältnis Unruhen und krasse Verstöße gegen die Moral zu verhindern». Mit «krassen Verstößen gegen die Moral» waren homosexuelle Praktiken gemeint.

Heute ist es uns ungeheuerlich, daß da ein paar weiße «Herrenmenschen» in London allen Ernstes vorschlugen, man solle auf den pazifischen Inseln eine Menschenjagd veranstalten, um Abhilfe zu schaffen für die sexuelle Not von Männern, die seit Monaten oder gar Jahren keine Frau mehr gehabt hatten. Es gereicht Arthur Phillip zur Ehre, daß er ein solches Ansinnen strikt ablehnte; in seinen Augen war es ein großes Unrecht, Eingeborenenfrauen zu entführen und in ein Straflager zu sperren, wo sie «vor Gram sterben würden».

Phillips dringlichste Aufgabe bestand jetzt darin, eine ganze Flotte samt Ausrüstung aufzutreiben und die Verlegung einiger Hundert Sträflinge von den Gefängnisschiffen auf die Transportschiffe zu organisieren: keine Kleinigkeit, aber auch kein unlösbares Problem. Die Regierung war wie üblich der Meinung, damit, daß sie ihr Projekt vorgestellt habe (unter dem donnernden Beifall des Unterhauses notabene), sei die Arbeit so gut wie getan und um alles übrige brauche sie sich nicht zu kümmern.

Phillip überlegte sich von Anfang an sehr genau, wie er die neue Kolonie zu verwalten gedachte. So informierte er Lord Sydney frühzeitig, daß er es für notwendig hielt, die Sträflinge von den anderen Siedlern getrennt unterzubringen, gegebenenfalls auch nach Ablauf der Straffrist, falls sie nicht das Zeug zu Pionieren hatten; er hielt aber auch fest: «In einem freien Land darf es keine Sklaverei geben und demzufolge keine Sklaven.»

Wochen verstrichen, aber die Sache kam nicht vom Fleck. Lord Sydney bequemte sich erst unter Druck, die Admiralität mit dem Chartern von Schiffen zu beauftragen. Das geschah mittels Plakatanschlag in den von Reedern, Maklern und Kaufleuten besuchten Kaffeehäusern. Aus den angebotenen Fahrzeugen wählte das Marineamt dann fünf Schiffe für den Sträflingstransport aus, die *Alexander*, die *Friendship*, die *Charlotte*, die *Lady Penrhyn* und die *Scarborough*. Da Phillip das als nicht ausreichend erachtete, wurde schließlich noch ein sechstes bewilligt, die *Prince of Wales*. Dazu kamen drei Proviantschiffe, die *Borrowdale*, die *Fishburn* und die *Golden Grove*, sowie zwei Kriegsschiffe, die *Sirius* und die *Supply*.

Bei den Sträflingsschiffen handelte es sich um relativ neue, vollgetakelte Dreimaster, nur die *Charlotte* war als Bark registriert. Aber sie waren alle ziemlich klein; das größte von ihnen, die *Alexander*, maß vom Bug bis zum Heck 114 Fuß in der Länge und an der breitesten Stelle 31 Fuß (etwa 34 respektive 9 Meter).

Den ganzen Winter über beschäftigte sich Phillip mit dem Problem, wie er auf so knappem Raum 1500 Leute unterbringen sollte: Offiziere und Soldaten, gegebenenfalls deren Frauen und Kinder, Schiffsmannschaften und Sträflinge. Wie Robert Hughes in seinem Werk *The Fatal Shore* erwähnt, stehen auf einem heutigen Passagierschiff pro Person 250 Tonnen Raum zur Verfügung. Auf den Schiffen der Ersten Flotte waren es knapp drei Tonnen – und das sei noch zu optimistisch gerechnet, beklagte sich Phillip bei der Admiralität, denn «nach Abzug der Tonnage für die Vorräte bleiben uns pro Person nicht einmal anderthalb Tonnen».

Keines der Schiffe war ursprünglich für die Beförderung so vieler Passagiere gedacht; auf der Überfahrt würde es also niemand sehr bequem haben. Aber im Vergleich zu jenen, die das Pech hatten, einer der späteren Sträflingsflotten zugeteilt zu werden, konnten sich die Passagiere der Ersten Flotte noch glücklich schätzen, sogar die Gefangenen.

Die Quartiere der Soldaten und Matrosen waren eng, die Zwischendecks, wo die Sträflinge untergebracht werden sollten, noch enger. Die Räume waren so niedrig, daß auch ein kleingewachsener Mensch nicht aufrecht stehen konnte. Es gab keine Bullaugen und infolgedessen wenig Luft und so gut wie kein Licht, denn Kerzen waren wegen der Brandgefahr nicht erlaubt. Die Leute mußten auf Brettergestellen schlafen, je vier hatten eine Fläche von sechs auf sieben Fuß zur Verfügung. Ein Windsegel, über einer Luke angebracht, drückte etwas Frischluft nach unten, aber bei Sturm wurden alle Öffnungen mit Planken zugenagelt.

Um die Sträflinge während der langen Überfahrt besser unter Kontrolle zu halten, hatte man die Zwischendecks mit dicken, benagelten Schotts unterteilt; jedes war mit Schießscharten versehen, damit gegebenenfalls in die Menge gefeuert werden konnte. Die Luken waren mit schweren Balken gesichert. Auf dem Oberdeck gab es eine Sperre aus Planken, drei Fuß hoch und mit Eisenspitzen bewehrt, deren Zweck darin bestand, «jeden Kontakt von Soldaten und Seeleuten mit den Sträflingen zu verhindern», wie Philip Gidley King, Sekondeleutnant auf der *Sirius*, in seinem Tagebuch notierte. Sämtliche Niedergänge wurden streng bewacht, und auch auf dem Achterdeck stand ein bewaffneter Posten.

Den Auftrag zur Lieferung von Proviant und Ausrüstung für die gesamte Flotte erhielt der rührige Duncan Campbell, der ja bereits im Fall der Gefängnisschiffe bewiesen hatte, mit welch bescheidener Verpflegung Sträflinge gerade noch überleben konnten. Er hatte vor, auch an der Ersten Flotte eine Menge Geld zu verdienen, doch Arthur Phillip war seinerseits entschlossen, die ihm anvertraute Aufgabe korrekt zu erledigen. Pingelig, wie er nun einmal war, kontrollierte er höchstpersönlich jeden einzelnen Posten, und dabei ging ihm bald auf, daß da manches nicht stimmte. Was in Campbells Ladelisten als «ein Pfund Mehl» (pro Kopf) aufgeführt war, erwies sich in Wirklichkeit als ein halbes Pfund Reis; für die erste Etappe der Überfahrt waren keine Mittel gegen Skorbut vorgesehen; es gab für eine neue Kolonie, die eine Wildnis urbar machen sollte, lediglich sechs Sensen; es gab insgesamt nur fünf Dutzend Rasiermesser und nur 200 Pfund Schrot (Phillip schätzte, daß er mindestens 560 Pfund benötigen würde); es gab keinen Wein für die Kranken, fast keine Medikamente, kein Tuch, um unbrauchbare Kleidung zu ersetzen, keine Nähnadeln, keinen Zwirn ...

Nachdem Phillip wegen all dieser Mängel mehrmals bei Lord Sydney vorstellig geworden war, ohne Gehör zu finden, ging ihm die Geduld aus. Er wandte sich an Sydneys Unterstaatssekretär, Evan Nepean, der wenigstens zu begreifen in der Lage war, was hier auf dem Spiel stand. Phillip teilte ihm brieflich mit, daß der Mangel an Lebensmitteln schwerwiegende Folgen haben werde, denn das vorhandene Mehl reiche höchstens aus, «um jedem Sträfling pro Tag eine erbärmliche Ration von sechs Unzen [etwa zwei Scheiben] Brot zu geben». Noch schlimmer werde sich der Mangel an Mitteln gegen Skorbut auswirken; dies werde schon nach kurzer Zeit zum Ausbruch von Seuchen führen. «Die Lieferverträge», stellte er weiter fest, «wurden abgeschlossen, bevor ich mit dem Marineamt über diese Angelegenheit sprechen konnte. Ich habe wiederholt auf die Folgen hingewiesen, die sich aus der Tatsache ergeben, daß die Leute an Bord so kleiner Schiffe derart eng zusammengepfercht sind, und auch darauf, daß in der Verpflegung der Seesoldaten kein Mehl vorgesehen ist – das wird vielen zum Verhängnis werden, um so mehr, als es keine Mittel gegen Skorbut an Bord gibt ... Tatsache ist, daß man Soldaten und Sträflinge auf eine Reise ans andere Ende der Welt schickt, als schickte man sie nach Amerika, eine Überfahrt von sechs Wochen.»

Phillip fügte hinzu, er wolle nicht in die Geschichte eingehen als einer, der hätte wissen müssen, «daß er bei diesem Platzmangel und bei einer so schlechten Versorgung auf einer so langen Fahrt mit großer Wahrscheinlichkeit die Hälfte der ihm anvertrauten Mannschaften und Sträflinge verlieren würde», und daß die Öffentlichkeit Dinge, «die ohne mein Zutun entschieden wurden und in keiner Weise meinen Vorstellungen entsprachen», auf seine Unwissenheit und Nachlässigkeit zurückführen werde.

Falls die Herren in der Regierung und im Marineamt je der Meinung gewesen waren, mit Arthur Phillip einen Mann gefunden zu haben, der stets gehorchte und keine dummen Fragen stellte, dann hatten sie sich gründlich getäuscht.

7. Kapitel

Die Deportierten

Gegen Ende Dezember erfuhren die Insassen der *Dunkirk,* daß die der Ersten Flotte zugeteilten Sträflinge demnächst auf die Transportschiffe verlegt würden.

Diese waren inzwischen in Deptford ausgerüstet worden und lagen nun in verschiedenen Häfen vor Anker: die *Friendship* und die *Charlotte* in Plymouth, die *Prince of Wales* und die *Scarborough* in Portsmouth, die *Lady Penrhyn* und die *Alexander* in Woolwich auf der Themse. In Portsmouth begann die Einschiffung am 6. Januar, in Plymouth am 7. Januar 1787. Die Sträflinge hatten keine Ahnung, daß es Monate dauern sollte, bis die Flotte in See stechen konnte.

Von überall her trafen an den Sammelorten Fuhrwerke ein, beladen mit aneinandergeketteten, durchgefrorenen, halbverhungerten Menschen. Viele von ihnen hatten von den Fesseln eiternde Wunden an den Knöcheln. Wer Geld besaß, konnte einen Aufseher bestechen und wurde dann wenigstens eine Zeitlang von den vierzehn Pfund schweren Fußeisen befreit, aber die meisten hatten kein Geld und auch sonst nichts zu bieten, schon gar nicht die Kinder, die ebenfalls ständig gefesselt waren. Manche Sträflinge konnten, noch Monate nachdem man ihnen die Eisen endgültig abgenommen hatte, nicht normal gehen.

Die wenigen Habseligkeiten, die der eine oder andere bei seiner Verhaftung noch besessen hatte, waren längst gegen etwas Brot, Bier oder irgendeine kleine Vergünstigung eingetauscht oder aber von Mitgefangenen gestohlen worden. In besonders schlechtem Zustand befanden sich die Häftlinge von den auf der Themse stationierten Gefängnisschiffen, denn unter den Aufsehern dort war es gang und gäbe, den Leuten auch noch Campbells Hungerrationen vorzuenthalten: Sie starben dann um so schneller und konnten um fünf bis sechs Pfund Sterling an die Anatomie verkauft werden.

Zwanzig Gefangene waren während der ganzen Reise von Newcastle in Nordengland nach Plymouth so aneinandergekettet gewesen, «daß keiner aufstehen oder sich hinsetzen konnte, ohne alle übrigen mitzuschleppen». Männer wurden von ihren Frauen getrennt, Mütter von ihren Kindern. Eine Frau war kurz vor der Niederkunft bei bitterer Kälte in einem offenen Wagen von Carlisle nach London gebracht worden. In einem Bericht an das Innenministerium wird ein Augenzeuge zitiert: «Man entriß der Frau das Neugeborene, das noch gestillt wurde, und gab es im Armenhaus ab, wo es vermutlich gestorben ist; und in diesem Zustand körperlicher und seelischer Qual kam sie ins Gefängnis von Newgate und wurde von dort nach Botany Bay verschickt. Ich habe sie an Bord getroffen, und sie konnte niemals von ihrem Kinde reden, ohne in eine Flut von Tränen auszubrechen.»

Am Nachmittag des 7. Januar 1787 erfuhren die Insassen der *Dunkirk* die Namen jener, die der Ersten Flotte zugeteilt waren: Henry Branch, James Branchflower, Curtis Brand, Lucy Brand alias Wood, James Branegan aus Exeter, Patrick Brannegan aus Dublin, Mary Broad ...

Die Aufgerufenen schnürten ihre Bündel – sofern sie noch irgend etwas zum Mitnehmen besaßen – und versammelten sich auf dem Oberdeck. Die meisten hatten nur noch Lumpen am Leib und schlotterten vor Kälte, viele hatten so lange im Finstern gesessen, daß sie das Tageslicht kaum ertragen konnten. Schaut gut hin, sagte man ihnen, ihr werdet England wohl kaum wiedersehen.

In kleinen Gruppen aneinandergekettet wurden sie an Land gerudert. An den Kais von Devonport standen Fuhrwerke bereit. Die von der *Dunkirk* brauchten nicht so weit zu fahren wie andere, eine halbe Stunde vielleicht, bis zum alten Hafen und den Lagerhäusern am Fuß der Zitadelle; dort sollten sie übernachten. Zum ersten Mal erblickten sie die Schiffe, die sie «über das Wasser nach jenseits dem Meere» tragen sollten. Sie selbst wurden von den Passanten begafft, die am frühen Abend die Gassen und Kais bevölkerten: Hafenarbeiter, Tavernenbesucher, Mädchen aus den Bordellen der Castle Street.

Die Angehörigen einiger Sträflinge waren hergekommen, um Abschied zu nehmen. Ob William und Grace Broad aus dem vierzig Meilen entfernten Fowey hergereist waren, um ihre Tochter noch einmal zu sehen, ist nicht bekannt; vielleicht wußten sie nicht einmal, daß Marys Todesurteil in sieben Jahre Deportation umgewandelt worden war. Dolly arbeitete um diese Zeit bereits in London.

Die Sträflinge von der *Dunkirk* wurden in ein Lagerhaus geführt, wo bereits andere eingetroffen waren, Männer, Frauen, Kinder. Alles schrie, fluchte, hustete und jammerte ducheinander; man schloß Bekanntschaft, fragte sich bang, was sie in diesem fernen, unbekannten Land wohl erwarten mochte: ob es dort Indianer gab mit Federn im Haar wie die in Amerika, von denen man gehört hatte? Oder gar Menschenfresser? Wo kommt ihr her? Was hast du angestellt, daß man dich in die Verbannung schickt?

Mary war es dank ihres Liebhabers an Bord der *Dunkirk* nicht schlecht ergangen. Jetzt hatte sie niemanden mehr, der sie in Schutz nahm. Und in einigen Monaten würde ihr Kind zur Welt kommen, Gott mochte wissen, wo, vielleicht auf hoher See …

Wer auf welches Schiff kam, läßt sich anhand der verfügbaren Dokumente nicht mit Sicherheit feststellen, ebensowenig die genaue Zahl der mit der Ersten Flotte deportierten Sträflinge. Manche, deren Namen auf den Passagierlisten stehen, fuhren dann doch nicht mit; solche, die nachweislich mitfuhren, sind nicht aufgeführt. Das in britischen Archiven vorhandene Material stimmt häufig nicht mit australischen Quellen überein, und bei einigen zeitgenössischen Chronisten findet man wiederum andere Angaben. Eines jedoch steht fest: Die meisten der nach Neusüdwales Deportierten waren wegen Eigentumsdelikten verurteilt worden.

Mary und Ann Davies aus Shrewsbury, 23 respektive 25 Jahre alt, hatten aus dem Haus ihres Dienstherrn einen kupfernen Teekessel, einen Mantel, ein Paar Schuhschnallen und einen Hut (Wert 2 Shilling) mitgehen lassen. Mary Dixon, deren Prozeß im März 1786 am Londoner Kriminalgericht Old Bailey stattfand, hatte zwei Bügeleisen, zwei Gabeln und zwei Teelöffel gestohlen und die von demselben Gericht verurteilte Ann Forbes zwei Kleider, einen Unterrock und einen Seidenumhang. Auch zahlreiche andere weibliche Sträflinge hatten als Dienstmädchen gearbeitet und sich am Eigentum ihrer Herrschaft vergriffen. Eliza Pulley oder Powley, 26, ohne festen Wohnsitz, war bei Thetford in Norfolk in ein Haus eingedrungen, um etwas Käse (Wert 3 Shilling), Speck, Butter, Rosinen und Mehl zu entwenden. Obgleich nur zwei der deportierten Frauen, Mary Allen und Ann Mather, in den Gerichtsakten ausdrücklich als Prostituierte bezeichnet werden (sie hatten ihre Freier bestohlen), wurden alle ohne Ausnahme als solche behandelt.

Die älteste unter ihnen war Dorothy Handland, 82, Lumpensammlerin und Altkleiderhändlerin, die des Meineides für schuldig befunden worden war. Sie sollte in die Gründungsgeschichte Australiens eingehen, denn kurz nach der Ankunft erhängte sie sich an einem Baum – der erste aktenkundige Selbstmord auf dem Fünften Kontinent. Elizabeth Beckford war siebzig Jahre alt, als ihre Dienstherrin sie anzeigte, weil sie ein Stück Käse aus der Vorratskammer stibitzt hatte.

Am anderen Ende der Altersskala finden wir John Hudson, neun Jahre, ein Schornsteinfegerlehrling, der auf Geheiß seines Meisters die Kundschaft bestohlen hatte und mit fünf Seidenstrümpfen, zwei Schürzen und einer alten Pistole erwischt worden war; James Grace, elf Jahre, des Diebstahls von einem Paar Seidenstrümpfen (Wert 7 Shilling) sowie zehn Ellen Band (2 Shilling) für schuldig befunden; Elizabeth Heyward, 13 Jahre, die bei einem Holzschuhmacher in der Lehre gewesen war und der Meisterfrau ein Kleid, eine Haube und einen Mantel gestohlen hatte. Margaret Dawson, 15 Jahre, war dem Galgen nur mit knapper Not entgangen: Sie hatte Kleider, Strümpfe, Schuhe, Unterröcke, einen Hut, einen Mantel, Spitzen, einen Granatring sowie sechs Silberdollars, eine portugiesische Dublone und diverse Kupfermünzen gestohlen und daher nach Meinung der Geschworenen den Tod verdient; doch der Richter ließ Milde walten und verurteilte Margaret aufgrund ihrer Jugend und der Tatsache, daß dies ihr erstes Delikt war, nur zur Deportation.

Auch bei den männlichen Strafgefangenen überwogen geringfügige Eigentumsdelikte. John Ball wurde zur selben Zeit wie Mary wegen Viehdiebstahls (ein Schaf im Wert von 10 Shilling) verurteilt, desgleichen William Brewer. William Brannigan mußte in die Verbannung, weil er einen Spiegel gestohlen hatte. Zu erwähnen sind auch noch drei Männer, die später einmal mit Mary zu tun haben würden: Sam Bird aus Croydon, der aus einem Lagerhaus ein Quantum Salpeter im Wert von immerhin £30 entwendet hatte; James Cox, lebenslange Deportation wegen Diebstahls von 13 Ellen Leinenspitze, und William Allen – der bekam nur sieben Jahre, obschon er einen bewaffneten Raubüberfall begangen hatte. In bezug auf das Strafmaß herrschte die reine Willkür, so daß das Schicksal eines Menschen ganz von der Laune des zuständigen Richters abhing.

Neben den vielen Gelegenheitstätern gab es freilich auch einige Profis, wie beispielsweise Margaret Steward und ihr Freund Thomas Sadler, die sich auf Wäschediebstahl spezialisiert und ihre Beute auf den Jahrmärkten verkauft hatten. So waren sie von den Midlands bis in den Westen gewandert, ohne jemals erwischt zu werden; erst in Exeter hatte jemand sie erkannt und angezeigt. William Lane, ein Landarbeiter aus Essex, hatte aus einem Lagerhaus 320 Pfund Pökelfleisch, 80 Pfund Butter, drei Fäßchen Branntwein, sechs Gallonen Beerenschnaps und mehrere Flaschen Pfefferminzlikör gestohlen, und eine gewisse Elizabeth Lee hatte es sogar fertiggebracht, nicht weniger als 30 Gallonen Portwein, zwölf Gallonen Malvasier, je drei Gallonen diverser anderer Weine und Schnäpse, 424 Flaschen Bier, einen Zentner Wachskerzen und obendrein einen Granatring beiseite zu schaffen.

Ein paar Straßenräuber gab es auch, lauter *footpads* bis auf einen, der sein Metier hoch zu Roß auszuüben pflegte. Diesem war seine Neigung zum schönen Geschlecht zum Verhängnis geworden: Beim Überfall auf eine Postkutsche hatte er, während er die Passagiere mit vorgehaltener Pistole in Schach hielt, einen kleinen Flirt mit einer hübschen Dame angefangen, so daß es dem Kutscher gelang, ihm eins mit dem Peitschenstiel über den Schädel zu ziehen.

Nur wenige Frauen hatten schwere Delikte begangen. Elizabeth Barber, eine 27jährige Buchbinderin, war in die Wohnung eines gewissen John Price eingedrungen, hatte ihn mit einem Messer angegriffen und ihm eine silberne Uhr und eine halbe Guinee abgenommen, die sie dann ihrem Freund schenkte. Eine andere Elizabeth, Dudgeon mit Nachnamen und 32 Jahre alt, hatte einen ansehnlichen Geldbetrag gestohlen. Beide waren bereits 1782 zur Deportation nach Neuschottland verurteilt worden. Auf der Fahrt durch den Ärmelkanal geriet das Schiff in einen schweren Sturm und mußte bei Tor Bay vor der Küste von Devon beidrehen. Da Gefahr bestand, daß es an den Klippen zerschellen würde, flehten die Gefangenen den Kapitän an, er möge ihnen doch die Eisen abnehmen lassen; er aber schwor, eher werde er sie allesamt erschießen. In der Nacht gelang es ihnen, sich gegenseitig zu befreien, die Besatzung zu überwältigen und die Beiboote loszumachen. Von denen, die sich an Land retten konnten, wurden die meisten jedoch wieder eingefangen. Die beiden Elizabeths hatten sich aktiv an der Meuterei beteiligt und waren dem Galgen nur mit knapper Not entronnen. Jetzt war ihnen so ziemlich alles egal.

Die Einschiffung begann im Morgengrauen bei eisiger Kälte. Obschon ursprünglich vorgesehen war, daß nur die *Charlotte* weibliche Sträflinge aufnehmen sollte, wurden jetzt Männer und Frauen auf beide Schiffe verteilt. Die zwei rebellischen Elizabeths kamen auf die *Friendship*, Mary Broad und William Bryant auf die *Charlotte*, das einzige Schiff der Flotte, auf dem die Geschlechter in separaten Quartieren untergebracht werden konnten. Für die schwangere Mary mag das vielleicht ein kleiner Trost gewesen sein, auch wenn sie nach zehnmonatigem Aufenthalt auf der *Dunkirk* sicherlich wußte, daß für ein in einem engen, schmutzigen Zwischendeck geborenes Kind kaum Überlebenschancen bestanden. Sie und die anderen Frauen bekamen je eine dünne Wolldecke und richteten sich auf den Gemeinschaftspritschen ein, so gut es eben ging.

Für William Bryant sah die Lage günstiger aus. Von allen Sträflingen der Ersten Flotte war er der einzige Berufsfischer und gehörte somit zu jener kleinen Elite, die sich beim Aufbau der neuen Kolonie als unentbehrlich erweisen sollte. Daß für ein solches Unternehmen erfahrene Handwerker nötig gewesen wären, hatte die Regierung nicht bedacht. Man wußte doch, daß für mehrere hundert Siedler Unterkünfte gebaut werden mußten, aber es gab nur zwei Ziegelbrenner, zwei Maurer und einen Steinmetz. Sollte die Kolonie sich selbst erhalten, mußten schnell Nahrungsmittel produziert werden, aber es gab nur einen einzigen Landwirt. Die große Mehrzahl der Sträflinge stammte aus städtischen Verhältnissen und hatte keine Ahnung von Landwirtschaft und Viehzucht.

Will war ein fröhlicher, gutaussehender Mann und obendrein einer von denen, die überall irgendwie durchkommen. Gerade diese Eigenschaft machte ihn für eine Frau in Marys Lage äußerst begehrenswert. Angesichts des zahlenmäßigen Ungleichgewichts zwischen den Geschlechtern konnte eine Frau sich glücklich schätzen, nach der Ankunft in Neusüdwales einen tüchtigen Mann zur Seite zu haben. Falls sie es überhaupt bis dorthin schaffte ...

Wegen des schlechten Wetters konnten die Schiffe vorläufig nicht auslaufen. Die Sträfllinge blieben vierundzwanzig Stunden am Tag eingesperrt; die Order lautete, daß sie erst an Deck gelassen werden durften, wenn die Flotte außer Landsicht war. Endlich, nach fast zwei Wochen, nahmen die *Friendship* und die *Charlotte* Kurs auf Portsmouth, wo sie zu den übrigen Schiffen der Ersten Flotte stoßen sollten.

Hier geriet die Sache abermals ins Stocken, denn Arthur Phillip führte mit den Behörden immer noch einen verbissenen Kampf um mehr Proviant und mehr Material, und die Behörden wollten einfach nicht auf seine dringlichen Gesuche eingehen. So wurde es Mitte März, bis die Nachzügler eintrafen, darunter die *Lady Penrhyn*, auf der sich die weiblichen Sträflinge aus den Londoner Gefängnissen befanden. Phillip hatte während der Kriegsjahre viel Schlimmes mit angesehen und war nicht so leicht zu erschüttern, doch beim Anblick dieser Frauen packte ihn der helle Zorn. In einem vom 18. März datierten Brief an Evan Nepean schrieb er:

> «Es macht den Friedensrichtern Schande, Frauen in einem solchen Zustand an Bord der *Lady Penrhyn* zu schicken – fast nackt und so schmutzig, daß sie unbedingt Kleidung gebraucht hätten, um nicht krank zu werden. Aber diese konnte nicht rechtzeitig besorgt werden, und so brach ein Fieber aus, das jetzt immer noch an Bord wütet; auch gibt es zahlreiche Geschlechtskrankheiten, die sich trotz der getroffenen Maßnahmen zwangsläufig weiter ausbreiten werden.»

Liest man Berichte von Zeitgenossen über die miserable körperliche Verfassung fast aller Deportierten, so wird man an die grauenhaften Bilder aus den Konzentrationslagern des 20. Jahrhunderts erinnert: Da ist von Menschen die Rede, die nur noch Haut und Knochen waren, halbnackt und von eiternden Schwären und Ausschlägen bedeckt. Solche Elendsgestalten sollten jetzt ans andere Ende der Welt geschickt werden, damit sie sich dort selbst ihre Gefängnisse bauten.

Das auf der *Lady Penrhyn* ausgebrochene Fieber verursachte eine weitere Verzögerung, weil es auch auf die *Alexander* übergriff. Dort starben bis Mitte April elf Personen; die übrigen wurden in aller Eile ausgeschifft. Soldaten mußten das ganze Fahrzeug mit Kreosot ausräuchern und die Sträflingsquartiere mit ungelöschtem Kalk desinfizieren. Trotzdem starben danach noch weitere fünf Männer auf der *Alexander* und eine Frau auf der *Lady Penrhyn.*

Für Mary muß das ständige Eingesperrtsein – unter viel schlimmeren Bedingungen als auf der *Dunkirk* – eine endlose Qual gewesen sein. Dort hatte man wenigstens die seeseitigen Luken öffnen können, hier war es stockfinster und grauenhaft stickig. Zur Übelkeit der ersten Schwangerschaftsmonate kam jetzt auch noch die Seekrankheit, denn die Transportschiffe ankerten ziemlich weit draußen vor der Küste und schaukelten auch bei schwachem Seegang. An den Gestank von Exkrementen und ungewaschenen Leibern hatten sich die Gefangenen bereits gewöhnt, nun kam auch noch der säuerliche Gestank von Erbrochenem dazu. Die Todesrate stieg.

Im Gegensatz zur *Charlotte* hatten die *Lady Penrhyn* und die *Friendship* keine separaten Unterkünfte für die männlichen und die weiblichen Sträflinge, und die Situation auf diesen Schiffen wurde bald untragbar. Auf der *Lady Penrhyn* wurden vier Frauen in den Mannschaftsquartieren erwischt; der Kommandant ließ sie zur Strafe in schwere Eisen legen und entließ den Steuermannsmaat. «Die Mehrzahl dieser Weiber kennt weder Tugend noch Anstand», beklagte sich Phillip. «Dennoch mag es einige geben, die noch nicht gänzlich verkommen sind, und diesen sollte erlaubt werden, unter sich zu bleiben. Die Schiffsführer haben von mir strikten Befehl erhalten, dafür zu sorgen, daß diese Frauen von der Mannschaft nicht mißbraucht oder belästigt werden, so wie es seinerzeit bei den Sträflingstransporten nach Amerika häufig der Fall war.»

Aber Phillip predigte tauben Ohren. Die Zeit drängte, und er begann, sich ernstlich Sorgen zu machen:

> «Manche Sträflinge befinden sich in einem so schlechten Zustand, daß sie nicht selbst aufstehen können, aber keines der Schiffe hat irgendwelche ärztlichen Instrumente an Bord. Wenn so viele Menschen auf so kleinem Raum eingesperrt sind, wird es schwierig, den Ausbruch gefährlicher Seuchen zu verhindern. An Bord eines Schiffes, auf dem 210 Sträflinge untergebracht werden sollen, gibt es nirgends einen Ort, wo sich mehr als vierzig gleichzeitig bewegen könnten.»

Phillip war sich im klaren darüber, daß der Aufbruch nun nicht mehr länger hinausgeschoben werden durfte, denn «wenn alle diese Menschen noch länger an Bord bleiben müssen, bevor wir unter Segel gehen, müssen wir uns auf die schlimmsten Folgen gefaßt machen».

Ende April wurde Mary zweiundzwanzig Jahre alt. Daheim in Fowey erinnerte sich Grace Board wohl mit Bitterkeit an jenen glücklichen ersten Mai, an dem sie ihr Töchterchen durch blumengeschmückte Straßen zur Taufe getragen hatte …

Nach einem letzten fruchtlosen Versuch, in London seine Forderungen durchzusetzen, kehrte Phillip in der ersten Maiwoche des Jahres 1787 nach Portsmouth zurück und schiffte sich mit der *Sirius*, dem Flaggschiff, ein.

Die mehrmals angemahnte Kleidung für die weiblichen Sträflinge war immer noch nicht eingetroffen; er mußte sich mit dem Versprechen begnügen, er würde die Sachen in einem der Häfen vorfinden, die auf seiner Route lagen. Munition für Handfeuerwaffen war ebenfalls nicht geliefert worden, obschon er immer wieder darauf hingewiesen hatte, daß man diese dringend benötigen werde, falls es unterwegs zu einer Meuterei kommen sollte.

Am 12. Mai ließ Phillip die Signalflaggen aufziehen und gab Befehl, die Anker zu lichten. Aber die Matrosen weigerten sich, in die Wanten zu gehen; sie verlangten ihre Heuer und einen letzten Landurlaub. Phillip Gidley King, ein Marineleutnant, hielt diese Forderung für berechtigt: Die Männer hatten, wie er in seinem Tagebuch notierte, seit sieben Monaten nichts bekommen außer dem Handgeld und einer Monatsheuer. Sie wollten ihr Geld, um das, was sie für die lange Fahrt brauchten, an Land einkaufen zu können anstatt an Bord und zu Wucherpreisen; es war eine gängige Praxis der Schiffseigner, die Heuer der Leute zurückzubehalten, um mit diesem Geschäft noch zusätzlichen Profit zu machen. Da man keinen Streik riskieren wollte, wurde der Aufbruch auf den folgenden Tag verschoben, und die Matrosen durften für ein paar Stunden an Land gehen. Manche blieben lieber gleich dort.

Endlich, frühmorgens am Sonntag, dem 13. Mai 1787, ging die Erste Flotte bei einer frischen Brise aus südöstlicher Richtung unter Segel. Über die genaue Zahl der Deportierten herrscht Unklarheit; Charles Bateson spricht in seinem Buch *The Convict Ships* von 568 Männern und 191 Frauen. Die Frauen waren, allen Warnungen Phillips zum Trotz, auf vier Schiffe verteilt.

In London machte unterdessen ein Lied die Runde, in

dem die Obrigkeit gepriesen wurde: Endlich, so hieß es darin, habe man es geschafft, all die Diebe, Räuber, Huren, Zuhälter und anderen Schurken, die sich auf Kosten des arbeitenden Volkes ein schönes Leben machten, ins Pfefferland zu schicken. An dieser Einstellung jenen gegenüber, die sich – ob nun tatsächlich oder nur angeblich – an fremdem Eigentum vergreifen, hat sich im Lauf der Zeit wenig geändert, und auch nicht an der landläufigen Meinung, bei den meisten Kriminellen handle es sich um arbeitsscheues Gesindel.

Der *Western Flyer and Sherborne Mercury* brachte in seiner Ausgabe vom 19. Mai 1787 lediglich eine kurze Meldung:

> «Letzten Sonntag stachen die mit 24 Kanonen bestückte *Sirius* unter dem Kommando von Kapitän Phillip und die *Supply* (Kapitän Hunter) mit Kurs auf Botany Bay in See, mit weiteren Proviantschiffen sowie den Sträflingsschiffen *Friendship* (Kapitän Walker), *Charlotte* (Kapitän Gilbert), *Alexander* (Kapitän Sinclair), *Prince of Wales* (Kapitän Mason), *Lady Penrhyn* (Kapitän Silver) und *Scarborough* (Kapitän Marshall).»

Mit keinem Wort wurden die Menschen erwähnt, die nun, in den finsteren, stickigen Zwischendecks zusammengepfercht, einer ungewissen Zukunft entgegenfuhren. Sie müssen geweint, gebetet und mit ihrem Schicksal gehadert haben, als die Schiffe sich immer weiter von der Heimat entfernten, und falls Mary damals ihren Leidensgefährtinnen versicherte, sie sei fest entschlossen, irgendwann einmal zurückzukehren, so hat ihr wohl niemand Glauben geschenkt.

II
Neusüdwales

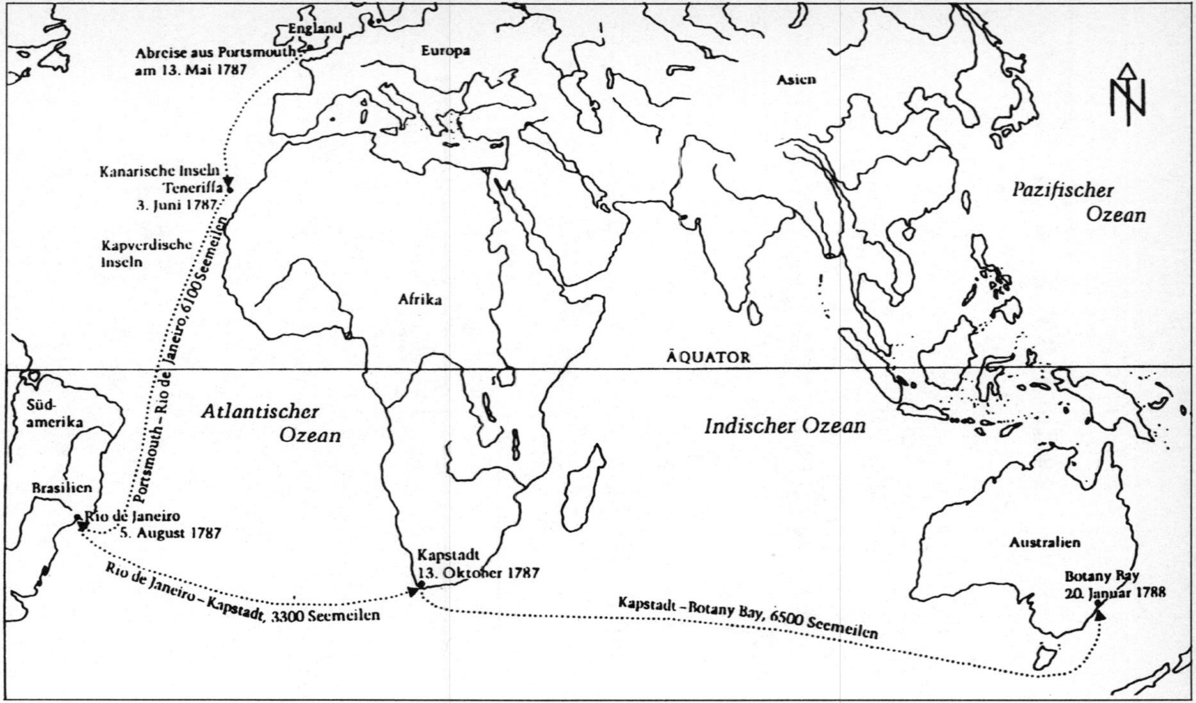
England
Abreise aus Portsmouth
am 13. Mai 1787
Europa
Asien
Kanarische Inseln
Teneriffa
3. Juni 1787
Kapverdische
Inseln
Portsmouth – Rio de Janeiro, 6100 Seemeilen
Afrika
Pazifischer
Ozean
ÄQUATOR
Süd-
amerika
Atlantischer
Ozean
Indischer Ozean
Brasilien
Rio de Janeiro
5. August 1787
Australien
Kapstadt
13. Oktober 1787
Rio de Janeiro – Kapstadt, 3300 Seemeilen
Botany Bay
20. Januar 1788
Kapstadt – Botany Bay, 6500 Seemeilen

8. Kapitel

Über das Wasser nach «jenseits der Meere»

Heute mag es uns sonderbar vorkommen, daß die Erste Flotte, um nach Australien zu gelangen, zweimal den Atlantik überquerte. Damals gab es jedoch im Gegensatz zu heute keine Abkürzungen in Form von künstlichen Wasserstraßen, und die Segelschiffe waren ganz von günstigen Winden abhängig. Arthur Phillip entschloß sich also für die von den englischen Ostindienfahrern bevorzugte Route via die Kanarischen Inseln, westwärts nach Südamerika, dann ostwärts zum Kap der Guten Hoffnung und über den Indischen Ozean. Die kürzere Route führte um das berüchtigte Kap Hoorn herum.

Kurz vor dem Auslaufen der Flotte hatte Phillip jedes der sechs Sträflingsschiffe persönlich inspiziert und den Gefangenen erklärt, er sei sich bewußt, wie schlimm die lange Wartezeit für sie gewesen sei. Während der Überfahrt sollten sie es besser haben: Von nun an würden nur noch jene, die sich widersetzlich zeigten, in Eisen gelegt; wer sich anständig aufführe, dürfe sich frei bewegen. Sofern das Wetter es erlaube, dürften sie zudem regelmäßig an Deck gehen, wie oft und für wie lange, hänge von ihrem Betragen ab. Diese neue Regelung trete in Kraft, sobald sich die Flotte auf hoher See befinde.

Als Bishop Rock bei den Scilly-Inseln, das letzte Wahrzeichen der Heimat, in der Ferne verschwunden war, nahmen zwei junge Seeoffiziere ihre Tagebücher hervor. Watkin Tench, der auf der *Charlotte* Dienst tat, hatte weder eine Ehefrau noch eine Liebste zurückgelassen und freute sich auf die Reise ins Unbekannte. Er nahm sich vor, seine Erlebnisse in allen Einzelheiten aufzuschreiben – man hatte ihm versichert, er habe Talent zum Schreiben –, und vielleicht würde er die Aufzeichnungen nach seiner Rückkehr sogar veröffentlichen. Tench erging sich in Reminiszenzen seiner Gefangenschaft in Amerika und Betrachtungen über die Zukunft Frankreichs, dessen herrschende Klasse offenbar darauf aus war, sich selbst das Grab zu schaufeln. Was die Sträflinge anging, so hatte auch er vor der Abfahrt einige Worte an sie gerichtet. Seiner Meinung nach waren die meisten «fügsam und anständig», und viele hatten beteuert, sie würden sich Mühe geben und das Beste aus der Sache machen, denn etwas Schlimmeres als die Gefängnisschiffe gebe es ganz bestimmt nicht. Eine dunkelhaarige junge Frau aus Cornwall war ihm besonders aufgefallen. Intelligent, dachte er, und ziemlich eigenwillig. Daß sie schwanger war, hatte er auch bemerkt.

An Bord der *Friendship* vertraute ein gewisser Leutnant Ralph Clark seinem Tagebuch an, er könne kaum schreiben, da ihm ständig die Tränen kämen, wenn er an seine Frau und sein Söhnchen denke. Wie sehr er sie vermißte, und wie glücklich er doch war, eine so liebreizende, tugendhafte, in jeder Beziehung vollkommene Gattin zu besitzen. Er hatte gehofft, sie in Plymouth noch einmal sehen zu können, doch das war ihm nicht vergönnt gewesen. Betrübten Herzens kritzelte er in sein Heft: «O mein Gott, all meine Hoffnung ist dahin, meine geliebte Frau und meinen Sohn zu sehen.»

Dieser Clark war offenbar ein Mensch, der mit seinen Moralvorstellungen besser ins viktorianische Zeitalter gepaßt hätte als ins ausgehende 18. Jahrhundert, ein von Liebessehnsüchten geplagter Puritaner, für den bloß zwei Kategorien von Frauen existierten: Heilige, zu denen natürlich seine Betsey Alicia zählte, und Huren, die in ihrer Verderbtheit nur darauf aus waren, anständige Männer zu verführen. Ihm fiel ein, daß er in seinem ganzen Leben nur ein einziges Mal zuviel getrunken hatte, und zwar in der Hochzeitsnacht, bevor er sich der keuschen Betsey Alicia zu nähern wagte. Jetzt schwor er sich, ihr immer treu zu bleiben, nicht nur in Taten, sondern auch in seinen Gedanken. Noch im nachhinein entrüstete er sich über das Benehmen eines Kameraden, der sich anläßlich eines gemeinsamen Besuches bei einer Familie in Plymouth gegenüber der Tochter des Hauses «in meiner Anwesenheit Freiheiten gestattete, die er als verheirateter Mann sich niemals hätte herausnehmen dürfen und die sie als anständige Frau empört hätte zurückweisen müssen – was ich auch meiner geliebten Betsey gegenüber erwähnte, sowie ich nach Hause kam!» Das einzige Porträt, das wir von Betsey haben, zeigt eine bildhübsche junge Frau, die mit ihren schwarzen Ringellocken und den großen, lebhaft blickenden Augen an eine Romanheldin von Jane Austen erinnert. Sie muß sich auf dem Podest, auf das ihr Gatte sie gestellt hatte, nicht sonderlich wohl gefühlt haben.

Die erste Etappe bis Teneriffa verlief ohne nennenswerte Zwischenfälle. Die Sträflinge durften, wie man es ihnen versprochen hatte, regelmäßig an Deck gehen und waren froh, sich an der frischen Luft ein wenig Bewegung zu verschaffen. Hier konnten Frauen und Männer, die ja sonst getrennt untergebracht waren, sich gegenseitig begutachten, und hier konnten Mary Broad und William Bryant Erinnerungen an die gemeinsame Heimat austauschen. Watkin Tench, der ebenfalls gelegentlich mit Mary plauderte, fand, diese ehemalige Straßenräuberin sei eine ausnehmend sympathische und vernünftige Person. Offenbar hatte sie beschlossen, sich fortan nicht mehr mit der Obrigkeit anzulegen und ihre Fähigkeiten sinnvoller zu nutzen.

Kaum war die Flotte in den Hafen von Santa Cruz eingelaufen, als sie auch schon von zahlreichen Händlern belagert wurde, die Obst und andere Eßwaren feilboten. Jene Gefangenen, die noch Geld besaßen, konnten sich etwas besorgen lassen, aber an Deck durften sie nicht; sie blieben unter Bewachung auf den Schiffen, während Offiziere und Mannschaften im Turnus Landurlaub bekamen. Die Proviantschiffe, bereits schwer beladen mit haltbaren Lebensmitteln – Pökelfleisch, Erbsen, Hafermehl, Schiffszwieback, Butter, Käse, Essig –, ergänzten den Trinkwasservorrat (pro Person und Tag wurden dreieinhalb Liter ausgegeben) und nahmen auch Kürbisse und frisches Fleisch an Bord.

Trotz aller Sicherheitsmaßnahmen entfloh eines Abends ein Sträfling namens John Powers. Er ließ sich an einem Kabeltau ins Wasser, stahl ein Beiboot und ruderte zu einem holländischen Schiff hinaus, dessen Kapitän sich jedoch weigerte, ihn aufzunehmen. Daraufhin ging Powers an Land, um sich bis zum folgenden Morgen zu verstecken und dann zu einem unbewohnten Inselchen hinauszurudern. Er wurde jedoch von einem Suchtrupp aufgegriffen. Unter den Gefangenen gab es eine lebhafte Diskussion über die Chancen und Risiken eines Fluchtversuchs; Mary wollte sich anscheinend nicht dazu äußern.

Indessen fuhr Ralph Clark fort, sich über sein grausames Schicksal zu beklagen. Ausgerechnet er, der die beste aller Frauen sein eigen nannte, mußte unter die ärgsten Huren geraten! Denn in seinen Augen waren diese Sträflingsweiber samt und sonders Huren. Kaum war die *Friendship* vor Anker gegangen, als auch schon vier Soldaten das Schott zur Frauenabteilung demolierten und vier Gefangene überredeten, ins Mannschaftsquartier mitzukommen. Obwohl die Initiative eindeutig von den Männern ausgegangen war, lag nach Clarks Meinung die ganze Schuld bei den Frauen. Es handelte sich um die bereits als Aufrührerin bekannte Elizabeth Dudgeon, zwei weitere Elizabeths mit Nachnamen Pugh respektive Thackerey – letztere eine verheiratete Frau, die trotz der verzweifelten Bitten ihres Mannes in die Verbannung mußte, weil sie ein Seidentuch gestohlen hatte – und eine gewisse Sarah McCormack aus Manchester, zwanzig Jahre alt, verurteilt wegen Diebstahls von zwei Goldstükken. Zur Strafe für ihre Missetat wurden die Männer ausgepeitscht, die Frauen auf Clarks Befehl aber nur in Eisen gelegt. Nachträglich bedauerte er seine Milde: «Ich hätte die vier Huren ebenfalls auspeitschen lassen sollen», schrieb er in sein Tagebuch. Von da an wurden «die Huren» für ihn zu einer fixen Idee.

Auch einige andere Offiziere der Ersten Flotte werden im Verlauf dieser Geschichte noch eine Rolle spielen. Zu ihnen gehören Major Robert Ross, ein sturer Zuchtmeister, der die Seetruppen befehligte, und Richter David Collins, ein gutaussehender, kultivierter Mann, dem es zwar an den erforderlichen Qualifikationen fehlte, nicht aber an Ehrgeiz, um auf seinem neuen Posten zu reüssieren. Für das Seelenheil der künftigen Siedler war Reverend Richard Johnson zuständig, der als Mitglied der *Society for the Propagation of the Gospel in foreign parts* («Gesellschaft für die Verbreitung des Evangeliums in fremden Landen») sich nichts Besseres wünschte, als die armen Heiden zum rechten Glauben zu führen. Die Sorge für die leibliche Gesundheit unterstand der Oberaufsicht von John White, Wundarzt auf der *Charlotte.* Schiffsärzte gehörten im allgemeinen nicht zu den hervorragendsten Vertretern ihre Standes, aber John White war die Ausnahme, die die Regel bestätigt: ein fähiger, in der Fachwelt angesehener und dazu redlicher Mann, der sich nie scheute, offen seine Meinung zu sagen.

Am 10. Juni 1787 stach die Flotte wieder in See und nahm Kurs auf Rio de Janeiro. Phillip hatte seinen Vorgesetzten nach London gemeldet, er habe 74 kranke Sträflinge an Bord, davon zwanzig, die an Fieber litten; sieben Männer und eine Frau seien unterwegs gestorben und ein Mann und eine Frau, während die Flotte im Hafen lag. Der Zustand der übrigen bessere sich jedoch zusehends, nicht zuletzt wegen der frischen Luft und den größeren Rationen. Phillip hatte auch dafür gesorgt, daß man in Santa Cruz Limonen zum Schutz vor Skorbut an Bord nahm, die jetzt regelmäßig an alle ausgegeben wurden.

Nachdem die Schiffe den Hafen verlassen hatten, durften die Gefangenen zu ihrer großen Erleichterung wieder an Deck. Inzwischen war es heiß und sehr feucht geworden, und ganze Armeen von Ratten, Küchenschaben und anderem Ungeziefer krochen aus dem Holzwerk hervor und fielen ohne Rücksicht auf Standesunterschiede über Offiziere, Soldaten, Seeleute und Sträflinge her. William Fadden, ein Unteroffizier auf der *Friendship*, notierte, er habe an einem einzigen Vormittag nicht weniger als hundert Wanzen gefangen …

Obwohl Phillip das Oberkommando führte, lagen disziplinarische Maßnahmen im freien Ermessen eines jeden Schiffsführers. Manche ließen einen Sträfling für das geringste Vergehen auspeitschen oder in Eisen legen, andere drückten öfter mal eine Auge zu. Auf der *Charlotte* achtete man strikt darauf, daß die Besatzung keinen Kontakt mit den weiblichen Gefangenen hatte, auf anderen Schiffen wurde das mehr oder minder geduldet, und viele Matrosen brüsteten sich damit, daß sie für einen Becher Rum jederzeit eine Frau haben könnten.

Trotz des schwülen Wetters mußten die Sträflinge die Nacht im Pesthauch der Zwischendecks verbringen. Auf der *Alexander* wurden viele von den Ausdünstungen des Bilgewassers krank, welches, wie John White berichtete, «aus irgendeinem Grunde eine solche Höhe erreichte, daß die Wände unserer Kajüte und die Knöpfe an den Uniformröcken der Offiziere infolge der schädlichen Ausdünstungen schwarz anliefen. Als man die Lukendekkel öffnete, war der Gestank so grauenhaft, daß man es dort fast nicht aushielt.»

John White wunderte sich, daß es sogar während der tropischen Regenstürme, wenn die Sträflinge tagelang in den Zwischendecks eingesperrt blieben, zu «ungezügeltem geschlechtlichem Verkehr» kam und daß weder Scham noch Angst vor Strafe die Frauen abhielt, «ihren Weg in die Mannschaftsquartiere zu finden. (...) Die Hitze war jetzt so fürchterlich, daß die weiblichen Sträflinge häufig in Ohnmacht fielen, und diese Ohnmachten endeten meistens in Anfällen.»

Ralph Clark gab sich alle Mühe, die unreinen Gedanken zu verdrängen, die ihn angesichts des wüsten Treibens offenbar immer häufiger heimsuchten. Am 22. Juni schrieb er in sein Tagebuch: «Morgen, o mein Gott, ist es auf den Tag genau drei Jahre her, Betsey Alicia, daß du mich zum glücklichsten Menschen auf Erden gemacht hast. Solange ich lebe, will ich die Güte dessen nicht vergessen, der mir einen Schatz anvertraute, wie ihn noch keiner vor mir besaß; o meine geliebte Frau, die zärtlichste, vortrefflichste, die holdeste aller Frauen, Inbegriff all dessen, was mir heilig ist ...»

Einigen Quellen zufolge versuchte Mary im Namen der anderen weiblichen Gefangenen von Zeit zu Zeit bessere Bedingungen auszuhandeln: mehr Essen, vor allem aber mehr Trinkwasser, das inzwischen auf eineinhalb Liter pro Kopf und Tag rationiert war. Elizabeth Barber ging noch weiter und richtete einen Beschwerdebrief an Arthur Phillip – eine Kühnheit, die sie teuer zu stehen kommen sollte. Sie und Elizabeth Dudgeon waren schon seit einiger Zeit bei Andrew Meredith, dem wegen seiner Strenge berüchtigten Kapitän der *Friendship*, schlecht angeschrieben. Die scharfzüngige Dudgeon riskierte eines Tages einen Wortwechsel mit Meredith, worauf dieser sie mit den Händen an ein Gitter hängen und auspeitschen ließ. Clark, der die Prozedur zu überwachen hatte, notierte mit offensichtlicher Befriedigung: «Der Korporal war nicht zimperlich und hat sie ordentlich verdroschen, was ich nicht ungern sah, denn sie war längst reif für so etwas, und jetzt hat sie endlich bekommen, was ihr zusteht.» In der folgenden Nacht träumte er von Betsey: «Ich legte meine Hand auf ihre Brust, ein süßer Traum, Honig für meine Seele, eine so liebreizende, gute, tugendhafte Frau ...»

Kurze Zeit danach beschimpfte Elizabeth Barber, die irgendwo Rum aufgetrieben und sich sinnlos betrunken hatte, den Schiffsarzt in unflätiger Manier. Laut Clark schrie sie so laut, daß alle es hören konnten, der Mann habe es darauf abgesehen, «sie zu ***» (Clark brachte es nicht über sich, das unanständige Wort auszuschreiben). Sie wurde in Eisen gelegt, was sie zu einer Flut von despektierlichen Äußerungen über den Rest der Besatzung veranlaßte, angefangen beim Kapitän, «dessen Frau nicht mehr und nicht weniger eine Hure sei als sie selbst», bis hin zu Unteroffizier Fadden und seinen männlichen Attributen. «Mich wundert nur, daß sie mich in der Aufzählung vergaß», schrieb Clark, «ich habe meiner Lebtag noch nie solche Ausdrücke aus dem Munde eines menschlichen Wesens vernommen.» Elizabeth Barber wurde zur Strafe drei Nächte nacheinander, «jeweils bis sechs Uhr früh», gefesselt und geknebelt. Einmal ließ Meredith alle drei aufsässigen Elizabeths – die Barber, die Dudgeon und die Pulley – aneinanderketten, offenbar ohne großen Erfolg. Man ließ sie bald wieder laufen, «damit sie es untereinander ausmachen sollten, was ich für falsch halte», kommentierte Clark.

Im Juli wurde auf der *Friendship* ein Kind mit einem verkrüppelten Bein und «Schwimmhäuten» zwischen den Fingern geboren, die der Schiffsarzt durchschneiden mußte. Sarah McCormack, eine jener Frauen, die man bei einem Zechgelage mit Matrosen erwischt hatte, lag schwerkrank darnieder – eine Strafe des Himmels für ihre Lasterhaftigkeit, vermutete Clark. Obwohl man die Patientin drei- bis viermal täglich zur Ader ließ, kam sie wieder auf die Beine. Sowohl Sarah wie Elizabeth Pulley waren schwanger, wie Clark mißbilligend feststellte. «Ich hoffe, Phillip zwingt die betreffenden Seeleute, die Frauen zu heiraten und in Botany Bay bei ihnen zu bleiben.» Er nahm sich vor, in Zukunft das Porträt seiner Gattin nur noch einmal pro Woche zu betrachten: Der Anblick erregte ihn zu sehr, wo er doch Tag und Nacht die «verdammten Huren» um sich hatte, deren armselige Kleidung inzwischen nur noch aus Fetzen bestand. Abermals erschien ihm Betsey Alicia im Traum; «sie trug nichts als ein durchsichtiges weißes Gewand und ein schwarzes Kopftuch».

Am 5. August 1787 traf die Flotte in Rio ein, wo sie einen ganzen Monat blieb. Arthur Phillip war seit der Zeit, da er als Söldner in der portugiesischen Marine gedient hatte, mit dem Vizekönig, Don Luiz de Varconcellos, bekannt, der ihn in seinem Palast fürstlich bewirtete. Den

Offizieren, ihren Angehörigen und den Mannschaften wurde gestattet, sich an Land frei zu bewegen. Sie genossen diese vier Wochen in vollen Zügen, bestaunten die exotische Flora und Fauna (Ralph Clark jagte Schmetterlinge, die er Betsey Alicia mitbringen wollte) und die «drallen Mädchen» von Rio, deren dichtes Haar, wenn sie es offen trugen, bis zum Boden reichte. Ob es Watkin Tench gelang, eine dieser Schönheiten, die ihn so beeindruckten, auch zu erobern, hat er seinem Tagebuch nicht anvertraut. Die Matrosen und Soldaten hielten sich an die Prostituierten, und wer noch nicht geschlechtskrank war, holte sich jetzt bestimmt etwas, um es nach Neusüdwales einzuschleppen.

Die Gefangenen dagegen bekamen von all diesen Wundern nichts zu sehen; sie durften die ganze Zeit nicht an Deck. Die hochschwangere Mary muß in dem engen, stickigen Gelaß sehr gelitten haben. Manche Sträflinge beschäftigten sich, so gut sie konnten. Ein gewisser Thomas Barrett vertrieb sich die Zeit damit, daß er aus zusammengebettelten Löffeln und Schuhschnallen Vierteldollarmünzen herstellte. John White staunte nicht wenig über die hervorragende Qualität des Falschgeldes und fragte sich, wie Barrett es geschafft hatte, unter den Augen der Aufseher eine Fälscherwerkstatt aufzuziehen; er war nie auch nur in die Nähe eines Feuers gekommen.

In Rio nahmen die Schiffe weitere Fracht an Bord, darunter 10000 Musketenkugeln und ein stattliches Quantum Rum. Dieser lokal produzierte Fusel verursachte laut Watkin Tench Katzenjammer der schlimmsten Art. Da die von Duncan Campbell nachträglich gelieferte Frauenkleidung nichts taugte, sorgte Phillip dafür, daß die Tapioka, die er bestellt hatte, in Säcken aus grobem Rupfen geliefert wurde. Daraus sollten später Kleider für die weiblichen Sträflinge genäht werden, «von denen viele nahezu nackt herumlaufen». Einige Frauen, namentlich solche, die in Newgate inhaftiert gewesen waren und dort von Verwandten oder Bekannten etwas geschenkt bekamen, besaßen offenbar Kleidungsstücke, die sie dem Zeugmeister zur Aufbewahrung gegeben hatten. Andere bekamen von Offizieren und Matrosen, für die sie Näh- oder Flickarbeiten erledigten, etwas Stoff oder ausgediente Hemden zum Lohn, aus denen man etwas schneidern konnte. Sogar Clark ließ sich von einem «dieser Weiber» ein Paar neue Hosen machen.

Am 3. September wurden die Anker gelichtet, und jetzt konnte die Flotte vor dem Wind segeln, mit Kurs auf das Kap der Guten Hoffnung. Vier Tage nach dem Auslaufen setzten bei Mary die Wehen ein.

Wie alle Leute aus dem einfachen Volk hatte Mary nie den Luxus eines eigenen Schlafzimmers gekannt. Auch in Familien, die ein eigenes Haus bewohnten, schliefen die kleinen Kinder bei den Eltern, die größeren teilten sich eine Kammer. Niemand machte eine Geheimnis aus Ereignissen wie Geburt und Tod. Aber zu Hause in Fowey hätte Mary wenigstens ihr eigenes Bett und eine saubere Stube gehabt; ihre Mutter und die eine oder andere Verwandte wären ihr beigestanden, hätten ihr Mut zugesprochen und über ihre eigenen Erfahrungen berichtet.

An Bord der *Charlotte* gab es nichts, was einer Frau die Geburt auch nur ein wenig erleichtert hätte, und obwohl Mary sich in den nunmehr anderthalb Jahren ihrer Gefangenschaft an einiges gewöhnt hatte, muß es für sie schrecklich gewesen sein. Während der Überfahrt der Ersten Flotte kamen mehrere Frauen nieder – auf der *Charlotte* allem Anschein nach nur Mary –, doch auf keinem der Schiffe waren dafür irgendwelche Vorkehrungen getroffen worden. Vermutlich überließ man ihr wenigstens für die letzte Phase der Geburt die ganze Pritsche, aber es gab nirgends Platz, um sich ein wenig zu bewegen, bis es soweit war. Es gab keine bewährten Hausmittelchen wie etwa Himbeerblättertee gegen die Schmerzen, es gab keine Laken und kaum Wasser. Alle konnten hören, wenn sie stöhnte oder schrie. Einen Arzt hätte Mary auch zu Hause in Fowey nicht gehabt, man rief gewöhnlich eine Hebamme. Wir wissen nicht, wer ihr Geburtshilfe leistete; vielleicht war es eine in solchen Dingen erfahrene Mitgefangene, vielleicht auch der Wundarzt John White selbst, denn er notierte unter dem Datum des 8. September 1787: «Mary Broad, eine Gefangene, wurde von einem Mädchen entbunden.» Es hatte keine Komplikationen gegeben, Mutter und Kind waren wohlauf.

Bald danach geriet die Flotte in einen Sturm. Die Schiffe wurden auseinandergetrieben und verloren häufig den Sichtkontakt untereinander. Da ständig schwere Seen über die Decks spülten, mußten die Sträflinge wieder einmal tagelang unten bleiben; alle fühlten sich sterbenselend. Clark notierte, daß ein paar Matrosen samt ihren «verdammten Huren» aus den Kojen geschwemmt wurden. Zwei Frauen gerieten sich in die Haare und wurden in Eisen gelegt; eine andere bekam sechs Peitschenhiebe, weil sie etwas geklaut hatte. John Powers – der Mann, der in Santa Cruz einen Fluchtversuch unternommen hatte – stiftete einige Leute von der Mannschaft der *Alexander* zu einer Meuterei an. Die Sache flog auf, und der Spitzel, der sie angezeigt hatte, mußte zu seinem eigenen Schutz schleunigst auf die *Scarborough* verlegt werden. Der aufrührerische Powers kam auf das Flaggschiff *Sirius* und verbrachte den Rest der Überfahrt in Ketten. Mehrere Soldaten und Matrosen wurden wegen Verletzung der Dienstvorschriften mit bis zu dreihundert Hieben bestraft.

Am 15. Oktober erreichte die Flotte Kapstadt. Am 28. Oktober taufte Reverend Richard Johnson Marys Töchterchen auf den Namen Charlotte, nach dem Schiff, und Spence – nach wem wohl? Der Anlaß muß in Mary wehmütige Erinnerungen geweckt haben. Daheim in Fowey hätte es ein großes Fest mit vielen Gästen gegeben; voller Stolz hätten William und Grace Broad ihr erstes Enkelkind herumgezeigt – oder war Charlotte gar nicht das erste? War Dolly vielleicht inzwischen verheiratet und hatte auch schon Kinder? Mary hätte viele Geschenke für ihr Kleines bekommen, Windeln und Hemdchen und Häubchen, vielleicht sogar eine geschnitzte Wiege ... Ganz allein, viele tausend Meilen weit von der Heimat, hielt sie ihr Kind, das in grobes Sackleinen gewickelt war, dem Pfarrer hin, damit es in die Gemeinschaft der Gläubigen aufgenommen werde.

Phillip war sich bewußt, daß die schwierigste Etappe noch bevorstand. Während des vierwöchigen Aufenthalts in Kapstadt bekamen die Gefangenen täglich frisches Obst, Gemüse und Brot, soviel sie essen konnten. Mary hatte mit dem Zeitpunkt ihrer Niederkunft wahrlich Glück gehabt. Da Kapstadt der letzte Hafen war, den die Flotte anlaufen würde, ließ Phillip neben Orangen, Zitronen und Limonen auch Pflanzen, Saatgut und Zuchtvieh für die künftige Kolonie an Bord nehmen.

Wenige Tage vor dem auf den 11. November festgesetzten Aufbruch wurden die widerborstigen Frauen von der *Friendship* auf die übrigen Sträflingsschiffe verteilt. Clark stellte erleichtert fest: «Ich bin sehr froh darüber, denn diese Frauen machten uns viel mehr Ärger als die Männer.» Er war überzeugt, daß sich die Schafe, die anstelle der Frauen geladen wurden, als «viel angenehmere Reisegefährten» erweisen würden. Dennoch fand er des

Nachts keine Ruhe und mußte fortwährend an Betsey Alicia denken: «Ich fürchte, ich liebe sie mehr, als meiner Gesundheit zuträglich ist.»

Von stürmischen Winden vorwärts getrieben, pflügte die Flotte durch die schwere Dünung. Das Wetter war trübe, und wenn die Gefangenen an Deck durften, sahen sie meistens nichts als gewaltige, tiefgrüne Wogen mit silbernen Schaumkronen; manchmal kreisten Tölpel, Möwen, Sturmvögel und Albatrosse hoch über ihnen, oder sie erspähten einen Schwarm Schwertwale, der den Schiffen eine Zeitlang folgte. Häufig ging die See so hoch, daß die Gefangenen unter Deck bleiben mußten. Man kann sich vorstellen, wie elend ihnen zumute war. «Ich war noch nie auf einem Schiff, das derart stark rollte wie dieses», schrieb Ralph Clark. Die kleine *Supply* blieb weit hinter den übrigen Schiffen zurück. Am 3. Dezember trat plötzlich eine Flaute ein, und die Schiffe kamen im dichten, eiskalten Nebel tagelang kaum voran. Am 22. Dezember fiel Schnee und Hagel. Selbst Clark, der zwei Paar Strümpfe, eine Flanellweste und einen dicken Mantel trug, konnte den ganzen Tag nicht warm werden, und die Sträflinge, die nichts als Lumpen und dünne Wolldecken besaßen, müssen auf ihren Pritschen erbärmlich geschlottert haben.

Jetzt, da man sich dem Ziel der Reise näherte, drehten sich die Gespräche nur noch um das, was die Menschen in dem unbekannten Land wohl erwartete. Für die deportierten Frauen sah die Zukunft düster aus. Sie wurden nicht im Zweifel darüber gelassen, daß die Männer – egal, ob Offizier, Soldat oder Sträfling – sie als Freiwild betrachteten; schon jetzt gab es lärmende Verhandlungen darüber, welcher von ihnen welche bekommen sollte. Selbstverständlich interessierte es niemanden, wie die Frauen darüber dachten.

Phillip gab bekannt, er erwarte, daß alle «irregulären Verbindungen» gleich nach der Landung in Botany Bay legalisiert würden. Er betonte freilich, daß dies nur für Sträflinge gelte und nicht für Seeleute und Soldaten, die ein Verhältnis mit einer Deportierten hatten. Vermutlich hoffte er, durch diese Maßnahme Schlägereien unter den Männern verhüten zu können. Reverend Richard Johnson, dem die herrschende Zuchtlosigkeit schon seit langem ein Dorn im Auge war, unterstützte Phillip in seinem Vorhaben und gab seinerseits bekannt, ab sofort könnten alle heiratswilligen Paare bei ihm das Aufgebot bestellen.

Jetzt kam es zu lebhaften Diskussionen über die Vor- und Nachteile des Heiratens. Manchen Sträflingen behagte der Gedanke, fern der Heimat eine Bindung fürs Leben einzugehen, ganz und gar nicht, denn vielleicht würden sie ja in einigen Jahren wieder nach Hause zurückkehren. Andererseits kam ein verheirateter Mann möglicherweise in den Genuß einer besseren Unterkunft und einer größeren Lebensmittelzuteilung. Für die Frauen sah das anders aus: Ihnen würde die Ehe eine gewisse Sicherheit bieten.

Welche Überlegungen Will und Mary bewogen, sich zusammenzutun, und wer von den beiden die treibende Kraft war, wissen wir nicht. Sie kannten sich ja schon von der *Dunkirk* her und hatten während der Reise Gelegenheit zu Gesprächen gehabt – zu mehr wohl kaum. Da auf der *Charlotte* Männer und Frauen getrennt untergebracht waren, traf Phillips Definition einer «irregulären Verbindung» für sie nicht zu. Aber eine legale Verbindung würde doch beiden zum Vorteil gereichen.

Mary mag in Will in erster Linie einen Beschützer für sich und ihr Kind gesehen haben. Er war gesund und stark, wußte seine Fäuste zu gebrauchen und war in der

Lage, für eine Familie zu sorgen. Wenn sie ihn heiratete, würde sich kein unerwünschter Freier an sie heranwagen. Zudem war Will ein Landsmann, in ähnlichen Verhältnissen aufgewachsen wie sie, und er war auf seine Art recht attraktiv. Ja, er würde gewiß einen guten Ehemann und einen guten Vater für die kleine Charlotte abgeben. So beschloß Mary, Will Bryant zu heiraten, und traf damit die dritte wichtige Entscheidung in ihrem Leben.

Will dagegen war sich, wie er seinen Freunden gegenüber äußerte, seiner Sache nicht so sicher: Zum einen war Mary nicht hübsch, jedenfalls nicht im landläufigen Sinn, und zum anderen hatte sie ein Kind von einem anderen Mann. Aber da es nun einmal viel zuwenig Frauen für alle Männer gab – die hübschesten würden sich ohnehin die Offiziere angeln –, konnte es ihm sehr wohl blühen, daß er ein Mädchen mit einem halben Dutzend Kameraden würde teilen müssen. Wenn er Mary heiratete, würde sie einzig und allein ihm gehören, sie würde für ihn kochen, seine Sachen in Ordnung halten, seine sexuellen Bedürfnisse befriedigen. Sowohl für Will wie für Mary gaben vielleicht praktische Erwägungen den Ausschlag. Ob auch noch Liebe oder doch Zuneigung mit im Spiel waren, werden wir nie erfahren.

Ebensowenig ist bekannt, ob Watkin Tench jemals ernsthaft daran dachte, mit Mary eine Verbindung einzugehen. Er hätte durchaus die Möglichkeit gehabt, sie während seiner dreijährigen Dienstzeit in Neusüdwales als «Haushälterin» zu sich zu nehmen. Aber falls er tatsächlich mit diesem Gedanken gespielt haben sollte, muß er den richtigen Moment verpaßt haben, denn kurz bevor die lange Reise zu Ende ging, bestellten Will und Mary bei Reverend Richard Johnson ihr Aufgebot.

In der Folge mögen sie sich gefragt haben, ob sie ihre Hochzeit überhaupt überleben würden. Als die Flotte

Vandiemensland (Tasmanien) umsegelte, geriet sie nämlich in einen fürchterlichen Sturm, der die Toppsegel der *Golden Grove* zerfetzte und die Großrah der *Prince of Wales* davonriß. Am 10. Januar wurde die Situation so gefährlich, daß die weiblichen Gefangenen an Bord der *Lady Penrhyn* auf den Knien lagen und Gott anflehten, sie nicht ertrinken zu lassen. Kaum hatte sich der Sturm gelegt, war die Angst schon vergessen, wie der Wundarzt Arthur Bowes berichtete, «und sie gaben die lästerlichsten Flüche und Verwünschungen von sich, die man jemals aus den Mäulern solch gottloser Dirnen gehört hat».

Am Nachmittag des 19. Januar 1788 sichteten die Ausgucke der Ersten Flotte die Küste des australischen Festlandes. Die lange Reise war vorüber.

9. Kapitel

In guten und in schlechten Tagen

Die Erste Flotte war acht Monate lang unterwegs gewesen und hatte eine Distanz von 15 000 Seemeilen zurückgelegt. Nur achtundvierzig Menschen waren unterwegs gestorben: fünfundvierzig Deportierte, darunter fünf Kinder, ein Seesoldat sowie die Frau respektive das Kind zweier weiterer Soldaten. Eine hervorragende Bilanz, wie Arthur Bowes, Wundarzt auf der *Lady Penrhyn*, feststellte: «Es ist ganz erstaunlich, in welch guter Verfassung die Sträflinge an Bord dieses Schiffes im besonderen und der Flotte im allgemeinen sich während einer so langen Fahrt befanden, und dies, obwohl sie so eng zusammengepfercht waren.»

Phillip hatte zwar dafür gesorgt, daß die Gefangenen während der Zwischenaufenthalte jeweils reichlich zu essen bekamen, insbesondere frisches Obst zur Verhütung von Skorbut. Der Großteil der Lebensmittel, die in Kapstadt an Bord genommen worden waren, war allerdings für die Zeit nach der Ankunft in Neusüdwales zurückbehalten worden; man mußte damit rechnen, daß es ein, zwei Jahre dauern würde, bis Nachschub aus England eintreffen würde. Watkin Tench vertrat die Meinung, Phillip hätte in dieser Hinsicht flexibler sein müssen. Auch er hielt die Tatsache, daß es auf der Überfahrt nur so wenige Todesfälle gegeben hatte, für sehr bemerkenswert, hätte dies aber lieber «auf die großzügige Art, auf die der Gouverneur die Expedition ausrüstete», zurückgeführt. Dieser jedoch habe es versäumt, Dinge zu besorgen, die üblicherweise für die viel kürzere Überfahrt an Bord genommen wurden, wie «haltbare Suppen, Weizen und Essiggemüse; auch gab es zuwenig Malzextrakt, das einzige Mittel gegen Skorbut, das von Anfang an geliefert wurde». Angesichts dieser Tatsache, fuhr Tench fort, würden die künftigen Leser seiner Aufzeichnungen sich doppelt wundern über den guten Erfolg des Unternehmens. «Denn man muß bedenken: Die meisten der Leute, die auf diese Reise geschickt wurden, gehörten ja nicht den Schiffsbesatzungen an, die alle Vorzüge eines Lebens in Freiheit genossen, sondern waren arme Sträflinge, nach langer Gefangenschaft abgemagert, denen es an Kleidern fehlte, ja an fast allem, was eine so lange Überfahrt erträglich macht.»

Nach und nach trafen die Schiffe in Botany Bay ein. Die Gegend bot einen trostlosen Anblick. In Australien war jetzt Hochsommer, es herrschte eine unerträgliche Hitze; und Botany Bay entsprach ganz und gar nicht den enthusiastischen Schilderungen Kapitän Cooks, der gemeint hatte, der Ort sei wie geschaffen für eine neue Kolonie. Phillip hatte erwartet, hier einen sicheren Ankerplatz zu finden, guten Boden für Weiden und Äcker, Süßwasserquellen, Wald und Schilfbestände, die Material zum Bau von Häusern liefern würden. Doch die Bucht war seicht und bot keinen Schutz gegen den Wind und die starke Brandung, die Erde schien vollkommen ausgedörrt, und die Vegetation bestand nur aus Eukalyptus, vereinzelten Kohlpalmen und kümmerlichen Sträuchern. Dieser Ort war denkbar ungeeignet für eine Ansiedlung. Folglich mußte jetzt ein anderer gefunden werden.

Kurz nachdem die Flotte vor Anker gegangen war, wurde den Neuangekommenen erstmals bewußt, daß hier Menschen lebten – Menschen, die niemand um ihre

Meinung zur Errichtung einer Strafkolonie auf ihrem Grund und Boden gebeten hatte, die Aborigines. Grüppchen von gedrungenen, schwarzhäutigen Männern und Frauen versammelten sich am Ufer und verfolgten stumm und mißtrauisch jede Bewegung der Fremden. Phillip hatte seinen Leuten klargemacht, daß sie sich den Eingeborenen gegenüber anständig zu verhalten hätten und daß jegliche Gewaltanwendung streng bestraft würde. Als der erste Trupp Seesoldaten an Land ging, riefen die schwarzen Männer: «Warra, warra!» («Verschwindet!»), während die Frauen «ein lautes Geheul» ausstießen. Der Historiker C. M. H. Clark schreibt dazu:

> «Sie alle [die Engländer] waren mit dem Makel hochmütiger Intoleranz gegenüber jeder anderen Form von Zivilisation behaftet – und dies wirkte sich auf alle primitiven Kulturen, mit denen sie in Berührung kamen, verheerend aus. Nichts von dem, was das Denken dieser Menschen bestimmte, weder die christliche Religion noch die ‹Aufklärung›, noch die romantische Vorstellung vom ‹edlen Wilden›, war geeignet, ihre Habgier zu bremsen oder ihnen eine logische Erklärung für die Rückständigkeit und materielle Schwäche der Aborigines zu liefern. In dem ‹schauerlichen Geheul›, das die Aborigines-Frauen beim ersten Anblick der weißen Menschen in Botany Bay ausstießen, in diesem Geheul schwang eine Unheilsprophezeiung mit, eine schreckliche Ahnung von Unglück und Untergang, wie sie überall dort in der Luft lag, wo Europäer das Land der Ureinwohner in Besitz nahmen.»

Die Soldaten, schwitzend in ihren dicken roten Uniformröcken, machten sich unter den Blicken der rasch anwachsenden Menge auf die Suche nach Wasser. Einer der

Aborigines schleuderte einen Speer auf sie, worauf ein Soldat in die Luft schoß. Daraufhin ging Phillip, der keine Feindseligkeiten riskieren wollte, selbst an Land. Er überreichte den Aborigines die üblichen Geschenke – Glasperlen, bunte Bänder und kleine Spiegel – und gab ihnen durch Gebärden zu verstehen, man wolle lediglich Trinkwasser. Tench schreibt, sie hätten ihn «furchtsam und zitternd» angestarrt, ihn dann aber zu einem Bach geführt. Man machte allerlei Tauschgeschäfte, und die Soldaten amüsierten sich darüber, daß die Eingeborenen keine Kleider trugen, aber – so Tench – «man kann sich leicht vorstellen, wie lächerlich wir auf diese armen Geschöpfe, die vollkommen nackt sind, wirken mußten».

Die Flotte ankerte einige Tage lang in der Bucht, und man schickte abermals Erkundungstrupps an Land. Alle bestätigten, was eigentlich von Anfang an klar gewesen war, nämlich daß nirgendwo in der Nähe eßbare Früchte oder Pflanzen wuchsen. Die Aborigines wurden allmählich zutraulicher, und immer mehr von ihnen tauchten auf – die Nachricht von der Ankunft der Weißen hatte sich offenbar herumgesprochen. Manche machten einen ziemlich kriegerischen Eindruck, und man bot ihnen abermals allerhand billigen Trödel an, um sie zu besänftigen. «Sie wollen wissen, welches unser Geschlecht sei», berichtete Leutnant Phillip King. «Um es uns klarzumachen, deuteten sie auf die betreffende Körperstelle. Anscheinend hielten sie uns für Weiber, da wir rasiert waren. Ich befahl einem meiner Leute, sie aufzuklären.» Der verlegene junge Mann knöpfte seine Hosen auf, und der Anblick seines weißen Penis entlockte den Zuschauern angeblich «einen lauten Ausruf der Bewunderung». Die Aborigines bedeuteten den Soldaten, sie dürften sich mit ihren Frauen vergnügen, wenn sie Lust hätten –

«wir beschlossen jedoch», fährt King fort, «dieses freundliche Angebot abzulehnen».

Unterdessen ging die Suche nach einem geeigneten Siedlungsort weiter. Phillip begann sich Sorgen zu machen, denn für die Hunderte von Gefangenen, die immer noch bei brütender Hitze in den Zwischendecks eingesperrt waren, wurde die Lage kritisch. So beschloß er, weiter nördlich nach einem geeigneten Ort Ausschau zu halten; er selbst leitete die Expedition. Über seine Entdeckungen schrieb er später an Lord Sydney:

> «Wir gelangten am frühen Nachmittag nach Port Jackson und fanden zu unserer großen Freude den schönsten natürlichen Hafen der Welt, in dem tausend Linienschiffe vollkommen geschützt ankern können. Ihre Lordschaft mag sich eine Vorstellung anhand der Skizzen machen, die Kapitän Hunter und die Offiziere der *Sirius* angefertigt haben.»

Man erforschte verschiedene Buchten, ehe man sich für eine entschied, die alle Voraussetzungen erfüllte: Hier gab es reichlich Süßwasser, und die Küste war so beschaffen, daß man «mit sehr geringen Mitteln» Landekais bauen konnte. Diese Bucht werde er, berichtete Phillip, «mit dem Namen Sydney Cove beehren». Obwohl es also nie eine Strafkolonie in Botany Bay gegeben hat, ging dieser Name im Zusammenhang mit der Deportation von Sträflingen in den allgemeinen Sprachgebrauch ein.

Phillip kehrte zu seiner Flotte zurück und gab Befehl, am folgenden Tag unter Segel zu gehen. Als der Morgen dämmerte, mußten die Engländer zu ihrer Bestürzung feststellen, daß sich in der Nacht zwei große Schiffe unter französischer Flagge genähert hatten. Obwohl sich England und Frankreich nicht mehr im Kriegszustand befanden, waren die Beziehungen gespannt, so daß Vorsicht am Platz schien.

Wie den Gefangenen zumute war, die die ganze Zeit über in ihren stickigen Quartieren ausharren mußten, darüber existieren keine Aufzeichnungen. Wahrscheinlich dachte niemand daran, ihnen zu erklären, warum sie so lange nicht an Land gehen durften.

Die Flotte nahm Kurs nach Norden, umsegelte die Südspitze von Port Jackson und ging in der Sydney Cove vor Anker. Watkin Tench war entzückt über die Schönheit der Gegend mit ihren «sanft geschwungenen Hügeln und schmalen, gewundenen Tälern, der größte Teil dicht mit Bäumen bewachsen». Unter den vielerlei Arten von blühenden Sträuchern, «die an Schönheit, Wohlgeruch und Zahl alles übertreffen, was ich jemals in der freien Natur gesehen habe», fiel ihm einer auf, dessen zierliche Blüten «wie die des englischen Weißdorns duften».

Aus den Berichten Cooks wußte Phillip, daß es auf der zwischen Australien und Neuseeland gelegenen Norfolkinsel fette Erde, reichlich Wasser und Bäume mit eßbaren Früchten gab. Auch wilder Flachs kam dort vor, der sich, wie das von Cook mitgebrachte Saatgut zeigte, kultivieren und zu Leinwand von ausgezeichneter Qualität verarbeiten ließ. Phillip, beunruhigt über die Präsenz der Franzosen, beschloß, daß diese Insel so rasch wie möglich besiedelt und damit offiziell für England in Besitz genommen werden sollte. Noch während die Ausschiffung in Gang war, entsandte er daher die *Supply* mit zweiundzwanzig Mann unter dem Kommando von Philip King zur Norfolkinsel. Man gab ihm Lebensmittel für sechs Monate und Saatgut mit; seine Leute sollten gleich nach der Ankunft damit beginnen, das Land zu bestellen und wilden Flachs zu ernten.

Endlich wurden die Luken der Sträflingsschiffe geöffnet, und die Männer gingen an Land. Als erstes mußten sie eine größere Fläche roden, damit Zelte aufgestellt werden konnten – Phillips Vorschlag, einen Trupp vorauszuschicken, der rechtzeitig zum Eintreffen der Flotte Unterkünfte hätte bauen sollen, war von der britischen Regierung aus Kostengründen abgelehnt worden.

Jetzt war höchste Eile geboten, und so verzichtete man darauf, die Sträflinge zu fesseln. Kaum hatten die ersten Boote angelegt, entflohen ein paar Männer. Sie schlugen sich durch den Busch bis zur Botany Bay durch, wo die französischen Schiffe immer noch vor Anker lagen. Die Ausreißer baten um Asyl, doch der Kommandant wollte keinen diplomatischen Zwischenfall riskieren und schickte sie nach Sydney Cove zurück. Sie wurden öffentlich ausgepeitscht; man wollte den Sträflingen von allem Anfang an klarmachen, wie ein mißglückter Fluchtversuch enden konnte.

Einige Tage später schrieb Tench in sein Tagebuch: «Einem müßigen Zuschauer wäre die Szenerie sicherlich sehr pittoresk und unterhaltsam vorgekommen: Hier wurden Bäume gefällt, da eine Schmiede errichtet, dort Steine oder Vorräte herbeigeschleppt; an einer Stelle schlug ein Offizier sein Zelt auf, während auf der einen Seite ein Trupp exerzierte und auf der anderen unter einem Kochkessel ein lustiges Feuer brannte.» Ralph Clark dagegen konnte der beschaulichen Szenerie nichts abgewinnen. Vom Durchfall geplagt, hatte er nicht einmal Lust zum Schreiben und notierte nur trübsinnig: «Eine Ente geschossen.»

Schon bald nach der Landung schickte Phillip nach Will Bryant, der sich unterdessen zu einer Art Verbindungsmann zwischen Deportierten und Funktionären entwickelt hatte. Auf der Überfahrt von Kapstadt nach

Neusüdwales war er damit betraut worden, die Rationen unter den Insassen der *Charlotte* zu verteilen, eine heikle Aufgabe, die er aber zur allgemeinen Zufriedenheit ausgeführt hatte. Er hatte auch dafür gesorgt, daß Phillip erfuhr, wie nützlich gerade ein Mann wie er, Bryant, für die junge Kolonie sein konnte.

«Da er seit frühester Jugend mit dem Fischereihandwerk vertraut war», schrieb Richter David Collins, «übertrug man William Bryant die Verantwortung für die Boote, die zum Fischen dienten; und man stellte ihm jegliche Hilfe in Aussicht, damit er nicht etwa auf dumme Gedanken käme.» Will sollte also, nachdem er beim Aufstellen der Zelte mitgeholfen hatte, die Fischerei organisieren. Ein paar kleine Boote waren vorhanden (weitere konnten gebaut werden), desgleichen Angelhaken, Leinen und ein großes Schleppnetz. Man würde ihm so viele Männer bewilligen, wie er für erforderlich hielt, und denen sollte er das Handwerk beibringen. Will erklärte sich bereit, seine Kenntnisse zum Besten der Kolonie einzusetzen, stellte freilich – was schier unglaublich anmutet – eine ganze Reihe von Bedingungen. Da er demnächst heirate und da seine Zukünftige bereits ein Kind habe, könne man ihm nicht zumuten, zusammen mit den anderen Sträflingen in einem Gemeinschaftszelt zu hausen, er wolle für sich und seine Familie eine eigene Hütte. Das wurde ihm zugestanden und noch einiges mehr, denn laut Collins «durfte er stets einen gewissen Anteil am Fang für sich behalten, und es mangelte ihm an nichts, worauf ein Mann in seiner Lage Anspruch erheben konnte».

Mary hatte in der Tat eine kluge Wahl getroffen, und während sie, wie alle übrigen Frauen, ungeduldig darauf wartete, endlich ausgeschifft zu werden, dürften ihr wohl kaum Bedenken bezüglich ihres Eheversprechens gekommen sein. Will dagegen hegte immer noch Bedenken. Im Vertrauen sagte er zu James Martin und James Cox, mit denen er sich auf der *Charlotte* angefreundet hatte, er wolle abhauen, sobald er die restlichen drei Jahre seiner Strafe verbüßt habe. Er werde auf irgendeinem Schiff anheuern, egal auf was für einem, und da sei eine Familie nur ein Klotz am Bein; und vielleicht habe er Mary mit ihrem Bastard bis dahin sowieso schon längst satt.

Man diskutierte bis spät in die Nacht hinein, ob eine in Neusüdwales geschlossene Ehe in England überhaupt als gültig betrachtet werde. Will scheint diese Frage keine Ruhe gelassen zu haben, denn Collins schrieb: «Ich habe von verschiedenen Seiten gehört, daß Bryant häufig geäußert habe, wie es allgemein der Einstellung von Leuten seines Standes entsprach, er betrachte seine in diesem Land eingegangene Ehe nicht als bindend.»

Von all diesen Bedenken ahnte Mary nichts. Während die Männer noch mit dem Herrichten des Lagerplatzes beschäftigt waren, wurden die Frauen an Deck gelassen, ohne Fesseln und unter nur symbolischer Bewachung. Man hatte ihnen gesagt, daß sie am 6. Februar von Bord gehen dürften. Das Wetter war prächtig, die Gegend sah einladend aus, und so waren alle guter Dinge. Endlich konnten sie sich wieder einmal richtig waschen! Sie zogen an langen Seilen Eimer um Eimer voll Meerwasser hoch, badeten, wuschen ihre Haare und ihre Kleider, plauderten und sangen und waren froh, alle Strapazen heil überstanden zu haben. Wie schon in Botany Bay tauchten auch hier Scharen von nackten Eingeborenen am Ufer auf, was bei den Frauen große Heiterkeit auslöste. Der kleinen Charlotte ging es gut und Mary ebenfalls, obwohl sie sich im Lauf ihrer zweijährigen Gefangenschaft äußerlich stark verändert hatte. Sie war bleich und hager geworden, und sie redete nicht mehr wie früher mit ihren Gefährtinnen über Fluchtpläne, sondern hielt sich eher abseits.

Als der Morgen des 6. Februar anbrach, herrschte unter den Frauen große Aufregung. Jede bekam eine «Gefängniskluft», einen unförmigen Kittel aus grobem Sackleinen. Anne Smith – auch eine von denen, die während der Überfahrt unangenehm aufgefallen waren – «schmiß den Kittel, den man ihr mit den Worten gab, sie habe ihn wahrlich nicht verdient, einfach hin und schrie, dann wolle sie auch nichts», berichtete Ralph Clark. Doch bei den übrigen Frauen, vor allem den jüngeren, herrschte Festtagsstimmung. Manche besaßen noch Kleidungsstücke, ein paar bunte Bänder oder gar etwas Schmuck; man half einander beim Frisieren und putzte sich so schön heraus, wie es unter den Umständen möglich war. Dann warteten alle gespannt auf die Boote, die sie an Land bringen sollten. Endlich wieder frei herumgehen können – oder doch einigermaßen frei –, endlich wieder festen Boden unter den Füßen haben!

Arthur Phillip dagegen war es gar nicht wohl zumute. Er scheint der einzige gewesen zu sein, dem schwante, was passieren konnte, wenn die Frauen an Land gingen, und so hatte er befohlen, daß jene fünf, die sich während der Überfahrt besonders gut betragen hatten, in einem Zelt gleich neben dem seinen untergebracht würden. Arthur Bowes zufolge sahen alle Frauen «sehr sauber und anständig» aus, «einige von ihnen geradezu elegant».

Gegen sechs Uhr abends wurden die letzten ausgeschifft. Im Verlauf des Nachmittags hatten sich dunkle Wolken über Sydney Cove zusammengeballt. «Die Frauen befanden sich noch keine Stunde an Land und waren noch nicht einquartiert», berichtete Bowes weiter, «da brach ein Unwetter los mit Donner, Blitz und Regen, so heftig, wie ich noch nie eines erlebt hatte.»

Als wäre dies das Signal zum Angriff, fielen die Sträflinge über die Frauen her. Was dann folgte, kann nur als Massenvergewaltigung bezeichnet werden. Schreiend versuchten die Frauen nach allen Richtungen zu fliehen, stolperten und schlitterten durch den Morast, wurden gejagt, gepackt, mit Gewalt genommen. Bald kamen noch die Mannschaften der *Lady Penrhyn* dazu, deren Kommandant, Kapitän William Sever, seine Leute mit einer Sonderration Rum und seinem Segen an Land geschickt hatte, «um sich mit den Weibern zu vergnügen».

Und das taten sie denn auch. «Es geht über mein Vermögen, den Tumult und die Ausschweifungen zu schildern, zu denen es in dieser Nacht kam», schreibt Bowes. Ein anderer Augenzeuge berichtet: «Die Szenen, die jetzt folgten, spotten jeder Beschreibung. Manche fluchten, manche prügelten sich, andere grölten und sangen, obwohl der Sturm so heftig tobte, daß die Schiffe bei jedem Donnerschlag wankten und bebten. Es war schlimmer als alles, was ich jemals erlebt habe, alle waren besoffen, Seeleute wie Soldaten, und dazu herrschte eine Hitze, die einem fast den Atem raubte.»

Verschont blieben nur jene Frauen, die einen Beschützer gefunden hatten. Will mag auf eine Heirat mit Mary nicht sehr erpicht gewesen sein, aber sicherlich wollte er jetzt, da sie endlich beisammen waren, mit ihr ins Bett, und sie wollte das vermutlich auch. Wir können nur hoffen, daß er für sich, Mary und das Kind irgendwo eine halbwegs ruhige Ecke fand, und wir können annehmen, daß Mary unendlich froh war, einen Mann zu haben, der keinen anderen an sie heranließ. Den meisten anderen Frauen, ob noch halbe Kinder oder Greisinnen, blieb nichts erspart. Sie wurden an Armen und Beinen festgehalten, während ein Mann nach dem anderen sich über sie hermachte.

Bei allem Verständnis für die sexuelle Not dieser Männer: Die Art, wie die meisten Historiker rechtfertigen, was in jener Nacht geschah (sofern sie es denn überhaupt erwähnen), wirkt geradezu zynisch. Da heißt es etwa, so etwas sei «nur natürlich», sei «nur zu erwarten» gewesen, alles in allem habe dadurch Schlimmeres verhütet werden können; denn die aufgestauten Triebe der Männer hätten sich sonst womöglich in Gewalt gegen ihre Bewacher verwandelt. Diese Einstellung kommt beispielhaft im Kommentar Geoffrey Rawsons in *The Strange Case of Mary Bryant* zum Ausdruck: «Wahrscheinlich taten Phillip und seine Offiziere gut daran, nichts gegen diese kollektive Befriedigung sexueller Bedürfnisse zu unternehmen. Hätte man das in dieser ersten Nacht zu verhindern versucht, wären die Folgen noch gravierender gewesen. Die Natur verlangte eben nach ihrem Recht!» Einzig Robert Hughes, der Autor von *The Fatal Shore*, zeigt Mitgefühl gegenüber den Opfern.

Als der Morgen dämmerte, ein grauer, trister Morgen, sah es in Sydney Cove wie auf einem Schlachtfeld aus. Ein zäher Schlamm bedeckte das ganze Areal. Zerschundene, mit Blut und Schlamm verschmierte Frauen irrten überall herum, schluchzend, stöhnend, vor Angst und Kälte zitternd. Viele waren so schlimm zugerichtet, daß sie kaum mehr gehen konnten.

Am späten Vormittag wurden die Sträflinge zusammengetrommelt. Sie mußten sich am Strand versammeln, um der Einsetzung des Gouverneurs beizuwohnen. Neben Phillip standen der zum Vizegouverneur ernannte Major Robert Ross, Richter David Collins, Reverend Richard Johnson und der Schiffsarzt John White. Zuerst verlas Phillip die Urkunde, in welcher die ihm vom König verliehenen Vollmachten aufgezählt wurden. Dann befahl er den Sträflingen, sich hinzusetzen, und hielt eine Ansprache. Von nun ab werde die Disziplin streng und nach militärischen Grundsätzen gehandhabt. Exzesse, wie sie in der vergangenen Nacht stattgefunden hätten, würden nicht mehr geduldet. Ihm persönlich seien Todesurteile zuwider, aber für gewisse Vergehen gebe es künftig keinen Pardon: Wer Nahrungsmittel stehle, werde gehängt, und jeder Sträfling, der eine Frau vergewaltige, werde auf der Stelle erschossen. Sonstige Vergehen würden mit Auspeitschung bestraft, und zwar auf die beim Militär übliche Art, also mit der gefürchteten neunschwänzigen Katze. Im übrigen seien sie zum Arbeiten hier und nicht zum Faulenzen. Er habe leider feststellen müssen, daß es unter ihnen nicht wenige Drückeberger gebe, aber in dieser Kolonie herrsche ein Grundsatz, und der laute: Wer nicht arbeitet, soll auch nicht essen. Gott schütze den König! «Gott schütze den König!» erwiderten alle im Chor. Drei Salven wurden abgefeuert, und dann hielt Reverend Johnson seinerseits eine Ansprache zum Thema Moral und Sittlichkeit. Paare, die gewillt seien, ihre «irreguläre Situation» zu beenden, sollten sich unverzüglich bei ihm melden.

Seine Aufgabe war nicht leicht, nicht zuletzt deshalb, weil er in manchen Fällen keine Ahnung hatte, wen er mit wem traute ... Viele pflegten bei der Verhaftung einen falschen Namen anzugeben. Reverend Johnson verließ sich in dieser Hinsicht auf die Akten: «Sonst käme ich nirgends hin ... Die Sträflinge, die hier heiraten, werden unter den Namen registriert, unter denen sie in England verurteilt wurden.»

Am Sonntag, dem 10. Februar 1788, nach dem Morgengottesdienst, taufte Reverend Johnson drei Kinder; zwei von ihnen waren «irregulären Verbindungen» von

Sträflingen entsprossen, das dritte gehörte einem Seesoldaten und seiner Ehefrau. Danach wurden fünf Paare getraut: William Parr und Mary MacCormack, Simon Burn und Frances Anderson, Henry Kable und Susannah Holmes, William Hayes und Hannah Green, William Bryant und Mary Broad.

All das ging unter freiem Himmel und ganz unzeremoniös vonstatten, und Mary mag dabei schweren Herzens an die festlichen Hochzeiten gedacht haben, die sie als junges Mädchen daheim in Fowey erlebt hatte. Für sie gab es kein Brautkleid, keine neue Musselinhaube, kein Brautbukett; es gab keinen Hochzeitsschmaus und keine vergnügten Gäste, die dem jungen Paar zu nächtlicher Stunde ein Ständchen darboten ... In einem unförmigen grauen Kittel, das Kind eines anderen in den Armen, gelobte sie, den hier anwesenden William Bryant zum Manne zu nehmen, ihn zu lieben, ihm treu zu bleiben und ihm beizustehen in guten und in schlechten Tagen.

Danach mußten die Paare den Eintrag im Eheregister unterschreiben. William und Mary kamen als letzte an die Reihe; er setzte mit fester Hand seinen Namen aufs Papier, sie malte ein Kreuz darunter. Als Trauzeugen zeichneten E. B. Perrot, M. S. Freeman und D. Baird.

«Gestern wurden mehrere Sträflinge getraut», schrieb Ralph Clark tags darauf an seine Frau, «darunter Männer, die in England Frau und Kind zurückließen. Mein Gott, welche Hurerei im Frauenlager getrieben wird! Kaum ist ein Mann mit einer Frau im Zelt verschwunden, da kommt schon der nächste.» Dann tauchen leise Zweifel an seiner Standhaftigkeit auf: «Ich *hoffe*, der Allmächtige werde mich, wie bisher, vor ihnen bewahren! Doch was brauche ich zu fürchten, habe ich doch meiner zärtlichen Betsey gelobt, außer Dir keine Frau anzurühren, ich will Dir stets treu bleiben, Betsey Alicia ...»

Vielleicht schlief Will in jener Nacht mit dem tröstlichen Gedanken ein, daß diese Ehe ja nicht etwas fürs ganze Leben war, sondern nur für so lange, bis sich eine Gelegenheit ergab, von hier wegzukommen – und er war entschlossen, von hier wegzukommen. Er ahnte nicht, daß die blasse stille Frau, die neben ihm lag, genau dasselbe im Sinn hatte.

10. Kapitel

Hunger

Einige Monate später war Marys größte Sorge die, ob und wie sie und ihre Familie es schaffen würden, überhaupt am Leben zu bleiben. Sie stand morgens hungrig auf, schleppte sich hungrig durch den Tag und legte sich abends vollkommen erschöpft nieder, bis in den Schlaf hinein verfolgt vom Greinen ihres hungrigen Kindes.

Wäre alles nach Plan gegangen, so hätten die von der Ersten Flotte mitgebrachten Vorräte ausreichen sollen, um die Kolonie zwei Jahre lang zu ernähren, auch wenn kein Nachschub aus England eintreffen würde. Man hatte sich darauf verlassen, daß die Kolonie innerhalb weniger Monate genügend Getreide und Gemüse für den Eigenbedarf produzieren könne, daß Rinder, Schafe, Ziegen, Schweine und Hühner sich rasch vermehren und genügend Fleisch, Milch und Eier liefern würden.

Doch die für das Unternehmen verantwortlichen Planer waren so weltfremd, daß sie bei ihren Berechnungen einiges übersehen hatten – zum Beispiel die Tatsache, daß für die Landwirtschaft Zugtiere, Pflüge und anderes Ackergerät notwendig gewesen wäre, vor allem aber Leute, die etwas von Landwirtschaft verstanden. Gerade an solchen mangelte es der Kolonie. Nur gerade zwei Männer erwiesen sich auf diesem Gebiet als einigermaßen kundig: Reverend Richard Johnson und ein Sträfling namens James Rose.

Rose, ein Tagelöhner aus Cornwall, war 1782 zu sieben Jahren Deportation verurteilt worden. Fünf davon hatte er bereits auf dem Gefängnisschiff *Dunkirk* abgesessen, 1789 wurde er freigelassen. Er war der erste Bauer in Australien, der aus der kargen Erde so viel herauswirtschaftete, daß er davon eine Familie ernähren konnte. Sein Getreide und Gemüse gedieh nicht zuletzt deshalb, weil er – auch in dieser Beziehung ein echter Pionier – auf die Idee kam, seine Äcker mit Kompost und Seetang zu düngen. Rose, der mit einer Deportierten verheiratet war, starb 1837 im gesegneten Alter von 77 Jahren; er ist als einer der Gründerväter Australiens in die Geschichte eingegangen.

Die anderen Siedler hätten einiges von ihm lernen können, aber offenbar taten sie es nicht. So verfaulte das Getreide auf dem Halm, das Gemüse blieb kümmerlich, und das ungünstige Klima, Seuchen und Futtermangel dezimierten die Viehbestände. Niemals, nicht einmal in den Zeiten schlimmster Not, versuchten Phillip oder die anderen verantwortlichen Leute herauszufinden, auf welche Weise die Aborigines es eigentlich fertigbrachten, in diesem Land zu existieren.

Neben der Bodenbestellung hatten die Sträflinge in den ersten Monaten Unterkünfte zu bauen, zuerst für den Gouverneur, dann für die Offiziere und Soldaten und zum Schluß für sich selbst. Das dauerte viel länger als geplant, denn auch auf diesem Gebiet fehlte es an Fachleuten. Anfangs errichtete man Hütten mit Wänden aus Fachwerk und schilfgedeckten Dächern, doch die hielten dem scharfen Wind und den Regengüssen nicht stand. Schließlich entdeckte man eine Lehmart, die sich für die Herstellung von Ziegeln eignete. Zwei Ziegelmacher gab es unter den Sträflingen, aber:

> «Da wir nur zwölf Sträflinge haben, die Zimmerleute sind», schrieb Phillip im Mai 1788 an Lord Sydney, «so

haben wir so viele Schiffszimmerleute wie möglich beim Bau des Lazaretts und der Lagerschuppen eingesetzt. Bei der Landung waren die Leute noch gesund, doch vor einiger Zeit traten vereinzelte Fälle von Skorbut auf, und inzwischen hat sich die Krankheit sehr stark verbreitet; einige unserer eigenen Zimmerleute sind jetzt krank. Starke Regenfälle haben eingesetzt.»

Die Verpflegung – Pökelfleisch, getrocknete Erbsen und Mehl, das vor Maden wimmelte – wurde reduziert, und zwar nicht nur diejenige der Sträflinge. Zu Beginn des Jahres 1789 bestand der einzige Unterschied zwischen den Rationen der männlichen Sträflinge und jenen der Offiziere darin, daß letztere pro Tag zusätzlich ein Viertel «Rio-Fusel» zugeteilt bekamen. Die weiblichen Sträflinge erhielten zwei Drittel der Männerration, die Kinder noch weniger. Manche Offiziere versuchten, ihre Rationen zu verbessern, indem sie auf den der Küste vorgelagerten Inselchen Gemüsegärten anlegten, aber mit der Ernte war es nicht weit her: Das meiste wurde ihnen gestohlen, noch bevor es richtig reif war, und zwar nicht nur von Sträflingen, sondern auch von den eigenen Kameraden.

Zwar hatte der Gouverneur der neuen Kolonie versichert, ihm sei die Todesstrafe zuwider, aber zu Hinrichtungen kam es trotzdem. Anfangs hatte er Nahrungsdiebe, entgegen seinen eigenen Bestimmungen, nur auspeitschen lassen; doch obschon das Strafmaß von 100 auf 500 oder sogar 1000 Hiebe erhöht wurde, hörten die Diebstähle nicht auf. Schließlich, im Februar 1789, mußte der siebzehnjährige Thomas Barrett mit seinem Leben dafür bezahlen, daß er etwas Butter, getrocknete Erbsen und Pökelfleisch aus einem Lagerschuppen entwendet hatte. Er war bereits einmal, mit elf Jahren, wegen Diebstahls einer Taschenuhr sowie zweier Hemden zum Galgen verurteilt worden; das Schwurgericht von Exeter hatte angesichts seiner Jugend jedoch Milde walten lassen und das Todesurteil in Deportation umgewandelt. Diesmal gab es kein Pardon für Thomas Barrett. Bevor er gehängt wurde, versicherte er, schlotternd und totenbleich, daß er es aufrichtig bereue, «ein so schlechtes Leben» geführt zu haben.

Die einzige natürliche Ressource an wertvollen Proteinen, die der Kolonie zur Verfügung stand, war Fisch. Will Bryant war der einzige, der das für die Kolonie, und wohl auch für seine Familie, zu nutzen wußte, und so ging es Mary, auch wenn sie sich niemals richtig satt essen konnte, immer noch besser als den meisten anderen Frauen. Will hatte die Erlaubnis erhalten, sich bei Farm Cove, ziemlich weit vom Hauptlager entfernt, eine eigene Hütte zu bauen, und zudem durfte er jederzeit den Kutter des Gouverneurs zum Fischen benutzen. Dieser Kutter war das einzig größere und mit Segeln ausgestattete Boot, über das die Kolonie verfügte.

Anfangs hatte man zum Fischen Schleppnetze verwendet, die zwischen zwei oder mehrere Boote gespannt wurden. Nachdem aber die Sträflings- und Proviantschiffe der Ersten Flotte mitsamt ihren Beibooten die Heimfahrt angetreten hatten, gab es nicht mehr genügend kleine Boote für die Schleppfischerei. Zudem pflegten sich die Sträflinge nach Möglichkeit vor dieser Arbeit zu drücken, und zwar aus dem einfachen Grund, daß sie es nicht gewohnt waren, Fisch zu essen. So etwas «Exotisches» war bei ihnen daheim in England kaum jemals auf den Tisch gekommen, und erst, nachdem die Rationen auf das absolute Minimum gekürzt worden waren, nahmen sie damit vorlieb. Laut Watkin Tench gab es neben Kabeljau, Makrelen, Rochen, Brassen, Meerbarben und Seezungen in den Gewässern um Sydney Cove «unzählige andere, in Europa unbekannte Arten, von denen viele köstlich schmecken und auch außerordentlich schön sind, vor allem die, welche wir ‹Leichte Reiter› nennen …»

Tench, der sich für alles interessierte, half oft beim Einholen der Netze mit. Bei dieser Arbeit standen zwanzig bis dreißig Männer und Frauen bis zu den Hüften im Wasser und hielten das Netz fest, um es im richtigen Moment auf Wills Kommando ans Ufer zu ziehen. «Oftmals habe ich von vier Uhr nachmittags bis acht Uhr früh an den verschiedensten Stellen des Hafens von Port Jackson gearbeitet, und nach einer viele Meilen langen Runde und zwanzig oder dreißig Fischzügen hatten wir selten mehr als einhundert Pfund beisammen, nur in Ausnahmefällen war der Fang ergiebiger», berichtete Tench. Man hätte dringend Boote gebraucht, um weiter draußen zu fischen, aber es gab keinen Bootsbauer in der Kolonie, und die Zimmerleute waren alle voll ausgelastet mit dem Bau der Unterkünfte.

Die Fertigkeiten, die sich Mary seinerzeit in Fowey angeeignet hatte, kamen ihr jetzt sehr zustatten. Sie konnte ein Zugnetz ebenso gut handhaben wie ein Mann; sie wußte auch, wie man Netze flickt und wie man Fische ausnimmt und einpökelt.

Sie und Will gaben ein gutes Gespann ab, auch wenn Will seinen Freunden gegenüber nach wie vor versicherte, er halte seine Ehe nicht für rechtlich bindend. Wie auch immer, hier in der Kolonie galt Mary als seine rechtmäßige Ehefrau. Deshalb hatte sie die Schreckensnacht nach der Ausschiffung heil überstanden, deshalb blieb ihr auch später manches Unangenehme erspart. So brauchte sie nicht zusammen mit anderen Frauen in einem Gemeinschaftszelt oder einer engen, zugigen Baracke zu hausen; sie brauchte nicht bei den Offizieren als Dienstmagd zu arbeiten, mit allem, was eine solche Stelle mit sich brachte; und sie brauchte sich nicht dauernd gegen lästige Verehrer oder streitsüchtige Frauen zur Wehr zu setzen.

Unter den Frauen kam es häufig zu handgreiflichen Auseinandersetzungen – wegen des Essens, wegen Schnaps, wegen irgendwelcher Habseligkeiten, die sie einander mißgönnten. Mary war bei ihren Mitgefangenen nicht eben beliebt; sie galt als hinterhältig und wurde um ihre Privilegien beneidet. Es erstaunt nicht, daß Frauen, die von den Männern unterschiedslos als Huren angesehen und auch so behandelt werden, weder sich selbst noch andere achten, und das Dasein dieser Frauen war so elend, so hoffnungslos, daß viele von ihnen zu trinken begannen.

Für die Männer war mehr als genug Arbeit vorhanden, aber niemand hatte sich überlegt, wie man die Frauen produktiv einsetzen könnte. Eine Gemeinschaftsküche gab es nicht. Die Sträflinge bereiteten sich ihr Essen selbst zu, indem sie das wenige, das sie hatten, auf einer Schaufel über einem offenen Feuer gar kochten. Einige Frauen hatten die Wäsche für die Offiziere und die männlichen Sträflinge zu besorgen. Sie klopften die Sachen auf Steinen an einem Bachufer aus und hängten sie zum Trocknen ins Gebüsch. Die aus schlechtem Tuch gemachten Hosen und Hemden gingen bei diesem Verfahren schnell kaputt, und die Waffenröcke der Offiziere hielten auch nicht viel länger.

Nach und nach wurden die behelfsmäßigen Unterkünfte durch Baracken aus Lehm oder Backsteinen ersetzt. Jetzt mußten die Frauen das zum Dachdecken benötigte Schilf herbeischaffen, Sparren für die Ziegeldächer herstellen und Muschelschalen sammeln, die gebrannt und zu Mörtel verarbeitet wurden. Das war anstrengend, aber lange nicht so schlimm wie die Arbeit, die in späteren Jahren von weiblichen Sträflingen geleistet wurde. Wie auch in manchen englischen Gefängnissen mußten Frauen in den Fabriken von Parramatta und Tasmanien an den Tretmühlen schuften, die zum Kornmahlen dienten, oft galt dies aber auch nur als Strafmaßnahme. Mehrere Personen gleichzeitig hielten die riesigen Holzräder in Schwung, indem sie endlos auf den schmalen Trittbrettern emporstiegen. Wer aus dem Takt geriet, was wegen der Fußeisen nicht selten vorkam, riskierte, sich Arme und Beine zu brechen. Bei vielen Frauen hatte diese Schwerstarbeit dauernde Blutungen oder Fehlgeburten zur Folge.

In Sydney Cove gab es hin und wieder eine Hochzeit, nicht oft, denn die meisten Männer fanden bald heraus, daß eine Ehe für sie keine besonderen Vorteile brachte, abgesehen von einem geregelten Sexualleben. Kinder wurden trotzdem geboren. Es war einfach unmöglich, die Männer vom Frauenlager fernzuhalten, und da half es auch nichts, wenn die Ertappten öffentlich gedemütigt wurden. Ralph Clark hat einen solchen Vorfall geschildert:

> «Heute erwischte man unseren Zimmermann, einen Matrosen und einen Jungen in einem Frauenzelt. Sie mußten zum Klang der Trommeln im Gleichschritt durch das Lager marschieren; dem Jungen zog man Unterröcke an. Allen hatte man die Hände auf den Rücken gebunden. Die Anarchie und Unordnung und die Dreistigkeit der Sträflinge, der männlichen wie der weiblichen, haben auf der ganzen Welt nicht ihresgleichen. Die Männer verprügeln unbarmherzig jeden

Matrosen, der sich in die Nähe des Frauenlagers wagt. Ich hoffe, das wird sie davon abhalten, den Huren nachzusteigen. Dieses Lager ist ein einziges Sodom, denn hier wird mehr gesündigt als irgendwo sonst auf der Welt.»

Falls Mary immer noch an eine Flucht dachte, hütete sie sich, etwas davon verlauten zu lassen. In den ersten Tagen nach der Landung waren vier Frauen in den Busch geflohen. Matrosen hatten auf sie geschossen (zu Clarks Bedauern aber nicht getroffen) und dann drei von ihnen wieder eingefangen; die vierte blieb spurlos verschwunden. Wenn Mary zusammen mit den anderen Frauen am Bach Wäsche wusch, Schilf schnitt oder Muschelschalen sammelte, plauderte sie wohl mit ihnen, aber man akzeptierte sie niemals wieder so wie seinerzeit an Bord der *Charlotte*.

Die Gespräche der Frauen drehten sich meistens darum, wer mit wem ins Bett ging, welche Männer ihre Frauen gut und welche sie schlecht behandelten. Ein gewisses Ansehen genossen Frauen wie Elizabeth Barber, die sogar Offizieren gegenüber eine Lippe riskierten und durch nichts zur Räson zu bringen waren. Solche Rebellinnen hatten mit schöner Regelmäßigkeit entweder vor Ralph Clark oder, in schwerwiegenden Fällen, vor Richter Collins zu erscheinen, meistens weil sie in betrunkenem Zustand randaliert oder gestohlen oder sich mit Männern herumgetrieben hatten. Einige profitierten von dem Umstand, daß es in der Kolonie so wenige Frauen gab, und spielten rivalisierende Männer gegeneinander aus, was häufig zu Schlägereien führte. Beziehungen gingen ebenso schnell in die Brüche, wie sie zustande kamen, und endeten meistens mit gegenseitigen Beschuldigungen wegen irgendeines tatsächlichen oder angeblichen Diebstahls. Die Männer behaupteten etwa, ihre Exfreundinnen hätten ihnen Hemden gestohlen, um sich Röcke daraus zu schneidern, worauf die Frauen behaupteten, es habe sich um ein Geschenk gehandelt oder um den Lohn für Hausarbeit. Zwei Männer wurden je zu mehreren hundert Peitschenhieben verurteilt, weil sie Frauen aufgelauert hatten, die nach der Arbeit zum Baden gingen; eine von ihnen war beinahe vergewaltigt worden. Mehr und mehr war auch davon die Rede, daß sogar die seriösesten Offiziere den weiblichen Sträflingen schöne Augen zu machen begannen.

Anfangs erhielten Frauen, die sich etwas zuschulden kommen ließen, lediglich einen Verweis, später wendete man auch bei ihnen körperliche Strafen an. Der Vollzug geschah in der Regel in der seit elisabethanischen Zeiten üblichen Weise: Die Missetäterin wurde an einen Karren gebunden und zum Exekutionsort geschleppt, wo man ihr fünfundzwanzig Hiebe verabreichte. Das auf dem Appellplatz errichtete und von allen gefürchtete «Dreieck» dagegen war den Männern vorbehalten. Es bestand aus drei kräftigen Pfosten, die schräg in den Boden gerammt und oben zusammengebunden waren; der Delinquent wurde mit ausgestreckten Armen und gespreizten Beinen an dieses Gerüst gefesselt und ausgepeitscht.

«Aufgrund der sehr geringen Zahl der Frauen ist es absolut notwendig, daß weitere hergeschickt werden», monierte Phillip in einer seiner zahlreichen Depeschen, die monatelang nach England unterwegs waren. «Denn ich bin sicher, daß Ihre Lordschaften zur Überzeugung gelangen werden, angesichts unserer gegenwärtigen Lage sei es nicht angezeigt, Eingeborenenfrauen von den Inseln herbeizuschaffen, da solches zu nichts führen würde als dazu, daß diese Frauen hier elendiglich zugrunde gehen.»

Unter den für die Kolonie verantwortlichen Männern, die sich von ihrer Regierung im Stich gelassen fühlten, kam es jetzt immer häufiger zu Meinungsverschiedenheiten. Alle, von Phillip bis hinunter zum einfachen Soldaten, scheinen Major Ross, den Vizegouverneur, gehaßt zu haben. Bereits wenige Monate nach der Ankunft gingen er und Phillip sich nach Möglichkeit aus dem Weg, und einer von Ross' Adjutanten bezeichnete ihn als den «unangenehmsten Vorgesetzten, den ich jemals hatte». Watkin Tench teilte diese Auffassung, denn er war einem von Ross angstrengten Kriegsgerichtsverfahren nur mit knapper Not entgangen. Ross seinerseits verabscheute alles und alle, das Land, die Eingeborenen, die Soldaten, die Sträflinge und am allermeisten seine Untergebenen. In einem Brief an seine Angehörigen beklagte er sich,

> «... daß es auf der ganzen Welt kein schlimmeres Land gibt. Alles um uns herum wirkt so schrecklich öde und bedrohlich, daß man wahrlich sagen kann, hier ist die Natur auf den Kopf gestellt; und wenn nicht, so ist sie nahezu erschöpft, denn fast alles Saatgut ist in der Erde verfault und wird gewiß zu Staub zerfallen wie das Holz dieses schrecklichen Landes, wenn es verrottet oder wenn man es verbrennt. (...) Wenn der Minister eine der Wahrheit entsprechende Beschreibung dieses Landes bekommt, wird er zweifellos nicht noch mehr Menschen hierherschicken. Tut er es dennoch, so sage ich, ohne zu zögern, daß er sie alle ins Elend stürzen würde, ganz zu schweigen von den damit verbundenen Kosten, die für das Mutterland sogar in Zeiten der Prosperität untragbar wären, denn hier gibt es nichts von dem, was der Mensch zum Leben braucht, sondern alles muß eingeführt werden. Zwar ist das Land reich an Wäldern, doch das Holz taugt nur zum Feuermachen.

Von denen, die mit mir herreisten, haben jetzt alle bis auf zwei nur noch den Wunsch, von hier wegzukommen.»

Reverend Richard Johnson berichtete in einem persönlichen Schreiben an Evan Neapan über den Fall eines aus Norwich stammenden Paars (die Frau war bereits bei ihrer Verhaftung schwanger gewesen), das kurz nach der Ankunft in Neusüdwales von ihm getraut worden war. Angehörige und Freunde der beiden hatten zwanzig Pfund gesammelt, um ihnen das Notwendigste zu kaufen, und alles dem Schiffsführer zur Aufbewahrung anvertraut. Bei der Ankunft war nichts mehr vorhanden. Johnson wies darauf hin, es könnte Schwierigkeiten geben, wenn in Norwich etwas von diesem Vorfall verlautete. «Das Kind der beiden ist noch am Leben, ein niedlicher Junge, aber von schwächlicher Konstitution ...»

Weiter berichtete der Geistliche, in einem heftigen Sturm seien sämtliche Schafe umgekommen, die dem Gouverneur und anderen gehört hatten. Vom «frischen Wasser» bekämen die Leute Durchfall und Würmer. Es gebe zahlreiche seltsame Tiere: Känguruhs, Opossums, «solche mit geflecktem Fell, Katzen ähnlich, aber viel größer», sowie Flughörnchen und drei verschiedene Arten von Ratten.

Der Wundarzt John White bat um Ausrüstungsgegenstände für sein «Lazarett», eine wackelige Baracke, die bei jedem Gewitter einzustürzen drohte, weil der Regen den schlechten Mörtel auflöste. «Wir haben keine Laken und keine Decken für das Lazarett», klagte er, «auch benötigen wir Zucker, Sago, Gerste, Reis, Hafergrütze, Weinbeeren, Gewürze, Essig, Seife, Tamarinde und mehr Kochgeschirr.»

Phillip schickte eine weitere Depesche: «Die Kleidung

der Sträflinge ist in sehr schlechtem Zustand, und es besteht keine Möglichkeit, sie zu flicken, weil es an Nähgarn fehlt. Mit dem Schuhwerk steht es nicht besser, es hält kaum einen Monat. Was die Verpflegung angeht, so erhalten die Frauen zwei Drittel der Männerration, die Kinder nur ein Drittel. Ich halte die Kinderration für absolut ungenügend, und in einigen Fällen war ich gezwungen, statt dessen eine halbe Männerration oder eine ganze Frauenration ausgeben zu lassen.» Allem Anschein nach bekamen stillende Mütter keine Zusatzverpflegung.

Den Sträflingen, die bei der Ankunft noch in erstaunlich guter körperlicher Verfassung gewesen waren, ging es jetzt immer schlechter. Zuerst starben nur Alte, Kranke und Kinder. Bald aber forderte der Hunger seinen Tribut, und zwar ohne Rücksicht auf Alter, Geschlecht oder sozialen Status, denn die ganze Kolonie litt unter Skorbut, die Soldaten und ihre Frauen, die Offiziere, die Gefangenen. Cholera, Ruhr und Grippe grassierten nicht nur im Lager, sondern breiteten sich auch unter den Aborigines aus. Man fand immer mehr verwesende Leichen am Strand, im Busch, entlang den Pfaden.

Während seiner ganzen Amtszeit als Gouverneur setzte sich Phillip dafür ein, daß die Aborigines anständig behandelt wurden, aber seine Bemühungen waren nicht sehr erfolgreich. Zumal unter den ungebildeten Weißen herrschte allgemein die Auffassung, diese Wilden, die sich zum Teil feindselig verhielten und nicht einmal «die primitivsten Anstandsregeln» kannten, verdienten keine Rücksichtnahme. Da bei den Aborigines Diebstahl unbekannt war, ließen sie häufig ihre Waffen oder andere Gegenstände irgendwo liegen. Matrosen und Soldaten nahmen diese Gegenstände einfach als

«Andenken» mit. Im Mai 1788 wurde ein bei Arbeiten außerhalb des Lagers beschäftigter Sträfling durch einen Speerwurf getötet. Zwei Wochen später wurden zwei weitere Sträflinge erstochen aufgefunden – als Vergeltung dafür, daß Soldaten die Kanus von Aborigines gestohlen hatten, wie es hieß.

Watkin Tench gehörte zu den wenigen, die sich durch ihr Interesse und ihre Sympathie für die australische Urbevölkerung auszeichneten. Unter anderem zeigte er sich von der Tatsache beeindruckt, «wie gut sich die einzelnen Stämme untereinander verständigen konnten, obwohl alle eine eigene Sprache hatten». Was Tench für eigenständige Sprachen hielt, waren vermutlich verschiedene Dialekte. Phillip meinte, ein Kontakt mit den Aborigines sei nur möglich, wenn man einen von ihnen «zähme» und als Dolmetscher ausbilde. Zu diesem Zwecke wurde Ende Dezember 1788 ein junger Mann eingefangen und in die Kolonie verbracht. Zuerst nannte man ihn «Manly» (Phillip zufolge zeichnete er sich durch Mannhaftigkeit aus), später dann Arabanoo, eine phonetisch wohl einigermaßen korrekte Transkription seines tatsächlichen Namens.

Die Geschichte dieses Mannes ist kurz und tragisch. Anfangs bekundete er lebhaftes Interesse an allem Neuen, doch dann unternahm er immer wieder Fluchtversuche. Als man ihn einmal auf die *Supply* mitnahm, die die Verbindung zwischen der Kolonie und der Norfolkinsel sicherstellte, sprang er über Bord und ertrank beinahe. «Nachdem wir ihn aus dem Wasser gezogen hatten, bekundete er weder Furcht vor der Strafe noch Reue über sein Tun», notierte Tench. «Er setzte sich in eine Ecke, niedergeschlagen und mutlos, und blieb so sitzen, bis er den Gouverneur erblickte. (...) Zweifellos lag die Ursache seines Verhaltens in der Angst vor dem unbekannten Element, über dessen Ausdehnung er sich keinen Begriff machen konnte, und in der Ungewißheit darüber, was wir mit ihm vorhatten.»

Ob Will und Mary Arabanoo näher kannten, wissen wir nicht. Es gibt jedoch Belege dafür, daß sie mit anderen Aborigines, die sich zeitweilig in der Kolonie aufhielten, und auch mit deren im Busch lebenden Angehörigen auf gutem Fuß standen. Diese Kontakte sollten sich in der Zukunft noch als ungemein nützlich erweisen.

Phillip hielt sich an seine Zusage, wonach Will eine gewisse Fangquote für den eigenen Bedarf zustand, und hatte dies auch schriftlich festgehalten. Im Februar 1789 war die Situation aber so prekär geworden, daß man ihm dieses Privileg entzog. Sowohl Will als auch Mary empfanden das als eine große Ungerechtigkeit. So unterschiedlich die Gefühle sein mochten, die sie füreinander hegten, in bezug auf ihre Einstellung zur Obrigkeit waren sich die beiden stets einig: Sie wollten nicht durch Unbotmäßigkeiten eine Bestrafung riskieren, sondern eine möglichst unauffällige und unabhängige Existenz führen, indem sie sich die Mängel des Systems zunutze machten und alles taten, was notwendig war, um zu überleben. Keiner von beiden war grundsätzlich abgeneigt, gegen die geltenden Vorschriften zu handeln, aber nur dann, wenn ein triftiger Grund vorlag. Der Hunger lieferte diesen Grund.

Anfang Februar 1789 war die Nahrung so knapp geworden, daß Will beschloß, von einem relativ guten Fang ziemlich viel zurückzubehalten. Einen Teil der Fische behielt er zum eigenen Verzehr, den Rest tauschte er gegen Gemüse ein, das ihm ein Mitgefangener besorgt hatte. Zum ersten Mal seit Monaten konnten sich die Bryants einmal richtig satt essen.

In der ersten Zeit hatte unter den Gefangenen eine

vorbildliche Solidarität geherrscht; Angeberei war verpönt. Als einmal ein Schaf spurlos verschwand, das die Offiziere zur Feier des Geburtstages des Prince of Wales für sich hatten braten lassen, setzte Phillip eine Belohnung für Hinweise zur Entdeckung des Täters aus, aber niemand meldete sich. Als die Not dann immer größer wurde, wuchs jedoch die Bereitschaft, einen Kameraden zu verraten. Im Fall von Will Bryant kam dazu, daß man ihm seine bevorzugte Stellung und seine relative Freiheit mißgönnte.

Ein gewisser Joseph Paget bekam Wind davon, daß Will mit «gestohlenem» Fisch gehandelt hatte, und zeigte ihn bei Richter Collins an. Der konnte ein solches Vergehen nicht ungestraft lassen. Zunächst soll die Rede davon gewesen sein, man müsse ein Exempel statuieren und Will hängen. In einigen Quellen heißt es, Mary sei beim Gouverneur vorstellig geworden und habe argumentiert, ihr Mann sei als der einzige Fischer der Kolonie unentbehrlich. Ob das nun stimmt oder nicht: Die Herren müssen jedenfalls zum Schluß gekommen sein, daß mit Wills Tod niemandem gedient sein würde.

Der Prozeß, der am 4. Februar 1789 stattfand, begann mit der Anhörung von Joseph Paget. Das eigentliche Motiv seiner Denunziation ist nicht ganz klar: Vielleicht war auch Eifersucht mit im Spiel, denn Paget muß Mary näher gekannt haben; er war zur selben Zeit und vom selben Schwurgericht wie sie verurteilt und auf das Gefängnisschiff *Dunkirk* verbracht worden, und er war wie sie und Will auf der *Charlotte* nach Neusüdwales gekommen. Paget ergänzte seine Aussage mit der Behauptung, er habe «schon mehrmals» im Auftrag von Bryant gestohlenen Fisch verkauft, doch dieser habe jeweils den Erlös für sich behalten. Hier schaltete sich der Wundarzt John White ein und gab zu Protokoll, er halte dies für wenig wahrscheinlich, auf ihn jedenfalls habe Will immer einen «absolut ehrlichen» Eindruck gemacht. Trotz Whites Fürsprache erging ein Schuldspruch, und Will wurde zu hundert Peitschenhieben verurteilt. Überdies entzog man ihm die Aufsicht über die Fischerei, die Erlaubnis zur Benutzung des Kutters und die Erlaubnis, mit seiner Familie weiterhin in einer eigenen Hütte zu wohnen.

Wieder einmal hatten die Gefangenen – Männer, Frauen und sogar Kinder – auf dem Appellplatz anzutreten und dem widerlichen Schauspiel einer Auspeitschung beizuwohnen. Auch hartgesottenen Sträflingen kam das nackte Grauen, wenn sie zusehen mußten, wie die Knotenschnüre der neunschwänzigen Katze den nackten Rücken des Opfers in eine blutige Masse verwandelten. Dabei waren hundert Hiebe noch vergleichsweise gnädig; in späteren Zeiten erhielten Delinquenten bis zu zweitausend Hiebe. Manche starben, ehe die volle Zahl erreicht war, anderen wurde die Strafe ratenweise verabreicht, damit die Wunden in der Zwischenzeit vernarben konnten ...

Über die Auspeitschung von Will Bryant liegen keine Augenzeugenberichte vor, aber andere Beispiele gibt es genug, so etwa in dem 1847 erschienenen Werk *Settlers and Convicts* von Alexander Harris:

> «Mein Weg führte mich am Dreieck vorbei, wo bereits seit Stunden ohne Unterbruch Auspeitschungen stattfanden. Ich sah einen Mann über den Platz gehen, dem so viel Blut aus dem zerfetzten Fleisch über Rükken und Beine strömte, daß es ihm bei jedem Schritt aus den Schuhen quoll. Ein Hund leckte das Blut vom Gerüst, und die Ameisen trugen Fetzen menschlichen Fleisches davon, die überall verstreut lagen.
>
> Der Fuß des Auspeitschers hatte ein tiefes Loch in die

> Erde gegraben, so groß war die Wucht, mit der sich der Mann herumdrehte, um auszuholen; die Peitsche sauste auf den bebenden Rücken nieder, aus dem die Sehnen hervorquollen, weiß und dick angeschwollen. Das Strafmaß betrug hundert Hiebe, im Abstand von etwa einer halben Minute verabreicht, so daß die Exekution fast eine Stunde dauerte. An jenem Tag war es so heiß, daß jeder, der so lange nur in der Sonne hätte stehen müssen, ohnmächtig geworden wäre ... Ich weiß von mehreren armen Teufeln, die so schlimm zugerichtet wurden, daß sie ihr Leben lang Krüppel blieben.»

Zuerst gaben sich die Männer alle Mühe, nicht zu schreien. Aber dann schrien sie doch, und schließlich hingen sie nur noch stöhnend und halb bewußtlos in den Stricken. Mary muß diese qualvolle Stunde unter der heißen Februarsonne wie eine Ewigkeit vorgekommen sein. Als es endlich vorüber war, wurde Will losgebunden und zur Seite geschleppt und seiner Frau überlassen. Sie konnte ihn nicht einmal nach Hause bringen, denn in ihre Hütte durfte sie ja nicht mehr. Vielleicht brachten ihr ein paar mitleidige Frauen Tücher und Salzwasser, das einzige zur Verfügung stehende Desinfektionsmittel, damit sie Wills Wunden waschen und verbinden konnte, bevor er wieder ganz zu Bewußtsein kam.

Ist der Entschluß zu fliehen, koste es, was es wolle, in jenem Moment in ihr gereift, als sie dort auf dem Appellplatz unter der brütenden Sonne auf der Erde kauerte, ihren ohnmächtigen, blutüberströmten Mann in den Armen? Wir wissen es nicht. Aber später einmal sollte Mary erzählen, daß nur der Gedanke an eine Flucht – und sollte sie diese auch mit dem Leben bezahlen – ihr über die schrecklichen Monate hinweghalf, die damals noch vor ihr lagen.

11. Kapitel

Zum Wohl des Vaterlandes

Schonung gab es nicht für Leute, die ausgepeitscht worden waren, und so wurde Will, sobald er sich wieder auf den Beinen halten konnte, einer Ziegelbrennerkolonne zugeteilt. Mary kam in eine der Gruppen, die Kalk und Dachsparren herstellen. Sie und Charlotte wohnten jetzt von Will getrennt in einer Frauenbaracke.

Wie das Leben dort aussah, hat eine Gefangene anschaulich geschildert. Briefe aus den ersten Zeiten der neuen Kolonie wurden damals in verschiedenen englischen Zeitungen abgedruckt, entweder vollständig oder in Auszügen, stets jedoch anonym. Die unbekannte Verfasserin beginnt mit einer kurzen Beschreibung der beschwerlichen Schiffsreise und fährt dann fort:

> «Wir haben jetzt zwei Straßen, wenn denn vier Reihen der armseligsten Hütten, die man sich vorstellen kann, diese Bezeichnung verdienen. Fensterscheiben gibt es nicht, denn alles vorhandene Glas wurde für das Haus des Gouverneurs und andere Gebäude, die jetzt fast fertiggestellt sind, verwendet, und so haben unsere Leute aus Zweigen Gitter geflochten für die Hüttenfenster. Den Platz am einen Ende der Zeile, wo man seit unserer Ankunft die Toten begräbt, nennt man den Kirchhof; es heißt, sobald einmal genug Ziegel vorhanden seien, werde eine Kirche gebaut und zu Ehren des Gouverneurs St. Philip genannt.
>
> Was die Sorgen und Nöte der Frauen angeht, so spotten sie jeder Beschreibung, denn es mangelt ihnen an

Tee und anderen kleinen Annehmlichkeiten, die ihnen auf der Überfahrt von den Seeleuten gelegentlich gewährt wurden, und vor allem an Kleidung; jene, die kleine Kinder haben, sind besonders schlimm dran. Davon abgesehen, und obgleich hier einige Trauungen stattfanden, gibt es mehrere, die geschwängert und dann von ihren Partnern im Stich gelassen wurden, welche nach England zurückgekehrt sind, und diese Frauen werden nicht einmal hier neue Beziehungen anknüpfen können. (...)
Mit Blättern, die ähnlich aussehen wie Gundelkraut, wird Tee gebraut, aber Zucker ist sehr knapp und Salz ebenfalls, so daß auch das beste Essen fade schmeckt. Daß man einige von uns auf eine unbewohnte Insel gebracht hat, war wie eine zweite Deportation. Kurz, jedermann ist so sehr mit seinen Leiden beschäftigt, daß für andere kein Mitleid übrigbleibt. Alle unsere Briefe werden von einem Offizier zensuriert, aber diesen hier nimmt ein Bekannter privat für mich mit.»

Wer immer diese Frau gewesen sein mag, sie hat jedenfalls nicht schlechter geschrieben als manch einer von denen, die in der Kolonie das Sagen hatten.

Frauen wurden jetzt für Vergehen härter bestraft. Wenige Tage nach Wills Auspeitschung mußten fünf Frauen ähnliches erleiden, in drei Fällen wegen Widersetzlichkeit. Es waren dies Elizabeth Hayward (dreißig Hiebe), Charlotte Ware (dreißig wegen Rauferei), Ann Thornton und Mary Marshall (je zwanzig) sowie Judith Jones (fünfundzwanzig wegen Randalierens). Diese Judith Jones alias Anne Davis erscheint immer wieder auf der Liste der Bestraften.

Angesichts der kritischen Versorgungslage hatte Phillip im Oktober 1788 die *Sirius*, das einzige hochseetüchtige Schiff, das er noch zur Verfügung hatte, um Mehl und Getreide nach Kapstadt entsandt. Jetzt beschloß er, weitere Sträflinge zu Leutnant Philip King auf die Norfolkinsel zu schicken. Seine Entscheidung begründete er damit, daß ihm wegen der katastrophalen Situation der Kolonie keine andere Wahl blieb. An Bord der *Supply*, die am 17. Februar in See stach, befanden sich einundzwanzig männliche und sechs weibliche Sträflinge sowie drei Kinder – Kinder, die laut Phillip «verloren sind, wenn man sie hier bei den Sträflingen läßt. Die Mutter des Mädchens [einer Quelle zufolge Judith Jones alias Anne Davis] ist die liederlichste Person in der ganzen Siedlung. Die Mutter des Jungen ist auf der Überfahrt gestorben.» Zu allen anderen Übeln kämen jetzt auch noch Geschlechtskrankheiten: «Sie haben in dieser Siedlung derart um sich gegriffen, daß ich sehr bezweifle, ob sie jemals wieder ausgerottet werden können.» Vermutlich handelte es sich bei dieser Fahrt der *Supply* um die von der anonymen Briefschreiberin erwähnte «zweite Deportation». Watkin Tench stellte besorgt fest: «Sydney Cove ist jetzt zum ersten Mal ohne Schiff.»

Anfang März setzten sich sechzehn Sträflinge von der Ziegelbrennerkolonne ab; Will Bryant befand sich nicht unter ihnen. Die Männer nahmen ihr Werkzeug und selbstgefertigte Keulen mit und marschierten durch den Busch nach Botany Bay. Dort griffen sie eine Gruppe Aborigines an, denen sie Speere und Angelzeug wegnehmen wollten. Sie waren aber unterwegs beobachtet worden und liefen direkt in einen Hinterhalt. Die Aborigines töteten einen Mann und verwundeten sieben weitere, ehe ein Suchtrupp die Geflohenen aufgriff und in die Siedlung zurückbrachte. Sie versuchten sich damit herauszureden, daß sie sich auf der Suche nach «Süßtee» im Busch verirrt hätten und von Eingeborenen überfallen worden wären, gaben aber schließlich alles zu. Der erzürnte Phillip verurteilte jeden zu 150 Hieben und zum Tragen der Fußeisen während eines ganzen Jahres.

Auf Arabanoo scheint die Art, wie Weiße mit Missetätern umgingen, einen sehr schlechten Eindruck gemacht zu haben. Tench schreibt: «Arabanoo war bei der Auspeitschung zugegen, und wir versuchten ihm den Grund und die Notwendigkeit dieser Maßnahme klarzumachen; er aber bekundete nur Abscheu und Entsetzen.»

Wenig später hatte sich das Gericht mit einem sehr viel ernsteren Fall zu befassen. Schon seit einiger Zeit war immer wieder in die Lagerschuppen eingebrochen worden, und obwohl man die Wachen verstärkte, konnten die Diebe nicht ausfindig gemacht werden. Erst am 18. März wurden sieben Soldaten, die sich einen Nachschlüssel beschafft hatten, auf frischer Tat ertappt. Einer von ihnen, ein gewisser Joseph Hunt, rettete seine Haut, indem er sich bereit erklärte, als Kronzeuge gegen seine Kameraden auszusagen. Sie wurden am 26. März in einem summarischen Verfahren zum Tod durch den Strang verurteilt, wie es Phillip anläßlich seiner Einsetzung als Gouverneur allen Lebensmitteldieben ohne Rücksicht auf Rang und Stellung angedroht hatte. Die Hinrichtung fand am folgenden Morgen um zehn Uhr statt. Die Verurteilten zeigten keine Reue, sondern verfluchten Hunt, den Verräter, «der an ihrem Tode schuld sei und mit dem Leben davonkomme, obwohl er die Sache angezettelt habe. Fast allen, die der Hinrichtung beiwohnten, vom Gefreiten bis zum Offizier, kamen die Tränen», berichtete ein Augenzeuge.

Anfang April sah sich Phillip genötigt, Will von neuem die Verantwortung für die Fischerei zu übergeben; es ging einfach nicht ohne ihn. Collins' Aufzeichnungen zufolge wurde er jetzt allerdings ständig streng bewacht. Eine unmittelbare Folge dieser Maßnahme war, daß Will und Mary wieder in ihre Hütte ziehen durften. Nach zwei Monaten in überfüllten, lärmigen Gemeinschaftsbaracken bedeutete das eine große Erleichterung, auch wenn an eine Flucht vorläufig nicht zu denken war.

Unter den weiblichen Gefangenen gab es nicht nur trink- und händelsüchtige Megären, sondern auch solche, die sich tadellos aufführten und es später zu etwas brachten. Da war zum Beispiel Susannah Holmes, mit neunzehn wegen Diebstahls von Wäsche und Silberbesteck zum Galgen verurteilt und dann zu sieben Jahren Deportation begnadigt. Im Gefängnis von Norwich hatte sie einen jungen Mann aus Suffolk kennengelernt, Henry Kable, ebenfalls zu sieben Jahren Deportation verurteilt; er hatte Schmiere gestanden, während sein Vater und ein Bekannter einen Einbruch verübten, und hatte dann zuschauen müssen, wie der Vater gehängt wurde. Susannah bekam 1786 einen Sohn von Henry, und die beiden hätten gerne geheiratet, aber man verweigerte ihnen die Erlaubnis.

In jenem Winter, als die Schiffe der Ersten Flotte sich in den verschiedenen Häfen sammelten, mußte Susannah mit dem erst wenige Monate alten Kind – «ein schöner, kräftiger Junge, den die Mutter seit seiner Geburt stillte» – die lange Reise von Norwich nach Plymouth in einem offenen Wagen machen. Kables inständige Bitte, sie begleiten zu dürfen, wurde nicht erfüllt. Auf der Passagierliste der *Friendship* stand lediglich Susannahs Name, und so erklärte man ihr, als sie schon im Zubringerboot saß, sie müsse ihr Kind zurücklassen. Die verzweifelte Frau wurde an Bord gebracht, aber einer der Aufseher, ein anständiger Mensch, wie es leider nicht viele gab, brachte das Kind bei einer zuverlässigen Frau unter. Dann machte er sich auf, um den tragischen Fall Lord Sydneys Sekretär vorzutragen. Er tat dies auf eine so überzeugende Weise, daß Sydney ihn schließlich höchstpersönlich empfing. Seine Lordschaft, von der traurigen Geschichte «außerordentlich bewegt», ordnete unverzüglich an, daß erstens das Kind der Mutter zurückgegeben werde und zweitens der Sträfling Henry Kable ebenfalls auf die *Friendship* zu verbringen sei.

Erst viel später stellte sich heraus, daß es sich bei Susannah und Henry um jenes Paar handelte, für das sich Reverend Richard Johnson in seinem Brief an Evan Nepean verwendet hatte. Als Henry nach Verbüßung seiner Strafe freigelassen wurde, brachte er die Sache mit dem Hausrat, der seinerzeit dem Kapitän der *Friendship* zur Aufbewahrung gegeben und dann «abhanden» gekommen war, vor das erste Zivilgericht der jungen Kolonie und erhielt eine Entschädigung in Höhe von £15 zugesprochen. Susannah brachte im Laufe der Jahre noch zehn Kinder zur Welt und starb im gesegneten Alter von vierundachtzig Jahren.

Die gewitzteren unter den Frauen nutzten jede Möglichkeit, um ihre Lage zu erleichtern. Anne Innet aus Worcester, welche diverse Kleidungsstücke und Kurzwaren gestohlen hatte und auf die Norfolkinsel deportiert worden war, wurde die Geliebte von Leutnant Philip King, dem sie innerhalb von zwei Jahren zwei Kinder schenkte. 1792 heiratete sie einen Sträfling. King erließ diesem nach seiner Ernennung zum Gouverneur den Rest seiner Strafe und teilte ihm ein Stück Land zu. Er selbst hatte während eines Heimaturlaubs geheiratet, weshalb ihm daran gelegen war, daß sein Verhältnis mit einer Deportierten nicht publik wurde.

Die Jüdin Esther Abrahams, Putzmacherin von Beruf,

war mit siebzehn Jahren geschwängert und dann gänzlich mittellos sitzengelassen worden. Wegen Diebstahls einiger Ellen Spitze landete sie in Newgate, wo sie eine Tochter zur Welt brachte. Sie und das Kind kamen mit der *Lady Penrhyn* nach Neusüdwales. Schon während der Überfahrt hatte sich Esther mit einem Offizier angefreundet, Leutnant George Johnston. Nach der Ankunft lebten die beiden in wilder Ehe miteinander und hatten mehrere Kinder. Johnston mußte wegen einer gerichtlichen Angelegenheit nach England und blieb einige Jahre dort. In dieser Zeit baute Esther ein kleines Imperium auf, eine sehr rentable Farm mit viel Weideland, Obst- und Gemüseplantagen, einer Bäckerei und einer Schmiede. Johnston heiratete sie nach seiner Rückkehr, ließ für seine Familie ein großes Haus bauen, und Esther wurde eine der reichsten Frauen im Australien der Gründerzeit.

Mary Haydock, die erst mit der Dritten Flotte nach Sydney Cove kam, war als Waise bei ihrem Großvater in Cheshire aufgewachsen. Wie seinerzeit Mary Broad galt auch sie in der Nachbarschaft allgemein als «Lausbub», weil sie am liebsten in Hosen herumlief. Sie war vierzehn, als der Großvater starb, und da sich sonst niemand um sie kümmerte, verlegte sie sich aufs Pferdestehlen, wurde erwischt und unter dem Namen James Burrows zur Deportation verurteilt. Erst bei der Einschiffung stellte sich heraus, daß dieser James in Wirklichkeit ein Mädchen war. Sie wäre freigelassen worden, wenn ihre Verwandten für sie gebürgt hätten, aber das taten sie nicht, und so landete Mary Haydock in Neusüdwales. Dort heiratete sie einen Angestellten der Dutch East India Company, der später ein Vermögen machte. Nach seinem Tode erbte Mary, nunmehr Mrs. Reiby, ausgedehnte Ländereien, Farmen und eine florierende Handelsfirma. Sie war weithin bekannt, weil sie mit ihrem Zweispänner in halsbrecherischem Tempo durch die Straßen von Sydney zu kutschieren pflegte.

Die halbverhungerten Siedler schöpften neue Hoffnung, als endlich, am 18. Mai 1789, die *Sirius* aus Kapstadt eintraf. Sie hatte für die Rückfahrt via Kap Hoorn drei Monate gebraucht und brachte Saatgut, Weizen, Gerste und Mehl für vier Monate mit, aber keine Nachricht darüber, ob weitere Proviantschiffe nach Neusüdwales unterwegs waren, dafür eine Hiobsbotschaft: Auf allen Schiffen der Ersten Flotte war bald nach dem Auslaufen eine Seuche ausgebrochen, die so schlimm wütete, daß man die Mannschaften der *Alexander* und der *Friendship* hatte zusammenlegen und die *Friendship* vor Batavia versenken müssen. Dank der zusätzlichen Vorräte würde eine Hungersnot zumindest «hinausgezögert» werden, wie Tench feststellte.

In der Kolonie waren nun auch noch die Pocken ausgebrochen, und zu den ersten Opfern gehörte der arme Arabanoo, «den wir alle sehr vermissen, denn man hatte angenommen, er werde als Vermittler zwischen den Eingeborenen und uns unschätzbare Dienste leisten», schrieb Tench. Auch Leutnant William Bradley bedauerte den Tod Arabanoos: «Er war schon zutraulich geworden und ganz zufrieden, gehörte sozusagen zur Familie des Gouverneurs und hatte einiges von unserer Sprache aufgeschnappt und vieles von der seinigen mitgeteilt. Er war außerordentlich gutmütig und hätte uns zweifellos, wäre er nicht gestorben, wertvolle Dienste erwiesen.» Arabanoo wurde im Garten des neuen Hauses begraben, das sich der Gouverneur auf Rose Hill – dem späteren Parramatta – hatte erbauen lassen. In der Folge nahm man noch andere Aborigines gefangen, die als Dolmetscher dienen sollten, aber keiner von ihnen erwies sich als so umgänglich und hilfreich wie Arabanoo.

Für die stets hungrigen und ständig von drakonischen Strafen bedrohten Gefangenen verlief der Rest des Jahres 1789 in bedrückender Monotonie. Nur einmal, im Juni, gab es ein neuartiges, aufsehenerregendes Ereignis: Zum Geburtstagsfest des Königs erhielt eine Gruppe von Sträflingen die Erlaubnis, ein Theaterstück aufzuführen. Das einzige zur Verfügung stehende Textbuch – es gehörte einem der Offiziere – war George Farquhars Lustspiel *The Recruiting Officer* («Der Werbeoffizier»).

Zwei Jahrhunderte später hat diese denkwürdige Aufführung Thomas Keneally zu einem Roman (*The Playmaker,* 1987) und Timberlake Wertenbaker zu einem Bühnenstück (*Our Country's Good,* 1988) angeregt. Beide Autoren lassen in ihren Werken namentlich bekannte Personen auftreten, unter anderem auch Mary Bryant. Ob diese Leute seinerzeit tatsächlich mitspielten und wie die Rollen verteilt waren, wissen wir freilich nicht. Einer der Mitwirkenden war sehr wahrscheinlich ein Mann namens Robert Sideaway, der seinerzeit bei Tor Bay von dem für Neuschottland bestimmten Sträflingsschiff entkommen, dann wieder festgenommen und nach Neusüdwales deportiert worden war. Nach seiner Freilassung gründete er das erste Theater Australiens. Er hatte damit offenbar Erfolg, denn es brachte ihm so viel ein, daß er eine Farm kaufen konnte, die er zusammen mit seiner Frau, ebenfalls einer ehemaligen Deportierten, bewirtschaftete.

Es ist auch nicht bekannt, von wem die Idee zu dieser Aufführung stammte und wer Regie führte. Keneally hat diese Ehre Ralph Clark zugedacht, doch das scheint wenig wahrscheinlich, wenn man Clarks puritanische Einstellung kennt; überdies hätte er eine so ungewöhnliche

Sache gewiß in seinem Tagebuch erwähnt. Watkin Tench hätte sich für diese Aufgabe wohl besser geeignet, aber aus seinen Aufzeichnungen wissen wir, daß er lediglich als Zuschauer dabei war. Außer ihm hat nur noch David Collins die Vorstellung kommentiert:

> «Der Gouverneur nahm die Gratulation in seiner neuen Residenz entgegen, die er vor kurzem bezogen hat und die auch sein Amtssitz ist, und danach gab Seine Exzellenz ein Essen für die Beamten und Offiziere. Abends wurde einigen Sträflingen gestattet, in einer eigens dafür hergerichteten Baracke Farquhars Lustspiel *The Recruiting Officer* aufzuführen. Sie hatten sich kein höheres Ziel gesetzt, als ‹mit ihrer bescheidenen Darbietung ein Lächeln hervorzurufen›, und ihr Bemühen wurde denn auch mit einigem Applaus bedacht.»

Von Watkin Tench stammt folgende Schilderung:

> «Am Abend beehrten Seine Exzellenz und die Offiziere eine von Sträflingen gegebene Aufführung des Lustspiels *The Recruiting Officer*. Daß man jede sich bietende Gelegenheit ergreift, um die Eintönigkeit und Trostlosigkeit unserer Situation zu vergessen, verwundert nicht. Die aufheiternde Wirkung des Theaters ist ja wohlbekannt, und ich schäme mich nicht, einzugestehen, daß einige Bogen bemalten Papiers an den Lehmwänden einer Sträflingsbaracke und ein Dutzend in Flaschenhälse gesteckte Kerzen bei den rund sechzig Zuschauern allgemeines Vergnügen und lebhaften Beifall hervorriefen. Manche der Schauspieler spielten ihre Rolle mit großer Begeisterung und wurden vom Publikum mit viel Lob bedacht. Bei dieser

Gelegenheit wurden auch ein Prolog und ein Epilog rezitiert, die einer der Mitspieler verfaßt hatte; den Text hier wiederzugeben lohnt sich nicht, doch enthielt er einige ziemlich witzige Anspielungen auf die Situation der Betreffenden und die Besonderheit einer solchen Theateraufführung in Neusüdwales.»

Der von Tench erwähnte Text ist nicht überliefert, aber Wertenbaker hat ihrem Stück einen Prolog vorangestellt, der in seinem Sarkasmus zum Ausdruck bringt, was der Verfasser jener Zeilen empfinden mochte:

«Aus fernem Land weit übers Meer sind wir gekommen,
Und wenn auch nicht zum Schall von Trommeln und Trompeten,
So sind wir dennoch alle echte Patrioten,
Denn wir verließen unser Land, um ihm zu dienen.
Kein schnöder Eigennutz entwürdigt unser Streben,
Zum Wohl des Vaterlandes zogen wir hierher.
Ein jeder weiß es: Unsere Emigration
Geschah zum Besten nur der britischen Nation …»

Dieses Theaterstück war in der Tat ein Triumph der Hoffnung über die grausame Realität des Sträflingslebens.

In jenem Sommer erwartete Mary ihr zweites Kind – ein weiterer Grund dafür, daß die Bryants ihre Pläne vorläufig nicht verwirklichen konnten. So blieb ihnen nichts anderes übrig, als sich mit Geduld zu wappnen und zu hoffen, daß sich nach der Geburt des Kindes eine Gelegenheit zur Flucht ergeben würde.

Die letzten Monate des Jahres 1789 wurden von zwei traurigen Ereignissen überschattet. Am 10. September wurde der Gefreite Henry Wright verhaftet und vor Gericht gestellt, weil er «in gottloser Weise, vom Teufel verleitet, am 23. Tag des Monats August an einem in der Nähe von Long Cove gelegenen Ort die Elizabeth Chapman, ledigen Standes, heimtückisch überfiel, sich mittels Gewaltanwendung die Genannte gefügig machte und ihr beiwohnte in verbrecherischer Mißachtung der Gesetze des Königreiches sowie Seiner Majestät des Königs, Seiner Krone und Seiner Würde».

Hinter dieser gewundenen Formulierung verbirgt sich eine Tragödie, denn diese Elizabeth Chapman war erst acht Jahre alt. Sie hatte allein im Busch außerhalb des Lagers gespielt, als Wright über sie herfiel und sie brutal vergewaltigte. Obwohl sie noch ein Kind war, mußte sie beim Prozeß als Zeugin erscheinen und wurde von Richter Collins einvernommen:

«Wie alt bist du?»
«Acht, ein bißchen mehr.»
«Weißt du, daß man keine Unwahrheit sagen darf?»
«Ja.»
«Was geschieht mit dir, wenn du es trotzdem tust?»
«Dann komme ich in die Hölle.»
«Und wohin kommst du, wenn du die Wahrheit sagst?»
«In den Himmel.»
«Hast du den Katechismus gelernt?»
«Ja.»
«Und auch das Vaterunser?»
«Ja.»

Elizabeth sagte das Vaterunser auf und berichtete dann unter Tränen, was der Mann ihr angetan hatte. Ein paar von Wrights Kameraden und mehrere weibliche Sträflinge sagten ebenfalls gegen ihn aus; die Mutter des Kindes behauptete, er stehe im Ruf, «solche Dinge mit Kindern zu machen». Wright wurde schuldig gesprochen und zum Tod verurteilt, aber seine Akte trägt den Vermerk «zur Begnadigung empfohlen». Die Vergewaltigung eines Kindes wog nicht so schwer wie der Diebstahl von Lebensmitteln …

Collins schrieb, der Empfehlung sei stattgegeben und Wright für den Rest seiner Dienstzeit auf die Norfolkinsel geschickt worden. Seine Begründung: «Es war dies ein Delikt, das keine exemplarische Bestrafung zu erfordern schien. Die weiblichen Insassen der Strafkolonie waren niemals derart auf Keuschheit bedacht gewesen, daß Männer zu einer solchen Verzweiflungstat getrieben wurden; und man war der Meinung, kein einziger Mann in der Kolonie, mit Ausnahme dieses Schurken, würde je so etwas tun.» Die Begnadigung Wrights wurde am 11. September offiziell bestätigt.

Im Fall der Anne Davis alias Judith Jones dagegen zeigten die Richter keine Gnade. Weder Gefangenschaft noch Auspeitschung, noch Fußeisen hatten die Frau zur Räson bringen können; sie war dauernd betrunken, machte Krawall und ließ alles mitgehen, was nicht niet- und nagelfest war. Heute würde man ihr Verhalten vermutlich auf eine psychische Störung zurückführen, aber damals sah man darin nichts als pure Boshaftigkeit. Im November 1787 ging Anne Davis wieder einmal auf Diebestour. Während die Männer an der Arbeit waren, durchsuchte sie deren Hütten und nahm wahllos alles mit, was ihr unter die Finger kam: Kleider, Geld, irgendwelche Habseligkeiten von mindestens zehn Leuten, die dann alle gegen sie aussagten. Als man die Sachen bei ihr entdeckte, versuchte sie die Schuld auf Elizabeth Fowles abzuwälzen – ebenfalls eine von denen, die dauernd Ärger machten – und gab vor, sie sei von ihr angestiftet worden.

Niemand wollte ihr glauben. Sie kam vor Gericht, wurde schuldig gesprochen und zum Tod verurteilt. Collins berichtete: «Als die Gefangene das Urteil vernahm, behauptete sie, in anderen Umständen zu sein.» Daß Frauen «auf ihren Bauch plädierten», wie man das nannte, war damals gang und gäbe. War eine zum Tod Verurteilte schwanger, so wurde die Hinrichtung aufgeschoben; man wollte nicht gleichzeitig mit der schuldigen Mutter das unschuldige Kind töten. Infolgedessen behaupteten auch Frauen, bei denen dies gar nicht zutraf, sie seien schwanger, und taten ihr möglichstes, um ihre Behauptung nachträglich durch Tatsachen zu belegen. Sie mußten zwar damit rechnen, daß das Urteil nach der Niederkunft vollstreckt wurde, doch bis dahin konnte viel geschehen ...

Bei Anne Davis aber funktionierte dieser Trick nicht. Ein aus zwölf Matronen zusammengesetztes, unter Eid gestelltes Expertenkollegium wurde beauftragt, festzustellen, ob bei ihr tatsächlich eine Schwangerschaft vorliege. Nach erfolgter Untersuchung gab die Sprecherin zu Protokoll, Anne Davis sei «ebensowenig schwanger wie sie selbst».

Anne Davis alias Judith Jones wurde am 23. November 1789 gehängt. «In jenem schicksalhaften Augenblick, der so oft die Wahrheit an den Tag bringt», so Collins, «gab sie zu, daß sie den Tod verdiente und daß ihr Versuch, eine andere Person zu bezichtigen (eine Frau, deren notorisch schlechter Leumund ihr zur Hoffnung Anlaß gegeben hatte, ihre angebliche Unschuld beweisen zu können), sowie auch ihre Behauptung, schwanger zu sein, lediglich dem Zweck gedient hätten, ihr Leben zu retten. So starb sie, von allen geschmäht und von niemandem bemitleidet.» Sie war die erste Frau, die in Australien hingerichtet wurde.

Als das Jahr zu Ende ging, befand sich die Kolonie immer noch am Rand einer Hungersnot. Mary war jetzt im sechsten Monat schwanger. Will wurde beim Fischen nicht mehr beaufsichtigt – ganz einfach deshalb, weil inzwischen nicht mehr genug Leute für den Wachdienst vorhanden waren.

12. Kapitel

Die Zweite Flotte

Ende 1789 kehrte die *Supply* von einer ihrer Fahrten nach der Norfolkinsel zurück und brachte einen Brief von Leutnant King mit, in dem dieser dringend um Nachschub bat, vor allem Vieh wurde benötigt. Als die *Supply* am 8. Januar 1790 wieder in See stach, hatte sie die einzigen Nutztiere an Bord, die Arthur Phillip erübrigen konnte – zwei Schweine von seiner eigenen Farm. Im übrigen teilte er King mit, er werde demnächst abgelöst und dann mit Depeschen nach England entsandt.

Die Fischerei war das einzige, was noch etwas einbrachte. Ende Januar gelang Will Bryant ein so guter Fang, daß ihm Phillip – «zum Wohl der Allgemeinheit», wie Collins betonte – wieder seinen eigenen Kutter zur Verfügung stellte, und zwar für jeweils drei Nächte pro Woche. Froh, daß er nicht mehr überwacht wurde, arbeitete Will jetzt doppelt so fleißig und segelte immer weiter aufs offene Meer hinaus, wo es ergiebigere Fischgründe gab als in Küstennähe.

In seinen Depeschen wies Phillip die Regierung nachdrücklich darauf hin, daß bald nichts mehr von der neuen Kolonie übrigbleibe, wenn er keinen Nachschub erhalte. «Zusätzlich zu den Verlusten an Vorräten durch Rattenfraß [auf der Überfahrt] ist eine sehr beträchtliche Menge Mehl, Reis usw. verdorben und verloren ...» Auf seiner eigenen Farm bei Rose Hill sei die Ernte zwar «hervorragend» gewesen, 200 Bushel Weizen, 60 Bushel Gerste und je ein kleines Quantum Flachs, Mais und Hafer, aber das alles müsse für die neue Aussaat aufgespart werden. Ferner berichtete er, die Pockenepidemie habe weiter um sich gegriffen, was ihm unerklärlich sei, denn während der Überfahrt sei niemand daran erkrankt.

Trotz all dieser Schwierigkeiten wurden Erkundungstrupps ins Landesinnere gesandt. Auf einer dieser Expeditionen stieß Ralph Clark auf Eingeborenensiedlungen, in denen die Pocken zahlreiche Opfer gefordert hatten. Er hatte Befehl erhalten, einen Mann als Ersatz für den verstorbenen Arabanoo mitzubringen, vertraute aber seinem Tagebuch an, er könne doch nicht einer Sippe den einzigen noch gesunden Mann wegnehmen, so daß seine Kinder Hungers sterben müßten. Ein andermal entdeckte er ein menschliches Skelett, das vermutlich von einem Weißen stammte, möglicherweise von «Mr. Hill, Seekadett auf der *Sirius*, der entweder von Eingeborenen getötet wurde oder sich im Busch verirrte. Ich nahm den Schädel mit und gab ihn im Lazarett ab, damit sie herausfänden, ob er von einem Eingeborenen stamme oder von einem der Leute, die vermißt werden, vielleicht von dem Sträfling, der vor etwa zwölf Monaten in der Gegend von Rose Hill abhanden kam.» Die Wundärzte meinten, sehr wahrscheinlich sei es der Schädel dieses Mannes. «Sie wollten den Schädel behalten, aber ich gab ihn nicht her. Ich sagte, ich wolle ihn zur Fundstelle zurückbringen und ihn dort zusammen mit den restlichen Gebeinen begraben.»

In seinen Tagebuchnotizen schlägt Clark jetzt einen ganz anderen Ton an. Seine Betroffenheit angesichts der halbverhungerten Eingeborenenkinder wirkt aufrichtig, ebenso sein Wunsch, mit den sterblichen Überresten eines Menschen, wer immer er auch gewesen sein mochte, so zu verfahren, wie es sich seiner Meinung nach gehörte. Nur noch selten schimpft er über die «verdammten Huren» oder schwärmt von Betsey Alicias Vorzügen, und bald sollte er sein Tagebuch beiseite legen und ein ganzes Jahr lang nichts mehr schreiben: Der tugendhafte Ralph Clark erlag nämlich trotz seiner guten Vorsätze endlich den Versuchungen des Fleisches und nahm sich eine Geliebte.

Diese Frau hieß Mary Branham und war 1784, im Alter von dreizehn Jahren, zur Deportation verurteilt worden, weil sie ihrem Arbeitgeber, einem gewissen John Kennedy, zwei Unterröcke, ein Schnürleibchen, ein Stück Stoff, eine Hose und ein Paar Strümpfe gestohlen hatte. Das Gericht wollte sie «nach Afrika» schicken, doch dann kam sie auf die *Lady Penrhyn*. Auf der Überfahrt wurde sie von einem Matrosen geschwängert und brachte bald nach der Ankunft einen Jungen zur Welt. Mary Branham war erst neunzehn, als sie Clarks Geliebte wurde.

Am 17. Februar war Clark beim Gouverneur zum Abendessen eingeladen. Seine Freude über diese unverhoffte Ehre verwandelte sich in Bestürzung, als er gefragt wurde, ob er den Posten von Leutnant King auf der Norfolkinsel übernehmen wolle. «Ich blieb ihm die Antwort schuldig», berichtete Clark, der ganz und gar keine Lust verspürte, fern von seinen Kameraden auf einer Insel zu leben, wo es praktisch nur Sträflinge gab. Da schaltete sich Major Ross ein. «Er sagte, ich *müsse* dorthin. Ich erwiderte, das sei mir unmöglich.» Ross interessierte es nicht, ob Clark es unmöglich fand oder nicht; er und Phillip fänden, erklärte er, daß Clark der richtige Mann für diese Aufgabe sei, Punktum. Er, Ross, wolle ebenfalls einige Zeit auf der Insel verbringen, um an Ort und Stelle einen Bericht über die dortige Kolonie zu schreiben. Phillip fand diese Idee ausgezeichnet, auf diese Weise war er seinen lästigen Stellvertreter wenigstens für einige Monate los.

Clark blieb also nichts anderes übrig, als seine Sachen zu packen. Ein letztes Mal besuchte er seine kleine Plantage auf einem der Inselchen bei Port Jackson und stellte fest, daß sein Korn gut gedieh. Er brachte den Totenschädel dorthin zurück, wo er ihn gefunden hatte, und begrub ihn «an einem Felsvorsprung bei Lane Cove. Ich nannte diese Stelle ‹Skeleton Point›.» Dann ging er ein Stück landeinwärts, um einen Beutel voll von jenen Blättern zu pflücken, aus denen die Siedler ihren «Süßtee» brauten – Sarsaparille, eine Stechwindenart.

Die *Sirius* war geschrubbt und überholt worden; sie sollte mit der zur Weiterbeförderung nach England bestimmten Post von der Norfolkinsel aus nach China segeln, um von dort Lebensmittel mitzubringen, während die *Supply* mit Leutnant King direkt nach Sydney Cove zurückkehren würde. Im letzten Tagebucheintrag, in dem von Betsey Alicia die Rede ist, erwähnte Clark, er habe einen Brief an seine «über alles Geliebte» geschrieben, den die *Sirius* nach China mitnehmen sollte. Er habe darin seiner Hoffnung Ausdruck gegeben, «daß Norfolk reichere Vorkommen an Fisch und Federwild besitzt als diese Gegend, denn ich stelle fest, daß die hier noch vorhandenen Vorräte ab Beginn des nächsten Monats nur noch für höchstens dreizehn Wochen reichen. Gott steh uns bei. Wenn nicht bald Nachschub kommt, weiß ich nicht, was aus uns werden soll.»

Die *Sirius* stach am 5. März 1790 mit 96 männlichen und 65 weiblichen Sträflingen sowie 25 Kindern in See, die kleine *Supply* hatte weitere zwanzig Männer, zwei Frauen und drei Kinder an Bord. Die Frauen waren aufgrund ihrer guten Führung ausgewählt worden. Unter ihnen befand sich natürlich auch Mary Branham, die übers Jahr Ralph Clark eine Tochter schenkte – ausgerechnet Alicia sollte sie heißen … Eine gewisse Anne

Yeates, auch sie wegen Diebstahls deportiert, hätte ebenfalls mitfahren sollen, bat aber, in Sydney Cove bleiben zu dürfen. Sie durfte, sie war nämlich die Geliebte von Richter David Collins.

Ende März 1790 gebar Mary Bryant einen Sohn, der am 4. April auf den hoffnungsvollen Namen Emmanuel getauft wurde. Trotz aller Entbehrungen, die seine Mutter hatte durchmachen müssen, war der Junge gesund und kräftig. Das frohe Ereignis wurde jedoch von einer schlimmen Nachricht überschattet.

Seit langem hatten die Siedler auf die Ankunft von Proviantschiffen aus England gewartet, und als sie am Morgen des 5. April erfuhren, daß bei South Head die Signalflagge gehißt worden war, geriet alles in Aufregung. Watkin Tench mochte sich freilich nicht so recht freuen, denn:

> «... ich konnte beim Flaggenmast niemanden sehen außer einem einzelnen Mann, der gelangweilt umherspazierte, und wie ich wohl weiß, hätte der Anblick fremder Schiffe eine andere Reaktion ausgelöst. Der Gouverneur beschloß, sich zum Hafen zu begeben, und ich bat um Erlaubnis, ihn begleiten zu dürfen. Als wir um einen etwa auf halbem Wege liegenden Felsvorsprung kamen, erblickten wir zu unserer Überraschung ein Beiboot der *Supply*, das auf uns zuhielt. Wie es sich näherte, erkannte ich Kapitän Ball; er machte mit der Hand eine ungewöhnliche Geste, die nur zu deutlich besagte, daß etwas Schreckliches passiert war. Ich konnte nicht umhin, mich zum Gouverneur umzuwenden und auszurufen: ‹Sir, machen Sie sich auf eine schlimme Nachricht gefaßt!› Es dauerte nur wenige Minuten, bis unsere Ahnung zur Gewißheit wurde;

und wir erfuhren zu unserer Bestürzung, daß die *Sirius* am 19. März vor der Norfolkinsel Schiffbruch erlitten hatte.»

Beide Schiffe waren am 13. März vor der Insel angelangt, und sämtliche Passagiere waren an Land gerudert worden. Tags darauf wurde das Wetter schlecht, und da die *Sirius* Gefahr lief, auf die Küste zugetrieben zu werden und zu zerschellen, ging sie weiter draußen vor Anker. Nach fünf Tagen gab der Kommandant Befehl, näher heranzusegeln, damit die Fracht gelöscht werden könne. Mit der hereinkommenden Flut drehte sich plötzlich der Wind, und das Schiff driftete auf die Küste zu. Kapitän Hunter versuchte, zu wenden und wieder aufs offene Meer zu gelangen, doch das Manöver mißglückte; die *Sirius* lief auf ein Riff und mußte aufgegeben werden. Damit mußte auch der Plan aufgegeben werden, Post aus der Kolonie nach China zu befördern und dort die dringend benötigten Lebensmittel zu beschaffen. Ein Teil der Vorräte, welche die *Sirius* an Bord gehabt hatte, wurde ans Ufer gespült, doch die meisten Offiziere verloren ihre wenigen Habseligkeiten. Major Ross ließ dem Gouverneur mitteilen, im Hinblick auf das, was jetzt bevorstehe, habe er über die Insel Kriegsrecht verhängt.

Am Nachmittag des 5. April ließ Phillip die Bewohner der Kolonie antreten, um sie über das Unglück zu informieren. Er gab bekannt, daß die Rationen erneut gekürzt würden, und zwar einheitlich auf zweieinhalb Pfund Mehl, zwei Pfund Reis und zwei Pfund gepökeltes Schweinefleisch pro Person und Woche. Trotzdem werde das Mehl nur bis November, der Reis bis September und das Schweinefleisch bis Ende Juli reichen. Sämtliche Arbeiten außer dem Fischfang würden eingestellt. Die *Supply* werde nach Batavia segeln, um dort Mehl an Bord zu nehmen und wenn möglich ein Schiff zum Transport zusätzlicher Lebensmittel zu chartern.

Schlimm war nicht nur, daß die Leute viel zuwenig zu essen bekamen, sondern auch, daß es so gut wie kein frisches Obst und Gemüse gab. Die Siedler hegten immer noch ein tiefes Mißtrauen gegenüber allem, was sie nicht kannten, und erst nach langem Zögern wagten es die Wundärzte, Skorbutkranken «saure Beeren» zu verabreichen, die in der Umgebung wuchsen. Diese erwiesen sich als sehr wirksam und wurden bald auch zur Vorbeugung verordnet. Nahrungsdiebstahl wurde von jetzt an mit bis zu tausend Peitschenhieben oder mit dem Galgen bestraft.

Phillip ging wieder einmal daran, Berichte zu verfassen, welche die *Supply* nach Batavia mitnehmen sollte; von dort aus, so hoffte er, würden die Holländer sie weiterbefördern. Das Schiff nahm auch private Post mit. Ein Kapitänleutnant Campbell schrieb nach Hause:

> «Früh und spät blicke ich sehnsüchtig auf die See hinaus, und schon oft, wenn der Tag schnell zur Neige ging und die abendlichen Schatten sich weithin erstreckten, hat irgendein bizarres Wölkchen, das sich in diesem Licht zusammenballte oder ausdehnte, meiner ungeduldigen Phantasie vorgegaukelt, es müsse ein Segel sein, das gerefft oder gesetzt werde, indes ein Schiff Kurs auf den Hafen nehme ... Unsere Landsleute können uns doch nicht ganz vergessen haben oder sich der törichten Vorstellung hingeben, daß wir auch ohne ihre Hilfe hier leidlich gut zurechtkommen würden!»

Ein unbekannter Offizier schrieb in einem Brief, der am 25. April 1791 in *The Oracle* veröffentlicht wurde:

«Wenn Dich diese Zeilen erreichen, wird sich das Schicksal dieser Kolonie und all ihrer Bewohner entschieden haben. Es ist jetzt schon über zwei Jahre her seit unserer Landung und fast drei Jahre, seit wir England verließen. Wir sind vom Rest der Welt so abgeschnitten, daß wir von keinem Ereignis Kenntnis haben, das nach dem Monat August 1788 in Europa stattfand, und vom Wohlergehen unserer Freunde wissen wir ebensowenig wie von dem, was auf dem Mond geschieht. Nur wer selbst einmal die Ängste und Sorgen erlebt hat, die eine solche Lage mit sich bringt, kann unser Elend ermessen.

Wir nutzen jede Gelegenheit zum Fischen und manchmal mit gutem Erfolg, worüber wir unendlich froh sind. Unsere Fischereibrigade, die Marineoffiziere und die zivilen Beamten fahren abwechselnd jede Nacht mit den Booten hinaus; zudem ist immer eine Abteilung Soldaten in Botany Bay stationiert, um zu fischen, sie lösen sich jeweils alle drei Tage ab.

Wäre der Boden hier fruchtbar, so würden unsere Gärten in diesen Zeiten der Not uns ungemein nützlich sein, aber sosehr wir uns auch abmühen, viel ist nicht herauszuholen.»

David Collins klagte in einem Brief an seinen Vater:

«Da verbringe ich nun die schönsten Jahre meines Lebens im fernsten Winkel der Erde, ohne daß es mir zur Ehre oder zum Nutzen gereicht, abgeschnitten von meiner Familie, meinen Verbindungen, von der Welt, in ständiger Angst zu verhungern. All diese Überlegungen veranlassen mich, die erste sich bietende Gelegenheit zu ergreifen, um einem Land zu entfliehen, das nichts Besseres ist als ein Ort der Verbannung für jene, die aus der Gesellschaft ausgestoßen wurden.»

Sogar ihm widerstrebte es, einen Mann wegen zwei Bissen Pökelfleisch und einer Handvoll Erbsen zum Tod zu verurteilen. Manche Sträflinge waren so schwach, daß sie bei der Arbeit ohnmächtig wurden, und «ein älterer Mann, der zusammen mit anderen in einem Lagerschuppen auf die Ausgabe der Tagesration wartete, sank um. Da er sich vor Hunger nicht mehr auf den Beinen halten konnte, brachte man ihn ins Lazarett. Der Mann starb, und bei der Leichenöffnung stellte man fest, daß sein Magen vollkommen leer war.»

Auch Watkin Tench wartete voller Ungeduld auf Post aus Europa: «Seit dem 13. Mai 1787 waren wir ohne Nachricht von unseren Freunden und Bekannten und gänzlich von allen Verbindungen zur Heimat abgeschnitten. Hungersnot näherte sich mit Riesenschritten, und alle blickten finster und bedrückt drein. (...) Dennoch herrschte gespannte Erwartung. Wenn in der Ferne der Donner rollte oder in den Wäldern der Schuß einer Jagdflinte lauter als sonst knallte, ertönte von allen Seiten der Ruf: ‹Eine Schiffskanone!›, und alles rannte aufgeregt durcheinander.»

Reverend Richard Johnson notierte: «Mrs. J. hat unser zweites Kind bekommen. Unser erstes war ein Junge, aber totgeboren, dieses ist ein Mädchen, ein niedliches kleines Geschöpf.»

Wie schlimm die Isolation von den Siedlern empfunden wurde, geht aus dem Brief eines unbekannten Absenders hervor:

> «Die Angst vor dem Hungertod starrt uns ins Gesicht; am Tag, da ich dies schreibe, haben wir nur noch Vorräte für acht Wochen, und vor Ablauf von sieben Monaten besteht keinerlei Aussicht auf Nachschub, es sei denn, daß trotz der fortgeschrittenen Jahreszeit noch

Schiffe aus England hier eintreffen. Diese Hoffnung ist jedoch sehr gering, denn wenn es nicht an der schändlichsten und grausamsten Nachlässigkeit liegt, müßten spätestens am 1. August Schiffe auf den Weg gebracht worden sein, und wenn dem so war, dann sind sie gewiß unterwegs gesunken. Doch diese Eventualität, so traurig sie sein mag, ist weniger schrecklich als der Gedanke, daß unser Land uns hierherschickte, damit wir dem Hunger zum Opfer fallen.»

Zu einem vollen Arbeitspensum waren die Sträflinge nicht mehr imstande, und so ordnete Phillip an, daß sie nur noch am Vormittag schwere Arbeiten verrichten und sich nachmittags um ihre Pflanzungen kümmern sollten. Da ihn die schlechte Verfassung der Kinder mit Sorge erfüllte, erhöhte er trotz der schwindenden Vorräte ihre Rationen. Auch wurden weniger schwere Körperstrafen verhängt, denn jede Auspeitschung war für einen vom Hunger geschwächten Mann lebensgefährlich.

Einmal, nachdem man einige Tage lang mit Erfolg gefischt hatte, ging ein volles Netz verloren, vermutlich weil die Leute einfach nicht mehr die Kraft hatten, es festzuhalten. Dennoch wurden, wie Collins vermerkte, im Lauf des Monats Mai über 2000 Pfund Fisch gefangen. «So konnten wir 500 Pfund gepökeltes Schweinefleisch einsparen, was den Rationen von 31 Mann für vier Wochen entspricht.»

Endlich, am 3. Juni 1790, ertönte der lang ersehnte Ruf: «Die Signalflagge ist gehißt!» Tench berichtet:

«Ich saß in meiner Hütte und grübelte über mein Schicksal, als auf einmal draußen auf der Straße Stimmen laut wurden. Ich öffnete die Tür und erblickte mehrere Frauen mit Kindern auf den Armen; sie liefen hin und her, ganz aus dem Häuschen, beglückwünschten einander und herzten und küßten die Kinder. Da wußte ich genug; ich machte mich sogleich auf den Weg und eilte eine Anhöhe hinauf, von wo aus ich mit Hilfe eines Taschenfernrohrs feststellen konnte, daß meine Hoffnungen sich erfüllt hatten. Mein Nachbar, ein Offizierskamerad, war auch mitgekommen; doch wir brachten kein Wort heraus; wir drückten uns die Hand, Augen und Herzen gingen uns über.»

Ein mächtiger Segler unter britischem Hoheitszeichen näherte sich der Hafeneinfahrt. Tench eilte zum Strand hinunter, wo der Gouverneur eben sein Boot bestieg, und bat um Erlaubnis, mitkommen zu dürfen. Die beiden ließen sich hinausrudern und gingen an Bord des Schiffes. Es war die *Juliana* von der Zweiten Flotte, die im Juli 1789, also elf Monate zuvor, in Plymouth die Anker gelichtet hatte.

«Briefe! Briefe!» ertönte es von überall her. Die *Juliana* brachte nicht nur private Post, sondern auch Nachricht von dem, was in der Welt passiert war. So erfuhr Tench, daß am 14. Juli 1789 in Frankreich die Revolution ausgebrochen war, «mit allen Begleitumständen dieses wunderbaren und unerwarteten Ereignisses», notierte er, nach wie vor ein überzeugter Anhänger der freiheitlichen Ideen, die er als Student in Paris und später in Amerika kennengelernt hatte. Er zog sich in seine Hütte zurück, um auf den Erfolg der Revolution zu trinken.

Jetzt erfuhr man auch, weshalb die Regierung so lange keinen Nachschub geschickt hatte. Das Versorgungsschiff *Guardian*, das neben großen Mengen von Lebensmitteln, Vieh und anderen Gütern auch fünfundzwanzig Sträflinge und sieben Aufseher an Bord hatte, war im Dezember 1789 auf einen Eisberg gelaufen. Sie hatte es mit knapper Not bis zum Kap der Guten Hoffnung geschafft, aber der Unfall hatte zahlreiche Menschenleben gekostet, und die gesamte Ladung war verlorengegangen.

Die *Juliana* brachte 225 weibliche Sträflinge mit, die meisten von ihnen in relativ guter Verfassung; aber sie hatte keine Lebensmittel an Bord außer den Rationen für zwei Jahre, die für ihre eigenen Passagiere bestimmt waren. Man war davon ausgegangen, daß der Schnellsegler *Guardian* lange vor den übrigen Schiffen der Zweiten Flotte eintreffen würde und daß sich die Kolonie inzwischen selbst ernähren konnte. Die knappen Vorräte der *Juliana* mußten nun zur Linderung der ärgsten Not herhalten. Phillip machte sich darauf gefaßt, daß auch die übrigen Schiffe der Zweiten Flotte nur Proviant für die Neuankömmlinge mitbringen würden. Zu seiner großen Erleichterung traf bald darauf die *Justinian* mit reichlichen Vorräten und einem mobilen Feldlazarett ein.

Und dann, am 29. Juni, liefen die *Neptune*, die *Scarborough* und die *Surprise* ein. Der Anblick, der sich den Siedlern jetzt bot, sollte eine Flut von Protestbriefen an die englischen Behörden auslösen. Die Regierung hatte die Ausrüstung dieser Schiffe einem privaten Unternehmen anvertraut, der Londoner Firma Calvert, Camden & King, die auch im Sklavenhandel tätig war. Sie bekam pro Person eine Pauschale in Höhe von £ 17,7 s, 6 d, aber niemand forderte Rechenschaft darüber, wie dieses Geld verwendet wurde, und diese Tatsache hatte die Firma denn auch weidlich ausgenutzt – auf Kosten der Deportierten.

In einem Brief an William Wilberforce, den großen Vorkämpfer für die Abschaffung des Sklavenhandels, schrieb der Marineoffizier William Hill, der auf der *Juliana* diente:

«Die Art, wie diese armen Teufel gefesselt waren, war eine Barbarei. Die Ausrüster waren im Guineageschäft tätig gewesen und hatten die in diesem Geschäft üblichen Fußschellen geliefert, welche mit einem kurzen Bolzen versehen sind anstatt einer Kette, die zwischen den Füßen hängt und am Gürtel fixiert wird wie bei den in den Gefängnissen üblichen Fußeisen. Diese Bolzen waren weniger als einen Fuß lang, so daß sie [die Gefangenen] die Füße nur um einen, höchstens zwei Zoll bewegen konnten. Mit diesen Fußschellen konnten sie keinen Schritt tun, ohne zu riskieren, sich die Beine zu brechen.»

Hill fügte hinzu, die *Neptune* hätte längst aus dem Verkehr gezogen werden müssen, da sie ständig leck gewesen sei. Häufig sei den «armen Teufeln» im Zwischendeck, wo sie nicht einmal aufrecht stehen konnten, das Wasser bis über die Hüften gegangen. Die Unterkünfte seien nie gereinigt, geschweige denn desinfiziert worden; die Leute hätten monatelang in ihrem eigenen Unrat liegen müssen. Von den 900 männlichen Sträflingen, die in Plymouth an Bord gegangen waren, seien 370 unterwegs gestorben, weitere 450 seien todkrank «und so mager und schwach, daß kaum einer von ihnen durch Pflege oder Arznei gerettet werden kann; und je schneller es Gott gefällt, sie von ihren Leiden zu erlösen, desto besser für die Kolonie, die eine solche Last gar nicht zu tragen vermöchte, denn es gibt wohl kaum noch Arzneien, und das Essen ist sehr knapp. (...) Im Vergleich zu dem, was ich auf den Schiffen dieser Flotte gesehen habe, geht es im Sklavenhandel noch gnädig zu.» In diesem Geschäft wurde für jeden lebend abgelieferten Sklaven ein bestimmter Betrag gezahlt. Dagegen konnte man an toten Deportierten, genauer gesagt, an den für sie bestimmten Rationen, ganz hübsch verdienen. David Collins berichtete:

«Es war empörend zu sehen, in welch einem erbärmlichen Zustand sich diese unglückseligen, an Dysenterie und Skorbut erkrankten Menschen befanden. Infolge des ständigen Eingesperrtseins unter Deck während der ganzen Überfahrt waren sie in einer so schlimmen Verfassung, daß viele von ihnen nicht mehr gerettet werden konnten. Dafür, was an Bord mit ihnen geschah, waren einzig die Schiffsführer verantwortlich, welche, entweder mit Absicht oder aus Unkenntnis, ihnen jede Vergünstigung verweigerten, die geeignet gewesen wäre, sie gesund zu erhalten oder wenigstens die Zahl der Todesfälle zu verringern.»

Zu ihrer Bestürzung mußten die Neuangekommenen – sofern sie noch etwas wahrzunehmen in der Lage waren – feststellen, daß man sie in eine Kolonie geschickt hatte, die sich am Rand einer Hungersnot befand ...

Das Dringlichste war aber jetzt, die Deportierten an Land zu bringen. Alle Frauen der Kolonie und eine Anzahl männliche Sträflinge wurden dazu aufgeboten; sie sollten sich um die Kranken und Sterbenden kümmern. Collins schrieb:

«Gegen Mittag hatte man zweihundert Kranke von den verschiedenen Sträflingsschiffen an Land geschafft. Die Westseite bot wahrhaft ein Bild des Jammers. Man hatte mehr als dreißig Zelte vor dem Lazarett aufgeschlagen, da das Feldlazarett noch nicht aufgebaut worden war, und alle Zelte wie auch das Lazarett waren voll mit Menschen, von denen viele an schweren Krankheiten wie Skorbut und Dysenterie litten; manche befanden sich im Endstadium dieser schrecklichen Krankheiten, oder sie litten an einem ansteckenden Fieber.

Jene, die keine ärztliche Hilfe benötigten, waren bis auf die Knochen abgemagert. Mehrere dieser Unglückseligen starben in den Booten, die sie an Land brachten, oder auf dem Kai, nachdem man sie ausgeladen hatte. Die Lebenden wie die Toten boten einen schrecklicheren Anblick als alles, was man hier jemals zu Gesicht bekommen hat. Der Grund für all dies war die lange Gefangenschaft, die schlimmste Art der Gefangenschaft, auf engstem Raum, in Eisen gelegt, und zwar nicht ein jeder einzeln für sich, sondern viele zusammengekettet. (...) Es hieß, daß an Bord der *Neptune* viele in ihren Eisen gestorben seien; was diesen Umstand aber noch schrecklicher machte, war, daß man dies verheimlichte in der Absicht, ihre Ration untereinander aufzuteilen, bis dann der Zufall oder der Leichengeruch den Wundarzt oder sonstjemanden von der Besatzung zu der Stelle führte, wo ein Toter lag.»

Die Passagiere der *Juliana* hatten Glück gehabt; auf diesem Schiff waren während der Überfahrt nur fünf Erwachsene und zwei Kinder umgekommen. Auf der *Surprise* waren 42 Männer gestorben, 86 auf der *Scarborough* (die bei der Überfahrt mit der Ersten Flotte keinen einzigen Todesfall zu verzeichnen hatte) und 151 Männer, 16 Frauen und vier Kinder auf der berüchtigten *Neptune*. Dort waren Frauen, die in den Wehen lagen, erst nach langem Bitten und Betteln die Fußschellen abgenommen worden. Tench gab die Zahl der in Port Jackson ausgeschifften Kranken mit 486 an; von diesen starben 124 kurz nach der Ankunft. Ende Juni lagen im Lazarett 349 Schwerkranke oder Sterbende.

Aufs äußerste empört, befahl Arthur Phillip die Kapitäne und Aufseher der Zweiten Flotte zu sich und hielt ihnen eine Standpauke. Was sie sich hatten zuschulden kommen lassen, müsse schon fast als Mord bezeichnet werden; er werde einen detaillierten Rapport an seine Vorgesetzten schicken und dafür sorgen, daß sie alle ihre Strafe bekämen. Zudem werde er alles tun, was in seiner Macht stehe, damit künftig jedes Sträflingsschiff einen Regierungsvertreter an Bord habe, «um zu gewährleisten, daß so etwas nie mehr vorkomme». Phillips Bemühungen und eine ganze Lawine von Protestschreiben an das Innenministerium führten dann auch tatsächlich zu Verbesserungen im Deportationssystem.

Nach und nach erholten sich die Überlebenden der Zweiten Flotte von den durchgemachten Strapazen. Die *Juliana* hatte unter anderem Stoffballen mitgebracht, und nun konnten die Frauen endlich die seit langem dringend benötigte Kleidung nähen. Für alle gab es, wenigstens ein paar Wochen lang, etwas mehr und bessere Verpflegung. Aber Phillip war klar, daß ihm noch einiges bevorstand: Der Kapitän der *Juliana* hatte ihm mitgeteilt, die Dritte Flotte sei bereits unterwegs – mit tausend Sträflingen, aber nur einem Minimum an Vorräten.

Im Herbst 1790 beschäftigten sich Will und Mary wieder mit ihren Fluchtplänen. Seit ihrer Ankunft waren mehrere Sträflinge aus der Kolonie geflohen, aber entweder hatte man sie dann im Busch tot aufgefunden oder nie wieder etwas von ihnen gehört. Selbst ein Boot bauen? Das hätte viel zu lange gedauert und wäre sicherlich entdeckt worden. Allem Anschein nach war es Mary, die auf den Gedanken kam, den Kutter des Gouverneurs zu stehlen. Es war das einzige Boot in der Kolonie, mit dem man sich aufs offene Meer wagen konnte – und Will war sich sehr wohl bewußt, daß sie es bis nach Niederländisch-Ostindien schaffen mußten, wollten sie nicht erwischt werden.

Ein solcher Plan ließ sich nur mit Hilfe Dritter durchführen. Im Gegensatz zu den anderen Sträflingen hatten sich Will und Mary mit den Aborigines angefreundet, insbesondere mit einem Mann namens Bennelong, der kurz nach dem Tod Arabanoos zusammen mit einem Stammesgenossen entführt und in die Kolonie gebracht worden war. Der eine entkam schon kurz nach seiner Gefangennahme; Bennelong wurde bei seinem ersten Fluchtversuch erwischt. Danach schien er sich mit seinem Los abgefunden zu haben, doch eines Nachts verschwand er spurlos. Ein paar Monate später tauchte er wieder in der Kolonie auf und einigte sich mit Phillip auf einen *Modus vivendi*, so daß Bennelong und seine Angehörigen jetzt kommen und gehen durften, wie es ihnen beliebte. Sie waren häufig in Phillips Residenz zu Gast und ebenso häufig in der Hütte der Bryants. Bennelongs Frau und seine Schwester pflegten ihre Kinder mitzunehmen, und Charlotte spielte mit ihnen, während Mary und die Besucherinnen sich unterhielten, so gut es bei ihren lückenhaften Sprachkenntnissen eben möglich war.

Vielleicht klappte es mit der Verständigung besser, als man erwarten würde, so daß die Bryants erfuhren, auf welche Weise sich die Aborigines nach den Gestirnen orientierten. Heute weiß man, daß sie bei der Durchquerung ihres Landes den «Wegen des Gesangs» folgten. Sicherlich wußten sie auch, wo es entlang der Ostküste gefährliche Riffe und Strömungen gab. Jedenfalls nahm Will, zu jedermanns Verwunderung, Bennelong und seine Familie oft zum Fischen mit.

Im Dezember 1790 kehrte die *Supply* mit einer Ladung

Lebensmittel von Batavia zurück. Der Kapitän hatte auch einen holländischen Ostindienfahrer gechartert, die *Waaksamheyd*, die am 17. des Monats mit weiteren Vorräten eintraf. Es dauerte mehrere Wochen, bis Phillip und der holländische Kapitän, Detmer Smit, sich darüber einig wurden, ob die *Waaksamheyd* eine zweite Fahrt für die Kolonie machen sollte. Da die Zweite Flotte unterdessen Port Jackson verlassen hatte, konnte Smith seine Bedingungen diktieren.

Der Gouverneur und die Offiziere verhielten sich Smit gegenüber ziemlich frostig. So war dieser einer näheren Bekanntschaft mit William Bryant, dem einzigen Sträfling, der sich in der Kolonie frei bewegen durfte, nicht abgeneigt, zumal dessen ebenso charmante wie tüchtige Frau sich anerbot, ihm die Wäsche zu besorgen und Botengänge für ihn zu erledigen. Die Bryants luden Kapitän Smit hin und wieder zum Abendessen ein, und dann brachte er natürlich stets eine Kleinigkeit mit, eine Flasche Branntwein etwa oder auch Lebensmittel.

13. Kapitel

Die Flucht

Was die Bryants vorhatten, war, nüchtern betrachtet, kaum mit Erfolg zu bewerkstelligen. Der Kutter hatte zwar ein Segel und drei Paar Riemen, und er war in gutem Zustand, aber wenn die Flucht gelingen sollte, würden sie Hunderte, vielleicht sogar Tausende von Seemeilen in praktisch noch unerforschten Gewässern zurücklegen müssen, ohne eine konkrete Vorstellung davon, was sie am Ende dieser Reise erwartete. Und das mit zwei kleinen Kindern ... Sie in der Kolonie zurückzulassen kam für Mary nicht in Frage. Charlotte war jetzt dreieinhalb Jahre, Emmanuel neun Monate alt.

Man fragt sich, warum die Bryants dieses Risiko auf sich nahmen. Ende März 1791 hätte Will seine sieben Jahre verbüßt gehabt, und mit seinen Fähigkeiten hätte er bestimmt problemlos auf dem nächsten Ostindienfahrer anheuern können, der Port Jackson anlief; Matrosen konnte man immer gebrauchen, und nach der Vergangenheit eines Mannes wurde nicht lange gefragt. Er hätte also ohne weiteres Mary und die Kinder zurücklassen und nach England oder sonstwohin fahren können, wie er es seinen Kameraden gegenüber oft genug erwähnt hatte. Aber eben nicht nur ihnen gegenüber. Will gehörte zu denen, die das Herz auf der Zunge tragen, und zumal wenn er eins über den Durst getrunken hatte, vergaß er nur zu leicht, daß ihn seine Redlichkeit in Teufels Küche bringen konnte. So waren denn seine Ansichten über die Rechtsgültigkeit einer in Neusüdwales geschlossenen Ehe auch Arthur Phillip zu Ohren gekommen.

«Dem Gouverneur war hinterbracht worden», berichtet David Collins, «daß man häufig von Bryant vernommen habe, er betrachte die hier von ihm eingegangene Ehe nicht als bindend. Seine Exzellenz ließ den Sträflingen mitteilen, keinem werde gestattet, das Land zu verlassen, sofern er Frau und Kinder habe, die sich nicht selbst ernähren könnten und daher der Kolonie zur Last fallen würden.»

Mary dagegen hatte nur noch zwei Jahre zu verbüßen, aber da eine Rückschaffung von Frauen und Kindern nach England von der Regierung nicht vorgesehen war, kam das für Mary auf lebenslange Verbannung heraus. Dank des Nachschubs, den die Zweite Flotte sowie die *Supply* und die *Waaksamheyd* geliefert hatten, war die Kolonie nicht mehr unmittelbar von einer Hungersnot bedroht, doch das bot keine Garantie dafür, daß sich die Situation nicht schon bald wieder verschlechtern würde. Mary wußte sehr wohl, daß Will sie sitzenlassen konnte, was immer der Gouverneur auch bestimmt haben mochte, und daß die Zukunftsperspektiven einer alleinstehenden Frau mit zwei kleinen Kindern in Sydney Cove alles andere als rosig waren.

Ein Zyniker mag sich fragen, warum Will eine Flucht mit Frau und Kindern riskierte, wenn er es im Alleingang doch viel leichter hätte schaffen können. Man hat dies unter anderem damit zu erklären versucht, daß Mary ihm drohte, sie werde ihn anzeigen, falls er sie und die Kinder nicht mitnehmen würde. Das ist denkbar, paßt aber gar nicht in das Bild, das man sich aufgrund der bekannten Fakten von Mary machen kann. Eine viel plausiblere Erklärung wäre die, daß Will die Flucht nicht ohne Marys Hilfe bewerkstelligen konnte. Zum einen wußte sie mit einem Boot ebenso umzugehen wie die meisten Männer. Zum anderen brauchte er jemanden, der die ganze Sache organisierte. Dafür war Mary besser geeignet als Will, der sich nicht zu häufig mit Detmer Smit sehen lassen durfte, wenn er nicht die allgemeine Aufmerksamkeit auf sich lenken wollte. Smit sollte bei den Fluchtvorbereitungen eine Schlüsselrolle spielen; er konnte nicht nur Lebensmittel und anderes Material beschaffen, sondern auch die Rolle eines Verbindungsmannes übernehmen.

Daß sie es allein nicht schaffen würden, stand für Will und Mary fest – aber wer kam sonst noch für ein solches Unternehmen in Frage? Drei Männer, die Will seinerzeit auf der *Charlotte* kennengelernt hatte und mit denen er seither befreundet war, waren vermutlich von Anfang an mit dabei: James Martin (der Ire, der zur gleichen Zeit wie Mary in Exeter vor Gericht gestanden hatte), James Cox und Sam Bird alias John Simms. Die übrigen vier dagegen, die ebenfalls mitkommen wollten – William Allen, Nathaniel Lilly, William Moreton und Samuel Broom alias John Butcher –, waren erst mit der Zweiten Flotte nach Neusüdwales gekommen. Möglich, daß sie zufällig von dem Fluchtplan erfahren hatten und dann Will unter Druck setzten, damit er sie mitnahm. David Collins stellte nämlich in einem vom Februar 1791 datierten Bericht fest, jemand habe gehört, «daß Bryant mit anderen Sträflingen über einen Fluchtversuch redete». Vermutlich fügte Collins diese Bemerkung aber erst nachträglich hinzu, den es fällt schwer zu glauben, daß er diesem Gerücht nicht nachgegangen wäre und entsprechende Vorkehrungen getroffen hätte.

Daß sich die Verhandlungen zwischen Phillip und Detmer Smit über Wochen hinzogen, kam den Verschwörern sehr zustatten. In dieser Zeit sah man Mary häufig in Gesellschaft von Smit, was unter den Sträflingen einige Verwunderung hervorrief: Sie war ihrem Mann stets treu gewesen, und er erwartete nichts anderes von ihr, was immer er von seiner Ehe halten mochte – und jetzt schien er beide Augen zuzudrücken, ja, er lud diesen unsympathischen Holländer auch noch nach Hause ein. Smit fand Mary sicherlich anziehend und mag sich gewisse Hoffnungen gemacht haben. In einigen Quellen wird angedeutet, sie habe sich als Gegenleistung für seine Hilfe verkauft, doch Beweise dafür gibt es nicht; es war wohl eher so, daß sie ihre Rolle überzeugend spielte.

Anfang Februar 1791 hielten die Bryants den Zeitpunkt für gekommen, Smit ins Vertrauen zu ziehen. Er war bereit, ihnen zu helfen, nicht zuletzt deshalb, weil er Phillip eins auswischen wollte. Überdies hegte er, wie die meisten seiner Landsleute, wenig Sympathie für die Engländer und ihr Bestreben, ihre Präsenz in diesem Teil der Welt zu verstärken. Er war aber auch ein gewiefter Kaufmann und wollte bei der Sache etwas verdienen. Will besaß ein wenig Erspartes, entweder noch von früher oder weil er doch wieder gelegentlich Tauschgeschäfte gemacht hatte; etwas mögen auch die anderen beigesteuert haben. Mary verhandelte mit Smit wegen Navigationsinstrumenten, und er sagte, er könne ihnen einen Kompaß und einen Quadranten verkaufen, außerdem je einen Zentner Reis und Mehl und 14 Pfund Pökelfleisch. Als Zugabe erhielten sie noch zwei alte Musketen mit etwas Munition, ein Zehngallonenfaß für Trinkwasser und, was das Allerwichtigste war, eine Seekarte. Smit meinte, sie müßten versuchen, Niederländisch-Ostindien zu erreichen. Bis dorthin waren es 3000 Seemeilen.

Jedermann mußte soviel wie nur möglich von seinen mageren Rationen abzweigen und Will zur Aufbewahrung abliefern; er hatte unter dem Fußboden seiner Hütte ein Versteck angelegt, wie es in Cornwall bei den

Schmugglern üblich war, ein in die Erde gegrabenes und mit Brettern verschaltes Loch. Nach und nach füllte es sich mit gekauften und aufgesparten Lebensmitteln. Trotz der bösen Erfahrungen, die Will seinerzeit gemacht hatte, tauschte er so oft wie möglich Fisch gegen haltbare Vorräte ein. Das Risiko, erwischt zu werden, hatte sich seit der Ankunft der Zweiten Flotte etwas verringert. In der Kolonie lebten nun annähernd doppelt so viele Menschen, und der Tauschhandel hatte ein solches Ausmaß angenommen, daß sich die Leitung veranlaßt sah, am 11. Februar 1791 folgende Proklamation zu erlassen:

> «Obwohl den Sträflingen zu wiederholten Malen strengstens untersagt wurde, die ihnen aus den öffentlichen Beständen zugeteilten Lebensmittel zu veräußern oder einzutauschen, sei es gegen Geld, alkoholische Getränke oder Tabak, wird solches nach wie vor praktiziert, so daß jene, welche ihre Zuteilung verkauft haben, sich in der Folge an derjenigen anderer schadlos halten. (...) Jedermann ist verpflichtet, seinen Beitrag zu leisten, damit diesem Tun ein Ende gesetzt werden kann. (...) Unter keinen Umständen dürfen von Sträflingen Lebensmittel gekauft oder für ein wie auch immer geartetes Entgelt eingetauscht werden. Für die Anzeige von Personen, die sich einer Übertretung dieses Verbots schuldig gemacht haben, wird eine Belohnung in Höhe von 30 Pfund Mehl ausgesetzt.»

Will war sich darüber im klaren, daß sie noch vor dem Einsetzen des Monsuns fliehen mußten, also spätestens Ende März. Detmer Smit und vermutlich auch Bennelong, mit dem Will nach wie vor verkehrte, bestätigten ihn in dieser Ansicht. Der günstigste Zeitpunkt zum Aufbruch war Ende Februar oder Anfang März.

Am 28. Februar passierte jedoch etwas, was das ganze Unternehmen fast zum Scheitern brachte. Will und seine Mannschaft waren mit dem Kutter zum Fischen hinausgefahren; an Bord befanden sich auch Bennelongs Schwester, ihre beiden Kinder und «ein kleines Mädchen» (wahrscheinlich Charlotte). Auf der Rückfahrt kam plötzlich heftiger Wind auf. Ein Segeltau riß, und das schwerbeladene Boot kenterte. Die Frau nahm ihre Kinder auf den Rücken und schwamm auf das Ufer zu, einer der Männer brachte das dritte Kind in Sicherheit, während sich Will verzweifelt bemühte, das Boot wieder aufzurichten. John Hunt, der Kapitän der *Sirius,* war Zeuge des Unglücks:

> «Mehrere Eingeborene hatten den Zwischenfall bemerkt und leisteten alle erdenkliche Hilfe, ohne welche mit großer Wahrscheinlichkeit einer der Mannschaft [vermutlich Will] ertrunken wäre. Nachdem sie das Boot aufgerichtet hatten, sammelten sie die Riemen und andere Gegenstände ein, die an verschiedenen Stellen an Land gespült worden waren, wobei sich Bennelong besonders hervortat; dieses sein Verhalten veranlaßte Gouverneur Phillip, ihn wieder freundlicher zu behandeln, nachdem er [Bennelong] sich vorher ungehorsam gezeigt hatte. Danach schleppten die Eingeborenen das Boot in die Bucht.»

An eine Flucht war nicht zu denken, bevor der Kutter wieder seetüchtig war. Die beschädigten Planken wurden ersetzt, und das Fahrzeug bekam einen neuen Mast, ein neues Segel und neues Takelwerk. Will konnte sich damit trösten, daß das Boot dann in tadellosem Zustand war – wußte jetzt aber auch, daß es, wenn es voll beladen war, sogar im Küstengewässer leicht kenterte.

Seiner Beschreibung des Bootsunglücks fügte Hunter eine Bemerkung hinzu, wonach die Lage der Kolonie sich etwas verbessert hatte, nur würden alle unter der Hitze leiden; die Temperatur sei auf 106° Fahrenheit (über 40°C) gestiegen. Manchmal stürzten Vögel mitten im Flug zu Boden. «Der Wind blies aus Nordwest und richtete an den Pflanzungen großen Schaden an, weil alles verdorrte. Jene, die im Freien arbeiten mußten, sagten, es sei unmöglich, das Gesicht auch nur für fünf Minuten in die Richtung zu drehen, aus der der Wind blies.»

Phillip notierte in seinem Tagebuch, daß sich die Fledermäuse bei dem heißen Wetter stark vermehrten. Er sah eine, deren Spannweite «gut vier Fuß» betrug, und hielt sich ein Fledermausweibchen als Haustier, «welches den ganzen Tag unbeweglich an einem Fuß hing; und in dieser hängenden Position, den einen Flügel säuberlich über der Brust gefaltet, fraß es einem alles aus der Hand, was man ihm anbot, wobei es wie eine Katze schmatzte». Weiter berichtete er, ein zweiter Vorratsspeicher aus Backsteinen mit einem Ziegeldach sei nun fertig, aber leider nur halbvoll, da die Ernte wegen der Trockenheit mager ausgefallen war. Demnächst könne eine Kaserne bei Rose Hill bezogen werden.

Anfang März, nach zähen Verhandlungen, mußte Phillip die von Kapitän Smit gestellten Bedingungen akzeptieren. Die *Waaksamheyd* wurde also von der Kolonie gechartert und für eine Fahrt nach England ausgerüstet. Sie sollte Kapitän Hunter und die Mannschaft der untergegangenen *Sirius* an Bord nehmen, ebenso mehrere Männer, deren Dienstzeit abgelaufen war, sowie Berge von Depeschen, Rapporten und persönlichen Briefen. Leutnant Phillip King fuhr nun doch nicht mit, sondern ein Leutnant Thomas Edgar, früher Offizier auf der *Juliana*, sollte dafür sorgen, daß alles zu Phillips Zufriedenheit erledigt wurde.

Es dauerte fast einen Monat, bis die *Waaksamheyd* ausgerüstet und alles organisiert war. Für die Bryants hatte das den Vorteil, daß sie ihre Vorbereitungen treffen konnten, ohne Aufmerksamkeit zu erregen; andererseits rückte der letztmögliche Zeitpunkt zum Aufbruch bedrohlich näher. Mit jedem Tag wuchs auch das Risiko, daß jemand etwas ausplaudern könnte. Will – ausgerechnet er – befürchtete, seine Kollegen würden ihren Freundinnen gegenüber nicht dichthalten und diese würden dann die ganze Sache auffliegen lassen.

Endlich, am 27. März, lichtete die *Waaksamheyd* in Port Jackson die Anker. Viele hundert Siedler winkten ihr nach. Sie trug nicht nur die Geschichte der ersten drei schrecklichen Jahre der Kolonie in die Heimat, sondern auch zahllose dringende Bitten um weiteren Nachschub. Wie den Aufzeichnungen der Zurückgebliebenen zu entnehmen ist, beneidete man zwar die Heimkehrer um ihr Glück, hoffte aber auch von Herzen, «daß Gott ihnen eine gute Reise schenken möge», wie es der Gefreite John Easty ausdrückte.

Die Bryants und ihre Gefährten hatten jetzt keine Zeit mehr zu verlieren, und mit der Abfahrt der *Waaksamheyd* schien der günstige Moment gekommen. Daß es ihnen gelang, die letzten Vorbereitungen zu treffen, ohne daß jemand Verdacht schöpfte, ist eine erstaunliche Leistung. Falls irgendwelche anderen Leute von der geplanten Flucht wußten, verrieten sie jedenfalls nichts.

Am 28. März, nach Einbruch der Dunkelheit, traf ein Teil der Gruppe bei den Bryants ein. Die Männer packten sich die Sachen aus dem Versteck auf den Rücken; die anderen würden an verschiedenen, im voraus vereinbarten Punkten des Weges, der zum Strand führte, zu ihnen stoßen. Zum letzten Mal blickte sich Mary in der Hütte um, die fast drei Jahre lang ihr Zuhause gewesen war. Dann nahm sie den schlafenden Emmanuel auf den Arm, griff nach einem Beutel mit «Süßtee»-Blättern und folgte den schwerbeladenen Männern.

Der Kutter lag in einiger Entfernung vom Strand im tiefen Wasser und mußte näher herangebracht werden, wenn die Einschiffung möglichst rasch von sich gehen sollte. Allem Anschein nach schwamm Bennelong oder jemand von seinem Stamm hinaus, kappte das Kabeltau, an dem der Kutter festgemacht war, und schleppte ihn so nahe heran, daß die Erwachsenen hinauswaten konnten. Es war jetzt fast Mitternacht. Ein paar Männer kletterten zuerst an Bord. Man reichte ihnen die Kinder, dann das Gepäck hinauf, und als alles verstaut war, stiegen auch die anderen ein.

In der Siedlung rührte sich nichts. Will gab dem Mann, der das Tau festhielt, ein Zeichen, er könne loslassen. Zu rudern wagten sie nicht, das Geräusch hätte sie verraten können. Die Strömung trug sie aus der Bucht hinaus, und kurz nach Mitternacht glitt der Kutter lautlos durch die Hafeneinfahrt, unbemerkt von dem Soldaten, der dort Wache stand. Erst als sie South Head passiert hatten, wagte Will, das Segel zu setzen. Es blähte sich, und jetzt fuhren sie, von einer starken, gleichmäßigen Brise getrieben, dem offenen Meer und der Freiheit entgegen. Lachend und weinend zugleich fielen sich die Flüchtenden in die Arme. Welch ein Triumph! Sie hatten das scheinbar Unmögliche getan, hatten den Kutter des Gouverneurs gestohlen, ohne sich erwischen zu lassen, und jetzt konnte kein Verfolger sie noch einholen. Was Planung, Organisation und Zusammenarbeit betraf, war ihnen ein Bravourstück gelungen.

Erst um sechs Uhr früh entdeckte man in der Kolonie, daß einige Sträflinge fehlten. Als sich kurz darauf herausstellte, daß auch der Kutter verschwunden war, wurde Alarm gegeben. Der unglückliche Sergeant James Scott, der an der Hafeneinfahrt Wache gestanden hatte und wohl gedöst hatte, erfuhr von der Sache erst, als ein Boot mit einem Trupp Soldaten anlangte, welche «zur Verfolgung von Bryant, einem Sträfling und Fischer im Dienste der Regierung» abkommandiert worden waren. Scott mußte zu seiner Schande gestehen, daß er nichts gesehen und nichts gehört hatte: «Es scheint, daß sie entkommen sind, Gott allein weiß, wohin.» Der junge Gefreite John Easty hat uns eine Schilderung des Vorfalls hinterlassen:

«Heute entwendeten 8 Männer mit 1 Frau und 2 Kindern, alles Sträflinge, ein mit 6 Riemen ausgerüstetes Regierungsboot, sie besaßen ein großes Quantum Lebensmittel, die sie hin und wieder durch Arbeit erworben hatten, und auch ein neues Netz zum Fischen und eine Menge Schreinerwerkzeug aller Art, um das Schiff mit Pritschen auszurüsten, sowie mathematische Instrumente und einen Kompaß, neue Segel und Ruder und 6 Büchsen und alles, was nötig war zu ihrer Flucht, welche zwischen 9 und 12 Uhr nachts durchgeführt wurde. Man vermutete, sie hätten Kurs auf Batavia genommen, doch in Ermangelung eines Schiffs konnte man sie nicht verfolgen, so daß sie entkamen; aber es ist ein verzweifelter Versuch, in einem offenen Boot eine Strecke von 16- oder 17hundert Seemeilen bewältigen zu wollen, besonders für eine Frau und zwei kleine Kinder, das ältere kaum drei Jahre alt; freilich mag der Gedanke an die Freiheit Gefangene veranlassen, alles zu versuchen, um sie zu erlangen, denn in diesem Lande sind sie ihrer Lebtag nichts anderes als Sklaven.»

Easty stand mit seiner Ansicht nicht allein da, und was die Verfolgung betrifft, so hatte er recht: In der Kolonie gab es kein Schiff, das auch nur die geringste Chance gehabt hätte, einen Kutter mit sechs Stunden Vorsprung einzuholen, denn die *Supply* war zu diesem Zeitpunkt wieder einmal unterwegs nach der Norfolkinsel.

«Man verfolgte die Spuren der Flüchtlinge von Bryants Hütte bis zur Südspitze», steht im offiziellen Bericht von David Collins. «Auf dem Weg fand man eine Handsäge, eine Waage und vier oder fünf Pfund Reis, was sie offenbar in der Eile verloren hatten. In der Nähe der Stelle, wo einige von der Gruppe zu ihnen gestoßen sein müssen, fand man ein Schleppnetz aus Regierungsbeständen; da Bryant es offenbar für seine Zwecke nicht für geeignet hielt, nahm er statt dessen ein kleineres Netz mit, das er für einen Offizier angefertigt, jedoch unter dem Vorwand, es sei leider noch nicht fertig, nicht abgeliefert hatte.»

Collins führt die Namen aller Beteiligten mit ihren jeweiligen Delikten und Urteilen auf und setzt hinzu: «Als in der Siedlung bekannt wurde, daß Bryant geflohen war, erfuhren wir, daß Detmer Smit, der Kapitän der *Waaksamheyd*, ihm einen Kompaß und einen Quadranten verkauft und ihm auch eine Seekarte gegeben habe, dazu solche Informationen, als ihm auf seiner Fahrt nach Norden von Nutzen sein konnten.» Daß Collins diese Einzelheiten erwähnt, deutet darauf hin, daß irgendwelche Leute schon vorher Bescheid wußten. Er schreibt weiter:

«Bei der Durchsuchung von Bryants Hütte fand man unter dem Fußboden Löcher, wo er den Kompaß und andere Gegenstände verborgen hatte; und er bewerkstelligte seine Flucht mit so viel Geschick, daß trotz der Gerüchte, wonach er so etwas im Sinn habe, niemand wußte, wie weit seine Vorbereitungen gediehen waren, noch zu welchem Zeitpunkt er zu fliehen gedachte. Die meisten seiner Gefährten hatten Beziehungen zu Frauen; doch falls diese etwas wußten, verhielten sie sich ihnen gegenüber so loyal, daß sie nichts verrieten. Hätten die Frauen eine tiefere Zuneigung für sie empfunden oder sich um sie gesorgt oder sich gegen eine Trennung gesträubt, so hätte sich vielleicht die eine oder andere veranlaßt gesehen, das Unternehmen anzuzeigen; aber da ihnen gleichgültig war, ob sie fliehen oder bleiben würden, behielten sie alles für sich. Am folgenden Morgen fand man einen Brief, den James Cox für eine dieser Frauen, Sarah Young, zurückgelassen hatte, und zwar an einem Ort, wo er in seiner Freizeit Tischlerarbeiten auszuführen pflegte. Darin beschwor er sie, den Lastern zu entsagen, welche, wie er sagte, in der Siedlung gang und gäbe waren, und vermachte ihr die wenigen Habseligkeiten, die er nicht mitgenommen hatte; und als Grund für seine Flucht nannte er die Hoffnungslosigkeit seiner Lage, da er auf Lebzeiten deportiert sei und für ihn keine Aussicht auf einen Straferlaß bestehe noch darauf, das Land jemals zu verlassen, es sei denn auf solche Weise, wie er es vorhabe.»

Drei der Geflohenen verbüßten in der Tat eine lebenslange Strafe, hatten also nichts zu verlieren. «Es wurde vermutet», so Collins weiter, «daß sie Kurs auf Timor oder Batavia nehmen würden, da sie ja von dem holländischen Kapitän Hilfe und Ratschläge erhalten hatten.»

Im September 1790 hatten fünf Sträflinge ein Boot

der Küstenwache gestohlen und waren unvorbereitet und unausgerüstet einfach drauflosgefahren. Man hatte nie mehr etwas von ihnen gehört. Im Gegensatz zu diesen Männern, berichtet Collins,

> «... hatte Bryant seit langem jede Gelegenheit benutzt, Fisch gegen anderen Proviant einzutauschen, und sein Boot war solide gebaut und gut ausgerüstet, so daß kein Grund vorlag zu bezweifeln, daß sie Timor erreichen würden, sofern sie nicht Streit untereinander bekämen und sofern sie sich, wo immer sie landen sollten, vor den Eingeborenen in acht nähmen. Von William Morton hieß es, er verstehe etwas von Navigation; James Cox hatte sich bemüht, diesbezügliche Auskünfte zu erhalten; und Bryant und Bird wußten im Umgang mit einem Boot ausgezeichnet Bescheid.»

Daß auch Mary ausgezeichnet mit einem Boot umgehen konnte, war Collins entweder nicht bekannt, oder er hielt es nicht für erwähnenswert. «Was für eine Geschichte sie bei ihrer Ankunft, in welchem Hafen auch immer, erfinden mögen, die plausibel genug ist, um keinen Verdacht über ihre tatsächliche Identität aufkommen zu lassen, das kann man sich freilich nicht gut vorstellen», meint er und versichert, in Zukunft werde man *jedes* Gerücht über eine geplante Flucht, so unwahrscheinlich es auch klingen möge, sehr ernst nehmen. Ab sofort werde man des Nachts an sämtlichen Anlegestellen Wachen postieren, und kein Boot dürfe die Bucht verlassen, ohne daß dem zuständigen Offizier Meldung erstattet worden sei. Überdies müsse diesem eine Liste mit den Namen all jener, welche Boote benutzen durften oder im Fischfang beschäftigt waren, ausgehändigt werden, «um zu verhindern, daß Sträflinge sich eines Bootes bemächtigen unter dem Vorwand, sie wollten fischen oder sonst eine Arbeit besorgen».

Watkin Tench muß sich insgeheim über die gelungene Flucht gefreut haben, denn

> «... ich sehe tagtäglich von Krankheit und Hunger gezeichnete Menschen, die unter furchtbaren Bedingungen ums Überleben kämpfen. Wie schlimm sind die Folgen der Unterdrückung, wie groß die Furcht vor der Strafe! So verrichten sie, trotz der unzureichenden Verpflegung, ihre schwere Arbeit: der Schmied an der rauchenden Esse; der Holzsäger in der Grube, der Akkermann auf der unfruchtbaren Scholle.
> Doch niemand kann ohne ausreichende Nahrung auf die Dauer solche Mühsal ertragen. Jede Gemeinschaft, die ihren Anstand bewahren will, müßte zuallererst darauf bedacht sein, daß die Menschen keine Not leiden. Die Qual des Hungers ist stets mächtiger als der Wille zum Guten ...»

Die Bedingungen, welche die Bryants und ihre Gefährten dazu trieben, eine gefahrvolle Flucht zu wagen, waren in der Tat furchtbar. Aber sie waren viel weniger furchtbar als das, was spätere Deportierte zu ertragen hatten, auch wenn die Zeit von 1788 bis 1791 als «Hungerjahre» in die Geschichte Australiens eingegangen sind. Die Kolonie auf der Norfolkinsel mit ihren berüchtigten Bunkern wurde zum Synonym für Sadismus und Folter; schon damals bestrafte man dort das kleinste Vergehen mit totaler Isolation und Deprivation – eine traurige «Pionierleistung» ...

Als man kein Land mehr sehen konnte und sich die unendliche Weite des Ozeans vor ihnen auftat, machte sich Mary Bryant im Heck des Kutters einen Platz zurecht, setzte das Baby auf ihre Knie und übernahm das Steuerruder.

14. Kapitel

Allen Gefahren zum Trotz

Es existierten damals zwei Berichte aus erster Hand über die abenteuerliche Fahrt von Australien nach Osttimor: eine Art Logbuch, das Will unterwegs führte, und ein «Memorandum» von James Martin, zum größten Teil erst nach der Rückkehr in die Heimat geschrieben. Bis in die 1930er Jahre, als Frederick Pottle, Herausgeber der Werke von James Boswell, seine Monographie *Boswell and the Girl from Botany Bay* veröffentlichte, galten beide Dokumente als verloren. Dann kam im Nachlaß von Jeremy Bentham das sogenannte «Martin-Memorandum» zum Vorschein, das sich heute im Archiv der London University befindet. Bryants Aufzeichnungen sind nie gefunden worden, und daß es sie einmal gab, wissen wir nur aufgrund einer merkwürdigen Verkettung von Umständen, die sich für die Bryants und ihre Gefährten als schicksalhaft erweisen sollten.

Am 27. April 1789 ereignete sich ein Vorfall, der seinerzeit großes Aufsehen erregte und der aufgrund vieler Bücher und Filme noch heute einem breiten Publikum präsent ist: die Meuterei auf der *Bounty*. Ebenso wie Bryant und seine Schicksalsgenossen meisterte auch Kapitän William Bligh damals mit einigen Getreuen eine beachtliche Fahrt in einem offenen Beiboot. Ihm und seinen Leuten gelang es, im Juni 1789 die holländische Niederlassung Kupang auf Osttimor zu erreichen. Ob die Zeitungen, die mit der Zweiten Flotte nach Sydney gelangten, darüber berichteten, ist nicht belegt, aber sicherlich hatte Detmer Smit Kenntnis von diesem Vorfall. Als Bligh sich ein zweites Mal in Kupang aufhielt, zeigte man ihm Bryants Aufzeichnungen, und einige Passagen daraus finden sich in den unveröffentlichten Papieren Blighs, die heute in der Mitchell Library in Sydney aufbewahrt werden. Bligh durfte am 2. Oktober 1792, nachdem er «den Gouverneur dazu überredet hatte», Einblick in das Dokument nehmen. Es war in seinen Worten «ein mit eigener Hand geschriebener und sehr kluger Bericht» mit dem Titel *Reminescences [sic] on a Voyage from Sydney Cove, N. S. W., to Timor, by William Bryant.* Bligh wollte eine Zusammenfassung mit Originalzitaten anfertigen, aber «... ich fühlte mich zu krank, und die Zeit war zu kurz, um das Tagebuch abzuschreiben. Ich beauftragte jemand anderen damit, doch er wurde nicht einmal mit dem ersten Viertel fertig.»

Die hier folgende Schilderung stützt sich also auf die schriftlichen Berichte Bryants und Martins sowie spätere Aussagen von Überlebenden.

Aus allen geht klar hervor, daß sich die Haltung der Männer dem Ehepaar Bryant gegenüber bald änderte, nachdem der Kutter das offene Meer erreicht hatte, denn jetzt war es Mary, die die Initiative ergriff, und ohne ihre Beherztheit wären sie wohl nicht durchgekommen. Von dem Tag an, da sie in Plymouth verhaftet wurde, hatte Mary stets nur ein Ziel vor Augen gehabt: zu überleben. Im Gefängnis, auf der *Dunkirk*, während der Überfahrt nach Neusüdwales, in der Strafkolonie – immer hatte sie die geltenden Regeln befolgt, und diese Regeln besagten, daß der Mann befahl und die Frau zu gehorchen hatte. Doch sobald sie auf hoher See waren, stellte sich heraus, daß sie und nicht Will den Mut und die Willenskraft besaß, die ein so waghalsiges Unternehmen erforderte. Will war zwar ein erfahrener Seemann, aber allem Anschein nach verlor er allen Mut, wenn es gefährlich wurde, und immer war es dann Mary, die ihn und die anderen zum Durchhalten anspornte.

Nur Menschen, die nichts zu verlieren hatten, konnten sich auf ein solches Unternehmen überhaupt einlassen. Um nach Osttimor zu gelangen, mußten sie die australische Ostküste entlang nach Norden segeln, einen guten Teil dieser Strecke zwischen dem Großen Barriereriff und dem Festland; sie mußten die wegen ihrer Untiefen und Korallenriffe berüchtigte Torresstraße passieren und dann in westlicher Richtung die Arafura-See überqueren, viele hundert Seemeilen über Gewässer, die damals noch kaum erforscht waren. Bei so vielen Leuten in einem so kleinen Boot war es überlebenswichtig, in kurzen Abständen an Land gehen und Trinkwasser aufnehmen zu können. Aber nur zu oft zogen sie an wunderschönen Sandstränden vorüber und konnten nicht anlegen, weil die schwere Brandung zu gefährlich war.

Am ersten Reisetag, nachdem sie mehrere Stunden gute Fahrt gemacht hatten und sich vor Verfolgern sicher fühlten, stellten sie eine genaue Inventarliste auf. James Martin zufolge bestand ihr Lebensmittelvorrat aus je einem Zentner Mehl und Reis, einem kleinen Quantum Pökelfleisch und etwa acht Gallonen (36 Liter) Trinkwasser. Gemäß den Aufzeichnungen Blighs hatte Bryant außer dem Fischernetz, den nautischen Instrumenten und der Seekarte auch einen Dregganker, Nägel sowie Harz und Bienenwachs zum Kalfatern undichter Stellen mitgenommen. Seine Vermutung, daß es mit dem Kutter irgendwann Probleme geben könnte, sollte sich als richtig erweisen.

Während der beiden folgenden Tage konnten sie vor dem Wind segeln, jetzt wieder in Sichtweite der Küste. Dann sprang der Wind um, der bis dahin stetig aus Nord-Nordost geweht hatte, und so gingen sie in einem schmalen Meeresarm etwa zwei Grad nördlich von Port Jackson vor Anker. Sie blieben zwei Tage dort, um Nahrung und Trinkwasser zu suchen. Mary fand eine Pflanze, die ähnlich aussah wie Kohl und auch so schmeckte. Wie Bryant notierte, machten sie auch noch einen anderen Fund: «Wir fingen etliche Meerbarben und stellten das Boot instand; danach gingen wir dem Ufer entlang, und da wir mehrere große Kohlestücke herumliegen sahen, hielten wir es für möglich, daß es in der Nähe eine Grube gab, und nachdem wir eine Zeitlang gesucht hatten, fanden wir eine Stelle, wo wir mit der Axt Kohle herausschlagen konnten, die so gut war wie englische; wir machten ein Feuer damit an, und sie brannte ausgezeichnet.» Martin berichtete, während ihres Aufenthalts hätten sich einige neugierige Eingeborene gezeigt und er habe ihnen einige Kleidungsstücke gegeben, worauf diese «sehr befriedigt davongingen». Sie nannten den Ort ihrer ersten Landung Fortunate Cove, die «Glücksbucht».

Diesen Rhythmus – mehrere Tage auf See, danach zwei Tage an Land, um den Nahrungs- und Wasservorrat zu ergänzen und allfällige Reparaturen vorzunehmen – behielten sie danach soweit wie möglich bei. Wie sich bald herausstellte, eignete sich der Kutter für Spazierfahrten des Gouverneurs in Sydney Cove oder auch für den Fischfang bei schönem Wetter, nicht aber für eine längere Fahrt. Dauernd waren Fugen leck, und das Boot lag wegen der schweren Fracht so tief im Wasser, daß es jedesmal, wenn der Wind auffrischte, vollief.

Am 1. April gab Bryant ihre Position mit 33°20' südlicher Breite an. Am folgenden Nachmittag entdeckten sie einen Meeresarm mit einem guten Ankerplatz und gingen von Bord, um die Gegend zu erkunden. Es war ein natürlicher Hafen, der sich, wie Martin meinte, meilenweit ins Landesinnere erstrecken mußte und laut

Bryant «Sydney bei weitem übertraf». Wo genau das war, läßt sich nicht feststellen; es könnte sich um Port Stephen, Port Macquarie oder Moreton Bay gehandelt haben.

Bryant hegte nun ernstliche Zweifel an der Seetüchtigkeit des Boots. Er beschloß, es müsse an Land geschafft werden, damit die lecken Fugen mit Harz und Wachs abgedichtet werden konnten. Sie legten an einer Stelle an, wo es reichlich Trinkwasser gab, und Mary nutzte den Aufenthalt, um als Notvorrat Fisch einzusalzen und große Wäsche zu machen. Auch diesmal wurden sie von Aborigines beobachtet, die aber keine Anstalten machten, die Fremden fortzujagen. Es war das letzte Mal, daß eine solche Begegnung friedlich verlief.

Allem Anschein nach hielten sie Daten und Wochentage sorgfältig fest, denn «am folgenden Sonntag», wie Martin notierte, wollte Will abermals anlegen, um den Kutter zu reparieren. Wegen der starken Brandung und heftigem Landwind mißglückte der erste Versuch, und erst ein gutes Stück weiter fanden sie eine geeignete Stelle. Doch als sie eben dabei waren, das Gepäck auszuladen, tauchte eine Schar Aborigines auf und griff sie mit Speeren an. Während Mary schleunigst die Kinder in Sicherheit brachte, versuchten die Männer den Aborigines zu erklären, sie seien nicht in feindlicher Absicht hergekommen; diese ließen sich aber nicht besänftigen. Will bekam es mit der Angst zu tun und schoß eine Musketensalve in die Luft, worauf die Angreifer abzogen. Will verzichtete auf die Reparatur.

Er selbst, Will Moreton, James Cox und Mary lösten einander an der Ruderpinne ab, Moreton und Bryant navigierten zudem. Wann immer möglich, setzten sie beide Segel, um rascher voranzukommen; gerieten sie in eine Flaute, mußte sich jeder der Reihe nach tüchtig in die

Riemen legen. Nach dem Zwischenfall mit den feindseligen Aborigines wählten sie als nächsten Landeplatz «eine kleine weiße Sandinsel» inmitten eines natürlichen Hafens und zogen den Kutter ans Ufer, damit der Rumpf repariert werden konnte. Zwei Tage lang ließen sich keine Aborigines blicken, und so ruderten sie zum Festland hinüber, um das Trinkwasserfaß zu füllen und «Kohlblätter» zu sammeln. Erst als sie wieder den Anker lichteten, tauchten ein paar Aborigines auf, solche, die laut Martin ganz anders aussahen als alle, die sie bislang angetroffen hatten; ihre Haut und ihr Haar waren «von einem ausgeprägten Kupferrot». Sie hatten aus Rinde gefertigte Kanus dabei, machten aber keine Anstalten, den Kutter zu verfolgen.

Bis dahin hatte sich das Wetter von seiner besten Seite gezeigt, und Bryant glaubte schon, daß sie dem Monsun entgehen würden. Aber er hatte sich zu früh gefreut, denn jetzt schlug das Wetter um, ein sicheres Anzeichen für den kommenden Monsun. Mehrere Tage lang konnten sie wegen des stürmischen Landwindes nicht anlegen; als sie es einmal doch wagten, mußten sie den Versuch wegen der starken Brandung rasch aufgeben. Alle an Bord waren in einer verzweifelten Lage.

Zum ersten Mal äußerte Will ernsthafte Zweifel am Gelingen des Unternehmens. Mary wollte nichts davon wissen und hielt den Männern vor, jetzt sei wahrlich nicht der Moment, einfach aufzugeben. Sie hatten guten Zuspruch bitter nötig, denn obwohl nun der Wind etwas nachließ, war es unmöglich zu landen; der Kutter hätte in der Brandung kentern können. Will drehte vor der Küste bei, und zwei der Männer schwammen an Land, um Trinkwasser zu holen. Sie kehrten unverrichteter Dinge zurück: Eingeborene hatten sie überrascht und davongejagt.

Der Kutter drohte vollzulaufen und konnte nur mit großer Mühe über Wasser gehalten werden. Erst nach langem Suchen entdeckten sie eine Flußmündung, aber dort war das Wasser nur fünf oder sechs Fuß tief, so daß Will, wie er schrieb, «Schwierigkeiten hatte, das Boot über die seichte Stelle hinweg in den Flußlauf zu bekommen». Blighs Kommentar: «Er manövrierte das Boot mit viel Geschick, ohne es zu beschädigen.» Harz und Bienenwachs waren längst aufgebraucht, aber der erfinderische Martin kam auf die Idee, den Bootsrumpf mit Seife abzudichten. Sie fanden reichlich Trinkwasser, aber keine Fische oder Schalentiere, und so stachen sie wieder in See und schafften in flottem Tempo eine Strecke von zwanzig Seemeilen.

Dann aber brach der Monsun mit seinen starken Winden und heftigen Regengüssen über sie herein. Gewaltige Seen ließen den Kutter schnell vollaufen, so daß sie alles, was nicht unbedingt lebensnotwendig war, über Bord werfen mußten, «um das Fahrzeug leichter zu machen». Der Sturm trieb sie weit aufs offene Meer hinaus. Acht Tage lang sahen sie die Küste nicht mehr und mußten befürchten, daß ihnen Wasser und Nahrung ausgehen würden, bevor sie landen konnten. «Durst und Hunger quälten uns alle sehr», schrieb Martin. Aber Mary, berichtete er weiter, habe sie auch diesmal zum Weitermachen angetrieben. Man fragt sich, wie sie es schaffte, auch noch zwei kleine Kinder ruhig zu halten, für die eine solche Reise eine Tortur gewesen sein muß.

Der erste Versuch, an Land zu gehen, nachdem der Sturm etwas nachgelassen hatte, mißglückte abermals, und da es rasch dunkelte, beschloß Will, vor der Küste beizudrehen. Er sicherte den Kutter mit Anker und Dregganker, aber in den frühen Morgenstunden gaben beide nach, und jetzt, so Martin, «schien uns der Tod gewiß, denn wir glaubten nichts anderes, als daß die Wellen das Boot zerschmettern würden und wir allesamt ertrinken müßten». Im Lauf des Morgens gelang es ihnen jedoch, eine geschützte Bucht anzusteuern. Hier fanden sie Trinkwaser und reichlich Muscheln, die sie kochten und verzehrten. Endlich konnten sie auch wieder ihre Kleidung trocknen.

Trotz aller Schwierigkeiten kamen sie voran, langsam, aber stetig, immer weiter nach Norden. An einem Ort, den sie White Bay tauften, stießen sie auf zwei Eingeborenenfrauen, die mit ihren Kindern am Feuer saßen. Mary machte ihnen verständlich, daß sie nichts zu befürchten hätten und daß sie nur ein glühendes Scheit wollten, um ebenfalls Feuer zu machen.

Obwohl White Bay ein sicherer und angenehmer Aufenthaltsort war, blieben sie nicht lange dort. Sie hatten noch Hunderte von Seemeilen vor sich, und mit einer bleibenden Wetterbesserung war nicht zu rechnen. Wenige Tage darauf liefen sie denn auch geradewegs in einen Sturm, der weit schlimmer war als alles, was sie zuvor erlebt hatten. Die Wogen «türmten sich zu Bergen», der Kutter wurde bald in schwindelerregende Höhen getragen, um dann in fürchterliche Abgründe geschleudert zu werden. Sie refften das Großsegel, um besser Fahrt zu machen, aber das nutzte nicht viel. «So blieben wir die ganze Nacht, den Bug zum offenen Meer, und dachten, jeder Augenblick sei unser letzter, da die Seen mit solcher Gewalt auf uns zurollten», erinnerte sich Martin.

Mary jedoch wollte nicht aufgeben. Sie riß einem der Männer den Hut vom Kopf, begann zu schöpfen und rief den anderen zu, sie sollten es ihr nachtun. Was für Männer sie denn seien, daß sie nur jammernd dahockten, während das Boot unter ihnen sank, und nicht den kleinsten Versuch machten, um ihr Leben zu kämpfen? Sie mußten das Wasser ausschöpfen, und zwar so schnell sie konnten und bis sie vor Erschöpfung umkippten! Die Männer gehorchten. Mary übernahm das Steuer und versuchte, auf Kurs zu bleiben. Sie wolle nicht ertrinken, schrie sie die Männer an, niemand in diesem Boot dürfe an so etwas denken! Und so, mit Verwünschungen und ermutigenden Worten, brachte sie die anderen schließlich dazu, das Boot leerzuschöpfen. Sie redete auf sie ein, bis der Sturm abflaute, und nicht ein einziges Mal, versichert uns James Martin, gab sie ihrer eigenen Angst nach, obwohl die Kinder in einem erbärmlichen Zustand waren.

Irgendwann – inzwischen muß sogar Mary sich gedacht haben, daß dieser Sturm nie enden würde – erreichten sie die ruhigen Gewässer zwischen dem Festland und dem Barriereriff, eine Region mit zahllosen Inselchen und Korallenriffen, wo ihnen andere Gefahren drohten. Sie mußten jetzt unbedingt an Land gehen, auch wenn sie riskierten, von Eingeborenen überfallen zu werden, denn sie hatten fast kein Trinkwasser mehr und kaum noch etwas zu essen.

Sie fanden eine kleine Insel, wo sie endlich Feuer machen konnten und mit dem letzten Trinkwasser ein wenig Reis kochten. Eine Quelle gab es hier nicht, auch keine Muscheln oder Schalentiere. Aber als Ebbe eintrat, sahen sie, daß man bis zu einem etwa eine halbe Meile entfernten Riff hinausgehen konnte. Einige von ihnen machten sich auf den Weg und entdeckten eine ganze Kolonie Schildkröten, die dort draußen brüteten. Die Männer schleppten fünf der Tiere zum Lagerplatz zurück; eines wurde unverzüglich geschlachtet, und nun gab es, zum ersten Mal seit langem, ein üppiges Mahl. Zu allem Überfluß fiel in der Nacht auch noch reichlich Regen, und mit Hilfe der am Boden ausgebreiteten Segel konnten sie mehrere Kannen füllen.

Sechs Tage lang blieben sie auf dieser Insel und erholten sich von den Strapazen. Sie schlachteten insgesamt ein Dutzend Schildkröten und trockneten das Fleisch, um ihren Vorrat aufzustocken. Zudem fanden sie dichtbelaubte Büsche mit wohlschmeckenden Beeren, und es gab verschiedene Arten von Vögeln, die sich abends in Sandlöchern verkrochen. Bevor sie wieder in See stachen, dichteten sie den Bootsrumpf abermals mit Seife ab. Laut Martin befanden sie sich jetzt auf 26°27' südlicher Breite.

Durch das Barriereriff vor der rauhen See geschützt, fuhren sie weiter in nördlicher Richtung, wobei sie hin und wieder einen kurzen Halt einlegten, um Wasser an Bord zu nehmen und nach Nahrung zu suchen. Schildkröten fanden sie nicht mehr, aber sie fingen Fische und Schalentiere. Ohne das Fleisch der Schildkröten und den Fisch, schreibt Martin, wären sie gewiß verhungert.

Schließlich erreichten sie die Kap-York-Halbinsel, den nördlichsten Punkt des Kontinents, passierten die Torresstraße und segelten der Küste des Carpentariagolfs entlang. Auch hier gab es zahlreiche kleine Inseln, von denen die meisten bewohnt waren, doch die Aborigines zeigten sich alles andere als freundlich gesinnt. Schon beim ersten Versuch, an Land zu gehen, kam es zu einem gefährlichen Zwischenfall. Die Aborigines hatten den Kutter beobachtet, und sobald er sich dem Ufer näherte, bestiegen je zwei Männer ein Kanu; während der eine paddelte, machte sich der zweite mit erhobenem Speer zum Angriff bereit. Diesmal ließen sich die Krieger nicht durch Musketenschüsse vertreiben, sondern legten die Speere nieder, griffen nach ihren Bogen und begannen, ganze Salven von Pfeilen auf den Kutter abzuschießen. «Durch

Gottes Gnade jedoch», so Martin, landeten die Pfeile alle im Wasser. Sie waren etwa 18 Zoll lang und mit scharfen Widerhaken versehen, hätten also großen Schaden anrichten können. Die Bewohner dieser Inseln waren größer und kräftiger gebaut und von dunklerer Hautfarbe als alle Aborigines, die sie bisher gesehen hatten. Scheinbar aus dem Nichts tauchten noch mehr Kanus auf, eines davon mit einem Mann, der wohl ein Stammeshäuptling sein mußte, denn er trug eine prächtige, vielfach gewundene Muschelschnur um die Schultern.

Mit so vielen Passagieren an Bord ließ sich der Kutter nur langsam wenden, aber nachdem beide Segel gesetzt waren, entkamen sie ihren Verfolgern. Da sie für die Überfahrt nach Timor unbedingt einen größeren Trinkwasservorrat brauchten, gingen sie bei der nächsten günstigen Stelle wieder an Land, obwohl sie in der Nähe etwa zwanzig Hütten mit schilfbedeckten Dächern erblickt hatten. Menschen waren nicht zu sehen. Sie nahmen Wasser an Bord – unbemerkt, wie sie glaubten – und segelten ein Stück weiter die Küste entlang bis zu einer Stelle, wo sie die Nacht verbrachten. Als sie jedoch am folgenden Tag zurückkehrten, um noch mehr Wasser zu schöpfen und Früchte und «Kohlblätter» zu sammeln, gerieten sie in einen Hinterhalt.

Der Strand wirkte ebenso verlassen wie am Vortag. Dann aber, als sie näher heranfuhren, tauchten plötzlich zwei riesige Praue auf, Fahrzeuge einer Bauart, die ihnen vollkommen unbekannt war, mit Auslegern, Mattensegeln, Ruderbänken und Plattformen, eine jede groß genug für dreißig bis vierzig Krieger. Zu den ersten beiden gesellten sich bald weitere.

«Wir warfen das Ruder herum», berichtet Martin, «entschlossen, mit so viel Wasser, wie wir an Bord hatten, den Golf zu überqueren, eine Strecke von etwa 500 Seemeilen.» Es dauerte mehrere Stunden, bis sie die Verfolger abgehängt hatten. Eines stand jetzt fest: Wenn sie mit dem Leben davonkommen wollten, mußten sie Timor so bald wie möglich erreichen. Sie riskierten nur noch eine Landung an der australischen Küste, so daß sie wenigstens genügend Trinkwasser an Bord nehmen konnten, bevor sie zur letzten Etappe aufbrachen.

Von den letzten drei Wochen dieser Reise ist uns leider kein schriftliches Zeugnis erhalten geblieben, obwohl Kapitän Bligh zufolge Bryant auch in dieser Zeit sein Logbuch führte – es handelt sich um jene drei Viertel des Textes, die abzuschreiben Blighs Beauftragter keine Zeit mehr hatte. «Die Breiten und Distanzen wurden nicht regelmäßig notiert», schreibt Bligh, «so daß die verschiedenen Orte, die sie anliefen, nicht mit Sicherheit identifiziert werden können. Im übrigen jedoch sind die Aufzeichnungen klar und verständlich, und sie beweisen, daß der Verfasser ein wagemutiger, erfinderischer Mensch gewesen sein muß.» Bemerkenswert sei die Tatsache, daß trotz aller Entbehrungen und Gefahren, die diese Reise mit sich brachte, «nicht eine einzige Person ums Leben kam».

Einer von Blighs Männern, Leutnant Tobin, hatte den Bericht ebenfalls gelesen und bemerkte dazu: «Dieser Mann [Bryant] hatte seine Lebensgefährtin und ihre beiden Kinder mit dabei, welche ihre Leiden mit mehr Tapferkeit ertrugen als alle anderen.»

Von der letzten Etappe ist nur bekannt, daß günstige Winde vorherrschten, daß die Passagiere mit einem Minimum an Wasser und Nahrung auskommen mußten und daß der Kutter trotz seiner Mängel standhielt.

Am 5. Juni 1791, 69 Tage nachdem sie Port Jackson verlassen hatten, erblickten die Flüchtlinge die Küste von

Osttimor. Sie hatten 3254 Seemeilen zurückgelegt, die letzten 1200 über offenes Meer – eine der hervorragendsten Leistungen in der Geschichte der Seefahrt, eine, die derjenigen von Kapitän Bligh in nichts nachsteht, zumal wenn man bedenkt, daß dieser ein erstklassiger Navigator war und daß sich unter seinen Begleitern auch der Steuermann der *Bounty* befand. Obwohl William Bryant und William Moreton erfahrene Seeleute waren, verfügten sie bei weitem nicht über die Kenntnisse von Männern wie diesen. In den Worten eines Schiffahrtsexperten: «Allein schon was die Navigation anbelangt, bildet diese Fahrt eine Klasse für sich.»

In den Abendstunden des 5. Juni machte Bryant den Kutter an einem der Kais von Kupang fest. Wie Kapitän Bligh zwei Jahre und neun Tage vor ihm hatte er sein Ziel mit größter Präzision angesteuert – wahrlich ein Meisterstück.

Alle Ängste und Sorgen lagen hinter ihnen. Der Verfasser eines später im *London Chronicle* veröffentlichten Berichtes schrieb: «Sie konnten unmöglich eine Vorstellung haben von der Distanz, die sie zurücklegen mußten, oder von den Gefahren, die ihnen drohten, und zwar nicht nur auf See; überdies hatte gerade der Monsun begonnen, und es herrschten widrige Winde. Dennoch setzten sie lieber ihr Leben aufs Spiel, als am anderen Ende der Welt ein elendes Dasein zu fristen.»

15. Kapitel

Das Verhängnis

Während der langen Fahrt hatten die Flüchtlinge reichlich Zeit gehabt, sich eine glaubhafte Erklärung für ihre Herkunft auszudenken. Die einleuchtendste war die, daß sie Schiffbrüchige seien, hatte die Südsee doch schon unzählige Opfer gefordert. Also gab sich Bryant den holländischen Behörden gegenüber als William Broad aus, Superkargo eines englischen Walfängers (das erklärte auch, warum er Frau und Kinder dabeihatte), der in der Nähe des Großen Barriereriffs gesunken sei.

Daß es ihm wie seinerzeit Kapitän Bligh gelungen war, in einem offenen Boot bis nach Timor durchzukommen, schien allen bis hinauf zum Gouverneur, Timotheus Wanjon, durchaus glaubhaft. Will schmückte seine Geschichte noch weiter aus und berichtete, der Kapitän und ein Teil der Mannschaft hätten sich in einem zweiten Boot retten können, welches sie dann aber aus den Augen verloren hätten; jedenfalls sei es sehr wohl möglich, daß über kurz oder lang noch weitere Überlebende auf Timor eintreffen würden. Er ahnte nicht, daß diese erfundenen Einzelheiten mit dazu beitragen sollten, daß die Sache schließlich aufflog.

Die «Schiffbrüchigen» brauchten dringend Nahrung, Kleidung und Unterkunft. Wanjon war bereit, ihnen das zu verschaffen. Für die Kosten würde später die britische Regierung aufkommen, da Will ja der Handelsmarine angehörte; er brauche nur die entsprechenden Papiere zu unterzeichnen. Will stimmte zu und unterschrieb alles, was man ihm vorlegte, mit «William Broad».

«Wanjon nahm uns mit großer Zuvorkommenheit auf und füllte unsere Bäuche und kleidete uns neu ein», berichtet James Martin in seinem Memorandum. Es dauerte nicht lange, bis die Männer Arbeit fanden (vermutlich in den Docks), und alle waren zwei Monate lang «sehr glücklich». Bald wußte ganz Kupang über ihre wundersame Rettung Bescheid, und Mary, die soviel Mut und Entschlossenheit gezeigt hatte, wurde von jedermann mit Lob überschüttet, auch von Will, jedenfalls in der ersten Zeit – später hatte er dann immer öfter etwas an ihr auszusetzen. Die Holländer schlossen die heroische junge Mutter ins Herz, von der ihre Mitreisenden versicherten, daß die Rettung der Mannschaft zu großen Teilen ihr Verdienst sei. Jetzt konnte sich Mary die wohlverdiente Erholung gönnen und sich um ihre Kinder kümmern, die von erlittenen Entbehrungen sehr mitgenommen waren.

Im Gegensatz zu Batavia, dem «Grab des weißen Mannes», hatte Timor ein sehr angenehmes Klima. Ein Zeitgenosse, Schiffsarzt, rühmte Kupang als «Montpellier des Ostens für die holländischen und portugiesischen Siedlungen in Indien, der guten Luft wegen bei den Kranken und Erholungsbedürftigen von Batavia und anderswo äußerst beliebt». Die Insel, so groß wie England, war nicht nur landschaftlich reizvoll, sondern auch sehr fruchtbar; sie führte Bienenwachs, Honig und Sandelholz aus und war als einer der wichtigsten Umschlagplätze der Holländisch-Ostindischen Kompanie von strategischer Bedeutung. In Kupang lebten Angehörige aller Rassen und Religionen.

In dieser schönen Umgebung erholten sich die Flüchtlinge nun von den durchgemachten Strapazen und genossen ihre wiedergewonnene Freiheit. Ihr Glück sollte jedoch nur von kurzer Dauer sein.

Kapitän Bligh und seine Leute waren im März 1790 nach London zurückgekehrt und hatten die Behörden von der Meuterei auf der *Bounty* in Kenntnis gesetzt. Regierung und Admiralität beschlossen, ein Exempel zu statuieren und eine Strafexpedition auszuschicken. Mit der Leitung des Unternehmens wurde ein Mann beauftragt, der in der britischen Marine nicht eben den besten Ruf hatte. So kontrovers das rigorose Regime Kapitän Blighs auf der *Bounty* beurteilt wurde, so einhellig waren die Meinungen in bezug auf Kapitän Edward Edwards, dessen Name zum Inbegriff der Unmenschlichkeit werden sollte.

Im August 1790 übernahm Edwards das Kommando der Königlichen Fregatte *Pandora* mit 160 Mann Besatzung und 24 Kanonen. Sein Auftrag lautete, nach Tahiti zu fahren, wo Bligh die Meuterer vermutete. Falls er sie dort nicht finden würde, sollte er seine Suche auf weitere Inselgruppen der pazifischen Region ausdehnen. Wie wir heute wissen, hatten sich die Meuterer zu diesem Zeitpunkt bereits getrennt; eine Gruppe war auf Tahiti geblieben, die andere war unter dem Kommando von Fletcher Christian nach Pitcairn gesegelt und hatte dort eine Siedlung gegründet.

Der Marinehistoriker Basil Thomson, Herausgeber der unter dem Titel *The Voyage of HMS Pandora* publizierten Aufzeichnungen von Kapitän Edwards und George Hamilton (dem oben zitierten Schiffsarzt), schreibt in seinem Vorwort: «Sein [Edwards'] Auftrag, eine noch unbekannte Inselregion zu erforschen, eröffnete nahezu unbegrenzte Möglichkeiten wissenschaftlicher Entdeckungen, aber er verhielt sich wie ein Pferd mit Scheuklappen, das nur geradeaus blicken kann und nicht bemerkt, was rechts und links von ihm liegt. Edwards, ein sturer, hartherziger Mensch ohne jede Phantasie, ohne das geringste Interesse für Dinge, die keinen unmittelbaren Bezug zu seiner Mission hatten, erwies sich, aus der Retrospektive gesehen, als so ziemlich die schlechteste Wahl.» Vieles von dem, was wir über Edwards wissen, verdanken wir einem jungen Marineleutnant namens Corner. Er war vorsichtig genug, den Mund zu halten, solange er unter Edwards' Kommando stand, trat jedoch später als Belastungszeuge auf.

Der Schiffsarzt George Hamilton wird als ein «derber, vulgärer und ungebildeter Mensch» beschrieben, «dem es eher darum geht, schlüpfrige Szenen und Abenteuer zu schildern, die er und seine Kameraden erlebten, als über Ereignisse zu berichten, die sich auf den eigentlichen Zweck der Expedition beziehen». Wer Hamiltons eigenen Bericht unvoreingenommen liest, wird dieses Urteil sehr unfair finden. Hamilton war zweifellos ein großer Zecher und einer, der sich gern mit schönen Eingeborenenmädchen vergnügte, doch seine Schilderungen der Überfahrt und der späteren Ereignisse ist klar und anschaulich.

Die Fahrt der *Pandora* stand von Anfang an unter einem ungünstigen Stern. Wie sich bald herausstellte, hatte sich ein Teil der Mannschaft mit einem Fieber angesteckt, das in den englischen Häfen grassierte, und da das Schiff «bis an die Luken» mit Vorräten für die lange Fahrt vollgestopft war, mußten die Kranken an Deck gelegt werden. Daß die meisten von ihnen genasen und auch keine Skorbutfälle auftraten, schreibt Hamilton der Tatsache zu, daß er den Leuten nicht nur so viel Sauerkraut gab, wie sie essen konnten, sondern auch Malzextrakt, Hopfen und braunen Zucker.

Edward wählte die Route über Kap Hoorn. Er bewältigte die schwierige Passage ohne Probleme und segelte dann vor dem Wind nach Westen. Wäre es ihm gelungen, diesen Kurs zu halten, so wäre er direkt auf Pitcairn gelandet. Aber als sich die *Pandora* zwanzig Seemeilen vor der Insel befand, schlug der Wind um – zum Glück für die Meuterer. Edwards segelte also an Pitcairn vorbei nach Tahiti. Hier hielten sich noch vierzehn der Meuterer auf, von denen die meisten mit einheimischen Frauen zusammenlebten. Sie hatten einen kleinen Schoner gebaut, mit dem sie sich auf eine weniger gut zugängliche Insel abzusetzen gedachten. Das Schiff war allerdings noch nicht fertig ausgerüstet; offenbar hatte man die Sache nicht für vordringlich gehalten.

Zu ihrem Entsetzen mußten die Meuterer eines Morgens feststellen, daß ein britisches Kriegsschiff vor der Küste ankerte – zu welchem Zweck, war unschwer zu erraten. Sie bestiegen schleunigst ihren Schoner, und es gelang ihnen, die Beiboote der *Pandora* abzuhängen, die sie verfolgten. Leider fiel ihnen erst jetzt ein, daß sie weder Trinkwasser noch Proviant an Bord hatten, und so beschlossen sie, im Schutz der Dunkelheit nach Tahiti zurückzusegeln. Das war eine verhängnisvolle Entscheidung: Die Besatzung der *Pandora* hatte auf sie gewartet, und nach einer wilden Verfolgungsjagd bis weit in die Berge hinauf wurden alle vierzehn Meuterer gefangengenommen.

Jetzt sollten sie erfahren, was es bedeutete, einem Mann wie Edwards auf Gedeih und Verderb ausgeliefert zu sein. Er ließ sie in einen engen Verschlag auf dem Achterdeck der Fregatte stecken, den man sehr zutreffend «die Büchse der Pandora» nannte. Edwards versuchte sich nachträglich mit dem Argument zu rechtfertigen, er habe die Gefangenen wegen der tropischen Hitze nicht im Zwischendeck einsperren wollen. Aber «die Büchse der Pandora» war noch viel schlimmer. Einer der Meuterer, ein ehemaliger Seekadett der *Bounty* namens Heywood, gab später zu Protokoll: «Wir wurden an Händen und Füßen gefesselt, und so mußten wir essen, trinken, schlafen und unsere Notdurft verrichten, ohne daß uns jemals erlaubt wurde, dieses Loch zu verlassen.» Schon nach kurzer Zeit starrten die Männer vor Schmutz und Ungeziefer. Die Eingeborenen konnten nur hilflos zusehen, wie unbarmherzig die Weißen mit ihren Landsleuten umsprangen. Die Frau, mit der Heywood zusammengelebt hatte und die erst vor kurzem niedergekommen war, starb vor Kummer; ihr Kind war der erste Nachkomme eines Europäers und einer Eingeborenen auf Tahiti.

Als nächstes ließ Edwards den Schoner ausrüsten und schickte einen Suchtrupp aus, der die umliegenden Inseln nach den übrigen Meuterern der *Bounty* durchkämmen sollte – ein ebenso zeitraubendes wie fruchtloses Unternehmen, denn keiner der Gefangenen wollte verraten, wohin die Kameraden geflohen waren.

Einige Wochen später stach die *Pandora* in See und nahm Kurs auf Neuguinea. Wie gefährlich die Passage durch die Torresstraße war, wußte Edwards sehr wohl. Bligh selbst hatte ihm detaillierte Anweisungen gegeben und ihm nachdrücklich empfohlen, möglichst nahe an der Küste von Neuguinea zu segeln. Edwards ignorierte alle Warnungen. Auch andere renommierte Seefahrer, so der französische Entdecker Bougainville, hatten so gefährliche Gewässer nie in der Dunkelheit befahren. Trotzdem wählte Edwards nicht nur eine ganz andere Route als diejenige, die Bligh ihm empfohlen hatte, sondern beging auch noch die Torheit, des Nachts zu segeln.

Am 25. August 1791 versuchte er, die *Pandora* zwischen den Murray-Inseln hindurchzusteuern, was sich aber als unmöglich erwies, worauf er entlang des Barriereriffs nach Süden segelte. Am Abend des 28. August entdeckte er eine relativ breite Rinne. Obwohl es bereits dunkelte, setzte er die Fahrt fort. Von Wind und Strömung getrieben, lief die *Pandora* auf ein Riff und wurde leckgeschlagen.

Was dann folgte, wurde von mehreren Augenzeugen bestätigt, die später vor einem Kriegsgericht gegen Edwards aussagten. Leutnant Corner zufolge ließ der Kapitän drei Gefangene die Eisen abnehmen und schickte sie an die Pumpen; die übrigen blieben angekettet, trotz aller Bitten und Versprechungen, sie würden nicht fliehen. Nicht nur das: Edwards drohte, er werde jeden, der sich zu befreien versuche, eigenhändig erschießen, und falls es jemandem von der Mannschaft einfallen sollte, einem Gefangenen zu Hilfe zu kommen, werde er ihn aufknüpfen lassen.

Die Mannschaft konnte das Schiff noch während der Nacht über Wasser halten, dann war nichts mehr zu machen. Erst jetzt gab Edwards den Befehl, die Beiboote auszubringen – hätte er das früher getan, wären mit großer Wahrscheinlichkeit weniger Leute ertrunken. Ein Zeuge berichtete: «Als die Gefangenen sahen, daß die Offiziere über die Heckleitern in die Boote kletterten, baten sie inständig, man möge sie nicht zurücklassen.» Daß nur vier von ihnen ertranken, war im wesentlichen das Verdienst des Steuermannsmaats; der nämlich setzte sich über die Befehle des Kapitäns hinweg und befreite drei der Meuterer aus der «Büchse der Pandora», Muspratt, Byrne und Skinner. Skinner wurde von den Fußeisen befreit, war aber immer noch mit Handschellen gefesselt. Ein anderer Seemann, Morrison, wollte auch die anderen herausholen, doch da befahl Edwards, den Verschlag abzusperren. Morrison befand sich noch drin. Er schaffte es, zwei Gefangenen die Eisen abzuschlagen, ein dritter kam von allein los. Die Männer flehten, man möge sie herausholen, aber entweder Edwards oder der Konstabler verhinderten das.

In diesem Moment kenterte die *Pandora* und begann rasch zu sinken. Der Konstabler und ein Teil der Mannschaft konnten sich nicht retten; der Kapitän erreichte schwimmend seine Pinasse. Der Steuermannsmaat, der bereits in einem Boot saß, hörte die verzweifelten Schreie der Eingeschlossenen, kletterte wieder an Bord und zertrümmerte das Schloß des Verschlages. Aber für die Gefangenen, die sich nicht von den Fesseln hatten befreien können, kam jede Hilfe zu spät. Auch Skinner, der bereits zuvor herausgeholt worden war, ertrank: die schweren Handschellen zogen ihn in die Tiefe.

Ungefähr 89 Mann Besatzung und zehn Meuterer überlebten und konnten sich auf ein Korallenriff in der Nähe der Unglücksstelle retten. Dort wurden sie auf die vier Beiboote der *Pandora* verteilt, und Edwards dirigierte das kleine Geschwader auf die Küste von Queensland zu. Eingeborene zeigten den Schiffbrüchigen, wo es Trinkwasser gab. Darauf nahm Edwards Kurs auf Timor und traf am 15. September in Kupang ein.

Er staunte nicht schlecht, als er erfuhr, daß hier schon vor zwei Monaten andere Überlebende von seinem Schiff angekommen seien, darunter ein gewisser William Broad mit seiner Frau und zwei Kindern. Will seinerseits wird nicht weniger erstaunt gewesen sein, als man ihm mitteilte, endlich sei nun auch *sein* Kapitän glücklich gelandet.

So angenehm das Leben in Kupang für Mary auch war, es hatte auch seine Schattenseiten. Stets mußte sie auf der Hut sein, damit ihr nicht etwa ein unbedachtes Wort herausrutschte oder die kleine Charlotte beim Spielen mit anderen Kindern etwas ausplauderte. Schließlich war es dann aber weder sie noch das Kind, noch einer der Sträflinge, der sie alle ins Unglück stürzte, sondern Will.

Wochen waren vergangen, ohne daß man in Kupang etwas von weiteren Überlebenden des angeblich gesunkenen Walfängers gehört hatte, und so mochten sich einige Leute fragen, ob diese Geschichte auch tatsächlich stimmte, auch wenn niemand peinliche Fragen stellte. Doch Will ärgerte sich anscheinend über die Bewunderung, die man Mary entgegenbrachte; er fand, es stehe einer Frau nicht zu, sich mit ihren Heldentaten zu brüsten. Er begann wieder davon zu reden, daß er Mary und die Kinder verlassen und auf einem Schiff anheuern wolle, wurde immer mißmutiger und fiel wieder seinem alten Laster, dem Alkohol, anheim.

Laut James Martin gerieten sich die Bryants wegen Wills Zechereien immer häufiger in die Haare. Offenbar befürchtete Mary, er werde in betrunkenem Zustand wieder einmal zuviel reden, und machte ihm deswegen vor allen Leuten Vorwürfe. So etwas ließ sich Will nicht gefallen, und schon gar nicht von einer Frau. Verhängnisvollerweise kam der Streit zu einem Höhepunkt, als Edwards und seine Leute in Kupang angelangt waren.

Edwards machte Gouverneur Wanjon klar, daß alle, die den Untergang der *Pandora* überlebt hatten, mit ihm gekommen waren. Wo immer dieser Bryant und seine Gefährten auch herkamen, mit der *Pandora* hatten sie jedenfalls nichts zu tun. Über das, was danach geschah, gehen die Meinungen auseinander.

Martin behauptet, Will sei nach einem besonders heftigen Streit mit Mary zum Gouverneur gegangen und habe sie alle angezeigt. Das ist wenig wahrscheinlich, denn Will hätte dadurch ja auch sich selbst ans Messer geliefert. Es war wohl eher so, daß er in seiner Wut in ein Wirtshaus lief, sich einen Rausch antrank und prahlte, seine Kameraden und seine Frau hätten es nur ihm zu verdanken, daß ihre abenteuerliche Flucht aus der Strafkolonie gelungen war.

Wie auch immer: Wenige Tage nach der Ankunft der Schiffbrüchigen von der *Pandora* erließ Gouverneur Wanjon einen Haftbefehl gegen die entflohenen Sträflinge. Sowohl Martin wie Hamilton berichten, Mary sei mit den Kindern in den Dschungel geflohen, bald aber aufgefunden und ebenfalls in den «Kerker der Festung» gesteckt worden. Wanjon unterzog die Männer einem strengen Verhör, und sie gestanden schließlich, wer sie in Wirklichkeit waren und woher sie kamen. Der Gouverneur scheint ein nachsichtiger Mensch gewesen zu sein, denn er gewährte jeweils abwechselnd zwei von ihnen einen Tag Hafturlaub. Es sollte das letzte Mal sein, daß ihnen eine so milde Behandlung zuteil wurde.

Kapitän Edwards kam die Geschichte mit den Ausreißern sehr gelegen; er witterte eine Gelegenheit, seine Mißerfolge bei der Jagd nach den Meuterern der *Bounty* wettzumachen. Unverzüglich erkundigte er sich nach der Möglichkeit, ein Schiff zu chartern, das ihn, seine Mannschaft, die Meuterer und die Sträflinge nach Batavia bringen würde. Seine Wahl fiel auf die *Rembang*, die eben mit einer Ladung Gewürze auslaufen sollte. Sie hatte auch Post an Bord, darunter einen Rapport des Rechnungsführers der Ostindischen Handelskompanie, B. C. Roset, an seine Vorgesetzten in Batavia, und so kam es, daß ein Zeugenbericht über die Flucht der Sträflinge ins niederländische Kolonialarchiv in Den Haag gelangte.

In dem vom 30. September 1791 datierten Rapport Rosets steht folgendes zu lesen:

«Was den Verkehr ausländischer Schiffe in diesen Gewässern betrifft, so gestatten wir uns ergebenst, Euer

Gnaden mitzuteilen, daß außer den beiden englischen Kriegsschiffen, die am 6. Januar d.J. hier anlangten, im Juni noch ein englisches Boot anlangte mit elf Personen an Bord, unter ihnen eine Frau und zwei Kinder. Sie behaupteten, daß ihr Schiff vor der Küste von Neusüdwales, nicht weit von Neuholland, gesunken sei. Ferner, daß der Kapitän und der Rest der Besatzung wahrscheinlich in einem anderen Boot nachfolgen würden.

Später jedoch hat man entdeckt, daß sie aus Neuholland geflohen waren. Mangels eines Dolmetschers waren wir leider nicht in der Lage, den Grund ihrer Flucht herauszufinden. Sie werden deshalb an Bord dieses Schiffes, der *Rembang*, gebracht und der Verfügungsgewalt Eurer Gnaden überstellt.

Für den Fall, daß es inskünftig wieder zu Vorkommnissen wie dem oben geschilderten kommen sollte, bitten wir ergebenst um Anweisung, wie in solchen Angelegenheiten zu verfahren sei.»

Des weiteren ließ Roset seine Vorgesetzten wissen, daß noch eine Anzahl Überlebender eines Schiffsunglücks mit der *Rembang* nach Batavia transportiert werde, nämlich «die Besatzung des im Pazifik gesunkenen Kriegsschiffes *Pandora*, welches ausgesandt wurde, um nach dem Schiff *Bounty* zu suchen, dessen Kommandant, Leutnant William Bligh, diesen Hafen vor zwei Jahren besuchte. Die *Bounty* wurde nicht entdeckt, jedoch konnten 14 Meuterer auf der Insel Othaheite [Tahiti] dingfest gemacht werden, von denen 4 beim Untergang der *Pandora* ertranken. Die übrigen 10 kamen zusammen mit der Besatzung der *Pandora* hier an, und alle werden mit dem Überbringer dieses Schreibens [nach Batavia] geschickt.» Dem Brief war eine Ladeliste beigelegt.

Edwards' Wahl war nicht zuletzt deshalb auf die *Rembang* gefallen, weil sie über ein Zwischendeck verfügte, das über zwei Drittel der Schiffslänge verlief. Auf diesem Deck gab es weder Bullaugen noch Lüftungsöffnungen. Edwards ließ drei Abteile einrichten, ein kleines, achtern, für die Meuterer, ein größeres in der Mitte für die Mannschaft der *Pandora* und ein drittes im Bug für die geflohenen Sträflinge. Bei gutem Wetter sollten die Ladeluken geöffnet werden, damit etwas Licht und Luft nach unten kam. Die Matrosen sollten regelmäßig an Deck gelassen werden; für die Meuterer und die Sträflinge gab es keine derartige Vergünstigung.

Als der Kapitän der *Rembang* erfuhr, daß sich eine Frau und zwei kleine Kinder unter den Gefangenen befanden, wollte er ihnen eine Kabine auf dem Achterdeck zur Verfügung stellen. Sie gehörten nicht eingesperrt, erklärte er, egal, ob die Frau nun eine Verbrecherin sei oder nicht. Edwards lehnte dieses Ansinnen rundweg ab. Er wollte auch nichts von einer Waschmöglichkeit für die Gefangenen wissen oder von einer ausreichenden Versorgung mit Trinkwasser und Proviant. Seiner Meinung nach würden die Meuterer und Sträflinge, die er nach England zurückbringen wollte, ohnehin am Galgen enden. Wenn sie schon vorher draufgingen, spielte das keine Rolle, und daß eine Frau und zwei kleine Kinder darunter waren, änderte auch nichts daran.

Für Mary muß dies die schwärzeste Zeit ihres Lebens gewesen sein. Während all der Jahre ihrer Gefangenschaft hatte sie sich an die Hoffnung geklammert, eines Tages zu entkommen, irgendwie, irgendwohin. Sie war sich ebenso wie die anderen darüber im klaren gewesen, daß ihre Flucht genausogut hätte mißlingen können. Aber das wäre wohl weniger schlimm gewesen, als die Freiheit zu gewinnen und sie auf diese Weise wieder zu verlieren. Jetzt hatten sie nichts mehr zu erwarten, nichts als die Qual einer monatelangen Seereise unter unmenschlichen Bedingungen und dann, wenn sie nicht unterwegs zugrunde gingen, ein schimpfliches Ende am Galgen.

Bevor die *Rembang* in See stach, präsentierte der Gouverneur Kapitän Edwards die diversen von William «Broad» unterschriebenen Fakturen für Unterkunft, Verpflegung und Kleidung, die man den Flüchtlingen in Kupang besorgt hatte. Edwards wollte sie nicht akzeptieren, bequemte sich dann aber doch dazu, denn Wanjon drohte, er werde andernfalls sämtliche für die Passagiere der *Rembang* vorgesehenen Proviantlieferungen stoppen. Nach seiner Rückkehr leitete Edwards die Fakturen an die britische Regierung weiter – ob sie jemals bezahlt wurden, ist nicht bekannt. Was den Proviant für die ihm anvertrauten Menschen anlangte, beschränkte sich Edwards auf das strikte Minimum.

Am 5. Oktober erfolgte die formelle Auslieferung der Sträflinge; Edwards mußte für sie eine Quittung unterzeichnen. Zu diesem Zeitpunkt befanden sich alle in guter körperlicher Verfassung. Sie wurden in die enge, finstere Zelle im Zwischendeck der *Rembang* verfrachtet und in Eisen gelegt, sogenannte *bilboes*, wie Martin schrieb – eine Vorrichtung, die aus einer langen, am Boden befestigten Eisenstange mit verschiebbaren Fußschellen bestand. Tags darauf stach die *Rembang* mit Kurs auf Batavia in See.

Allem Anschein nach wurde Will von seinen Kameraden geächtet; sie sahen in ihm nur noch den Verräter, ob zu Recht oder zu Unrecht, sei dahingestellt. Diese Tatsache mag dazu beigetragen haben, daß sich sein Zustand bald verschlechterte. Auch um den kleinen Emmanuel, der sich in Kupang weniger schnell erholt hatte als seine Schwester und den Mary inzwischen nicht mehr stillen konnte, stand es schlecht. Innerhalb weniger Tage litten alle Sträflinge an Fieber.

Auf der Höhe der Insel Flores lief das Schiff in einen Wirbelsturm. Darüber existieren zwei unterschiedliche Berichte, ein holländischer und ein englischer. Dem holländischen Dokument zufolge hätten es sich die Leute von der *Pandora* beim Kartenspiel gemütlich gemacht, und nur dem heroischen Einsatz der holländischen Schiffsmannschaft sei es zu verdanken gewesen, daß die *Rembang* Batavia erreichte. Hamiltons Version zufolge war es genau umgekehrt:

> «Es dauerte nur wenige Augenblicke, da waren die Segel zerfetzt, die Pumpen verstopft und wirkungslos angesichts der eindringenden Wassermengen; und das Schiff wurde mit unvorstellbarer Gewalt auf eine unwirtliche Küste etwa sieben Meilen leewärts zugetrieben. Dieser Sturm war von den fürchterlichsten Donnerschlägen und Blitzen begleitet, die wir jemals erlebt hatten. (...)
> Die holländischen Seeleute waren vor Angst wie gelähmt und verkrochen sich unter Deck. Daß es nicht zu einem Schiffbruch kam, verdankten wir einzig dem mannhaften Bemühen unserer englischen Teerjakken, welche, wie es schien, aus dem Wüten des Sturms immer neue Kräfte schöpften. Ja, gerade in solchen Momenten höchster Gefahr, da der tödliche Abgrund sich vor ihm auftut, um ihn zu verschlingen, beweist der britische Seemann, wozu er fähig ist. Die Holländer würden es mit dem Teufel aufnehmen, wollte er ihnen denn nur in irgendeiner anderen Gestalt erscheinen als in derjenigen von Blitz und Donner.»

«Ich traf am 7. November in Batavia ein», schreibt Edwards, «und auf mein an den Gouverneur und den Rat gerichtetes Ersuchen wurden meine Leute auf ein Schiff der Holländisch-Ostindischen Kompanie verlegt, auf dem sie bis zur Weiterreise nach England verbleiben sollten; die Kranken kamen in das Hospital der Gesellschaft in Batavia.»

Ein Landurlaub in Batavia, noch dazu in einem Krankenhaus, war zu jener Zeit geradezu lebensgefährlich. Kapitän James Cook weist darauf hin, daß Batavia ein Ort sei, «den aufzusuchen Europäer nicht bestrebt sein sollten, und wenn die Notwendigkeit sie dazu zwingt, tun sie gut daran, so kurz wie nur möglich zu bleiben; andernfalls werden sie bald die Folgen des ungesunden Klimas von Batavia zu spüren bekommen, welches, wie ich meine, den Tod von mehr Europäern verursacht hat als irgendein anderer Ort auf der Welt». Er sei mit einer kerngesunden Mannschaft in Batavia gelandet, berichtet Cook, und drei Monate später ausgelaufen «mit einem wahren Lazarettschiff und sieben Mann weniger» – womit er nach Meinung der Holländer noch glimpflich davongekommen war. Der schlechte Ruf Batavias war bis nach Neusüdwales gedrungen, wie ein Tagebucheintrag von Watkin Tench belegt: «Jemand, der in Batavia gelebt hat, ist mit dem Tod so vertraut, daß der Gedanke zu sterben in ihm weder Angst noch Trauer hervorruft.»

Nach Meinung des Schiffsarztes George Hamilton war Batavia die Hölle auf Erden, denn «die Holländer können nicht existieren, ohne die krankmachenden Ausdünstungen stehender Gewässer einzuatmen, wie sie es von Kind auf gewohnt sind». Er führte die in der Hafenstadt immer wieder auftretenden Seuchen auf die Tatsache zurück, daß die Holländer «sie derart schnell durch Kanäle zerschneiden, daß sie in einem oder zwei Jahren diese schöne Stadt komplett zugrunde gerichtet haben werden. (...) Als erstes brachten wir den erkrankten Rest unserer vom Unglück verfolgten Besatzung ins Hospital. Einige Leichen trieben im Kanal an unserem Boot vorbei, was auf unsere braven Leute, deren Nerven infolge der Krankheit sehr mitgenommen waren, einen äußerst unangenehmen Eindruck machte. Es war dies der *Coup de grâce* für einen Kranken bei seiner erstmaligen Ankunft in diesem übertünchten Grab, diesem Golgatha der Europäer, das alle fünf Jahre die Gesamtzahl seiner Bewohner beerdigt.»

Hamilton gab den Holländern die Schuld an so ziemlich allen Übeln dieser Welt, und von den Nichteuropäern hielt er womöglich noch weniger. «Die Chinesen hier sind die Juden des Fernen Ostens, und sobald sie ein Vermögen gemacht haben, kehren sie nach Hause zurück. Die Verfechter des republikanischen Systems sollten daraus eine Lehre ziehen.» Das Hospital bezeichnete Hamilton kurz und bündig als ein «stinkendes Loch».

In dieses Hospital wurde Mary mit dem todkranken Emmanuel gebracht; ob Charlotte ebenfalls bei ihr war, ist nicht bekannt. Kurz darauf wurde auch Will eingeliefert, dem es inzwischen sehr schlecht ging. Am 1. Dezember 1791 starb Emmanuel, noch keine zwei Jahre alt, in Marys Armen. Er wurde gleichentags begraben, ohne jede Zeremonie – der Tod eines Kleinkindes war eine so alltägliche Sache, daß niemand viel Aufhebens davon machte.

Drei Wochen später, am 22. Dezember, wurde auch sein Vater begraben. Will Bryant, der große, kräftige Mann, der so vieles durchgestanden hatte, erlag dem Sterberegister zufolge einem nicht näher identifizierten «Fieber». Was nicht im Sterberegister steht, ist, daß der Mangel an Nahrung und Pflege, die Aussichtslosigkeit seiner Situation, das Bewußtsein, durch seine unbedachten Reden Frau, Kinder und Freunde ins Unglück gestürzt zu haben, Wills Tod sicherlich mit verursacht haben. Manchmal entscheidet ein Funke Hoffnung über Leben und Tod, und Will hatte jede Hoffnung aufgegeben.

Während dieser letzten drei Wochen hatte Mary ihren Mann gepflegt, so gut es unter den Umständen möglich war. Was für Gefühle sie wohl bewegt haben mögen – Groll, Bitterkeit, Mitleid, Liebe? Sie waren ein Paar geworden, weil sie einander brauchten, und er hatte den Großteil seiner Verpflichtungen eingehalten, indem er Mary und die Kinder während der Jahre in der Strafkolonie beschützte und für sie sorgte. Auch sie hatte ihre Pflichten ihm gegenüber erfüllt. Sie hatte ihm einen Sohn geboren, der vielleicht nicht hätte sterben müssen, wenn Will nicht so unvorsichtig gewesen wäre. So vieles hatten sie gemeinsam durchlitten, so vieles gemeinsam überwunden … Es ist nicht überliefert, ob sich die beiden aussöhnten, ehe Will starb.

16. Kapitel

Die Rückkehr

Erst am 5. November 1791 sandte Arthur Phillip dem Innenminister einen ausführlichen Bericht über die Flucht aus der Strafkolonie, der mit den Worten schloß: «Da die Möglichkeit besteht, daß das Boot eine holländische Niederlassung anläuft, liegen Namen und Personenbeschreibungen der Leute hier bei. Es wäre sehr wünschenswert, daß zumindest einige der Männer wieder aufgegriffen werden.» Auch Edwards hatte, bevor er Kupang verließ, eine Liste der Geflohenen an die Admiralität in London abgeschickt:

«William Moreton
William Bryant – behauptet, seine Strafe verbüßt zu haben
William Allen
James Cox – behauptet, seine Strafe verbüßt zu haben
Nath. Lilley
John Simmons [sic]
James Martin
Mary Bryant
Emmanuel Bryant
Charlotte Bryant»

David Collins war der Meinung, die Sträflinge wären wohl davongekommen, «wären sie nicht durch einen glücklichen Zufall entdeckt und an den Kapitän eines britischen Kriegsschiffes ausgeliefert worden. Wäre dies nicht der Fall gewesen, dann hätte die Tatsache, daß es durchaus möglich ist, Timor in einem offenen Boot zu erreichen, auch andere zu einem Fluchtversuch und zur Entwendung von Booten aus der Kolonie verleiten können. Die Gewißheit, daß Personen der Flucht verdächtigt und in Haft genommen werden, sofern sie unter ähnlichen Umständen mit einem Boot diese oder irgendeine andere holländische Niederlassung anlaufen, wird jetzt hoffentlich hier die gewünschte Wirkung zeitigen.»

Am 19. November hatte Edwards einen kleinen Teil seiner Mannschaft mit einem holländischen Ostindiensegler nach Kapstadt vorausgesandt. Daraufhin verhandelte er mit den Holländern über eine Mitfahrgelegenheit für die übrigen, entweder bis Holland oder zumindest bis Kapstadt, «ohne daß der Regierung weitere Kosten erwachsen sollten außer denjenigen für die Offiziere und die Gefangenen, welches mir die beste und billigste Möglichkeit schien, nach England zurückzukehren». Wie sich herausstellte, konnten drei Schiffe noch zusätzliche Passagiere an Bord nehmen. Er selbst und die «Piraten», wie er die Meuterer nannte, würden mit der *Vreedenburg* fahren; ein Teil der Besatzung der *Pandora* sowie Mary, Charlotte und William Allen mit der *Horssen*. Die übrigen Seeleute und Sträflinge – James Martin, Nathaniel Lilley, John Butcher (alias Samuel Broom), John Simms (alias Samuel Bird) und William Moreton – waren für die *Hoornwey* vorgesehen. Ob die Verteilung dann auch tatsächlich so erfolgte, ist nicht sicher, fest steht nur, daß Mary auf die *Horssen* kam.

Sie war unmittelbar nach Wills Beerdigung auf ein holländisches Wachschiff verbracht worden, wo bereits die übrigen Sträflinge bis zur Einschiffung auf den Ostindienfahrern untergebracht worden waren. Laut James Martin wurden sie alle wiederum «in Eisen gelegt. (...) Das Kind starb, und sechs Tage danach erkrankte auch der Vater des Kindes und starb, welche beide in Batavia beerdigt wurden. Sechs Wochen später verlegte man uns auf drei Schiffe nach dem Kap der Guten Hoffnung, und auf denen waren wir drei Monate, bevor wir am Kap anlangten.»

Vor dem Auslaufen erhielten die holländischen Kapitäne von Edwards genaue Instruktionen in bezug auf die Behandlung der Gefangenen. Sie hatten unter Deck zu bleiben, angekettet, und durften täglich nur für eine Stunde nach oben, von fünf bis sechs Uhr abends, damit sie sich ein wenig bewegen und ihre Notdurft verrichten konnten. Punkt vier Glasen mußten sie wieder nach unten gebracht und angekettet werden. Die körperliche und seelische Verfassung der Häftlinge verschlechterte sich unter diesen Umständen rapide; allen Berichten zufolge wurden sie «lethargisch». Obwohl eine fürchterliche Hitze herrschte, bekamen sie pro Person und Tag nur etwa einen Liter Trinkwasser.

Das in Batavia grassierende Fieber war auf alle drei Schiffe eingeschleppt worden und forderte im Lauf «dieser langweiligen Überfahrt» (so der Schiffsarzt George Hamilton) zahlreiche Opfer unter den holländischen und englischen Matrosen. Samuel Bird und William Moreton starben ebenfalls am Fieber. James Cox, halb verrückt vor Schmerzen – wegen der Fußeisen war eines seiner Beine brandig geworden –, sprang über Bord, als er bei einem kurzen Aufenthalt an Deck einen Moment unbeaufsichtigt war. Das Schiff passierte zu diesem Zeitpunkt die Sundastraße, und die Küste lag nur zwei Meilen entfernt, aber da Cox Handschellen trug, konnte er sich wohl nicht retten. Er war es gewesen, der seinem in Sydney Cove zurückgebliebenen Mädchen einen Brief hinterlassen hatte mit der eindringlichen Mahnung: «Ergib Dich nicht jenen Lastern, bei denen ich Dich mehr als einmal erwischt habe, sonst wird es mit Dir noch ein schlimmes Ende nehmen.»

Mary und ihr Töchterchen erkrankten ebenfalls. Der holländische Kapitän setzte sich über Edwards' Befehl hinweg und ließ ihr die Eisen abnehmen, damit sie sich um das Kind kümmern konnte.

Am 18. März 1792 erreichte die kleine Flotte die Tafelbai. Eine Woche zuvor war ein britisches Schiff dort angelangt, die von Kapitän John Parker kommandierte *Gorgon.* Sie kam direkt von Port Jackson und hatte Soldaten und Offiziere an Bord, die ihre Dienstzeit beendet hatten und jetzt nach England zurückkehrten, unter ihnen Leutnant Ralph Clark und der inzwischen zum Hauptmann beförderte Watkin Tench. Tags darauf schrieb Edwards an die Admiralität:

> «Entsprechend dem Vorhaben, das Ihnen mitzuteilen ich mich in meinem in Batavia einem holländischen Postschiff mitgegebenen Schreiben beehrte, ließ ich die restliche Besatzung Seiner Majestät Schiff *Pandora* sowie die ehemaligen Piraten der *Bounty* und die aus Port Jackson desertierten Sträflinge an Bord dreier holländischer Ostindienfahrer verbringen. (...) Ich fand hier Seiner Majestät Schiff *Gorgon* vor, die sich auf der Rückfahrt von Port Jackson befindet. Aus Gründen der Dringlichkeit und der Sicherheit gedenke ich diese Gelegenheit zu ergreifen, um mit den zehn Piraten an Bord dieses Schiffes nach England zu reisen, und bitte daher ergebenst um entsprechende Mitteilung an die Lords Commissioners der Admiralität.»

Es folgt eine Aufstellung mit der Überschrift «Liste der aus Port Jackson desertierten Sträflinge, an Kapitän Edward Edwards, Kommandant Seiner Majestät Schiff *Pandora*, übergeben durch Timotheus Wanjon, Gouverneur der holländischen Niederlassungen auf Timor, am 5. Oktober 1791.

William Allen John Butcher Nathaniel Lilley James Martin Mary Bryant, deportiert unter dem Namen Mary Broad	an Bord Seiner Majestät Schiff *Gorgon*

William Moreton, gestorben an Bord des Schiffes *Hornwey* von der Holländisch-Ostindischen Kompanie
John Simms
William Bryant, gestorben am 22. Dez. 1791, Hospital Batavia
James Cox, gestorben (über Bord gefallen), Sundastraße»

Durch einen jener Zufälle, wie sie meistens nur in Romanen vorkommen, begegneten also Mary und James Martin, als sie auf die *Gorgon* verlegt wurden, zwei Offizieren wieder, die sie bereits von der Ersten Flotte her kannten. Das Schiff stach am 5. April 1792 in See.

Unter den Passagieren befanden sich auch die Angehörigen mehrerer Offiziere. Laut Mrs. Parker, der Frau des Kommandanten, hatte das Schiff Pflanzen und Tiere aus der Gegend um Sydney an Bord, «Känguruhs, Opossums und allerlei Kurioses aus jenem Land. Das ganze Achterdeck war voll von Sträuchern und Pflanzen, und die Wände unserer Kajüte waren rundherum mit Tierfellen behangen. Wir hatten auch die verschiedensten Vögel dabei.»

Mary kannte wohl einige dieser Frauen, wenn auch nur vom Sehen, jedenfalls scheinen sie sich ihr gegenüber freundlich benommen zu haben. Sie hatte Hilfe und Trost bitter nötig, denn der kleinen Charlotte ging es zusehends schlechter. Kapitän Parker war ein anständiger Mensch, und so sorgte er dafür, daß Mary an einem Ort untergebracht wurde, wo sie ihr todkrankes Kind pflegen konnte. Die beiden bekamen besseres Essen, und der Schiffsarzt kümmerte sich um das Kind. Aber für Charlotte kam die Hilfe zu spät.

Unter dem Datum vom 22. April notierte Ralph Clark: «Sehr heiß. Nachts ist es auf dem unteren Batteriedeck wegen der Hitze kaum auszuhalten.» Zwischen diesem Datum und dem 2. Mai starben insgesamt fünf Kinder von Seeleuten. «Mit den Kindern geht es schnell zu Ende, der Grund dafür ist das heiße Wetter. Ein weiteres starb am 4. Mai, und tags darauf noch eines.»

Der Tagebucheintrag für Sonntag, den 6. Mai, lautet: «Hatten den ganzen Tag stürmisches Wetter mit heftigem Regen. Letzte Nacht gegen 4 Uhr starb das Kind von Mary Broad, der Deportierten, die letztes Jahr mit einem Boot aus Port Jackson flüchtete. Leiche auf See beigesetzt.»

Zum dritten Mal hörte Mary die Begräbnislitanei für eines ihrer Familienmitglieder. Charlotte, das Kind, das sie auf der *Dunkirk* von einem unbekannten Vater empfangen hatte, war seinem Bruder und seinem Stiefvater in die Ewigkeit gefolgt. Einem Augenzeugen zufolge sah Mary schweigend und mit unbewegter Miene zu, wie der Leichnam ihrer Tochter, in Sacktuch eingenäht, in den Fluten verschwand. Das ist glaubhaft: Sie muß physisch und psychisch vollkommen erschöpft gewesen sein. Sie hatte so viel mitgemacht, sie hatte, nachdem ihre erstaunliche Flucht glücklich überstanden schien, ihren

Mann, ihre Kinder, ihre so hart erkämpfte Freiheit verloren, und am Ende dieses langen Leidensweges stand der Galgen. Doch vor dem Galgen graute ihr damals, wie sie später einmal sagte, weniger als vor dem Gedanken, den Rest ihres Lebens im Gefängnis zu verbringen.

Ralph Clark war auf der Rückfahrt von Australien viel weniger mitteilsam als auf dem Hinweg. In seinem Tagebuch ist jetzt von Frauen nicht mehr die Rede. Zu Beginn seines Aufenthalts auf der Norfolkinsel hatte er sich gelegentlich noch über das liederliche Betragen der weiblichen Sträflinge aufgeregt – obwohl er doch inzwischen sein Bett mit einer von ihnen teilte –: «Befehl gegeben, für die Frauen eine Gefängnisbaracke zu errichten und Halseisen anzufertigen. Habe in meinem ganzen Leben noch nie mit einer so widerspenstigen Bande von verd*** H*** zu tun gehabt, sie bringen mich noch dazu, daß ich mir die Seele aus dem Leib fluche! Ich werde sie künftig jeden Abend einsperren lassen.» Er verfügte auch, daß jede Frau, die ohne seine ausdrückliche Erlaubnis ihren Arbeitsplatz verließ, mit fünfundzwanzig Peitschenhieben bestraft würde. Später scheint Clark die Lust oder die Zeit zum Schreiben gefehlt zu haben, vielleicht gingen die betreffenden Tagebuchseiten auch verloren; jedenfalls sind aus den knapp zwei Jahren, die Clark auf der Norfolkinsel verbrachte, nur spärliche Aufzeichnungen vorhanden.

Inzwischen waren ihm die Frauen, die liederlichen wie die tugendhaften, offenbar keinen Tropfen Tinte mehr wert – nicht einmal seine angebetete Betsey Alicia, und auch Mary Branham nicht, die bis zu seiner Abreise seine offizielle Mätresse gewesen war und ihm im Sommer 1791 eine Tochter geschenkt hatte. Sie war Anfang Dezember mit Clark nach Port Jackson zurückgekehrt; er hatte Australien dann am 6. Januar 1792 an Bord der *Gorgon* verlassen. Nirgends in seinen Tagebüchern hat Ralph Clark seine Geliebte oder seine uneheliche Tochter erwähnt.

Watkin Tench nahm im Lauf der Überfahrt seine freundschaftlichen Kontakte zu Mary wieder auf. Freilich läßt nichts in seinem Tagebuch darauf schließen, daß er für sie mehr empfand als Achtung und Sympathie oder daß er gar, wie in einigen Quellen behauptet wird, Charlottes Vater war. Es fällt schwer zu glauben, daß ein Mann wie er den Tod des Kindes mit keinem Wort erwähnt hätte – es sei denn, daß er noch ein zweites Tagebuch führte, das im Gegensatz zu seinen übrigen Aufzeichnungen nicht für eine spätere Veröffentlichung bestimmt war. Tench war einer der wenigen Offiziere der Ersten Flotte, die auf der Heimreise keine Frau dabeihatten. In keinem der zeitgenössischen Berichte ist davon die Rede, daß er in Port Jackson jemals eine Geliebte hatte. Dennoch muß er ein Mann gewesen sein, der Frauen mochte und der auf Frauen anziehend wirkte.

Im Gespräch mit Mary erfuhr er vieles von dem, was sie und ihre Gefährten auf der Flucht und danach erlebt hatten. «Es war mir bestimmt», schreibt Tench, «dieser kleinen Gruppe abermals zu begegnen. Im März 1792, als ich auf der *Gorgon* am Kap der Guten Hoffnung anlangte, wurden sechs dieser Leute, darunter die Frau und eines der Kinder, an Bord gebracht, um nach England transportiert zu werden. Vier von ihnen waren gestorben und einer bei Batavia über Bord gegangen.»

Er beschreibt die Fahrt der Flüchtlinge entlang der Küste Australiens, die verschiedenen Orte, wo sie anlegten, und was ihnen dort widerfuhr. Seine Version unterscheidet sich in einigen Punkten von der des Gouverneurs von Timor, Timotheus Wanjon:

«Sie wurden von den Holländern gastfreundlich aufgenommen und gaben vor, von einem Schiff zu kommen, das auf der Fahrt von Port Jackson nach Indien gesunken sei. (...)
Die Frau war auf demselben Schiff wie ich nach Port Jackson gekommen und hatte sich stets durch ihre gute Führung ausgezeichnet. Ich dachte mit Verwunderung über die seltsame Verkettung von Umständen nach, die uns wider alles Erwarten und wider alle menschliche Voraussicht erneut zusammengeführt hatte.»

Wäre dies eine romantische Liebesgeschichte, so müßte sie an diesem Punkt enden: Zwei Menschen, die wie geschaffen sind füreinander, finden sich nach vielen Irrungen und Wirrungen auf wundersame Weise wieder und dürfen miteinander glücklich werden. Aber im wirklichen Leben geht es nun einmal nicht so romantisch zu. Falls Watkin Tench jemals bereit war, alle Bedenken in den Wind zu schlagen und seine Karriere zu opfern, um Mary Herz und Hand anzutragen, so hat er es seinem Tagebuch nie anvertraut. Und Mary hätte, so, wie es um sie stand, seinen Antrag wohl kaum angenommen.

Die letzten Wochen der Überfahrt verliefen ohne Zwischenfall. Alle Passagiere befanden sich in relativ guter körperlicher Verfassung, sogar die Gefangenen. Parker erlaubte sowohl den Meuterern wie den Sträflingen, regelmäßig an Deck zu gehen. Schiffskommandanten, welche die ihnen anvertrauten Menschen so rücksichtsvoll behandelten, waren in jenen Zeiten eine Ausnahmeerscheinung, und um so größeres Lob gebührt diesem Mann, der leider bald nach der Ankunft in England verstarb. Seiner Witwe verdanken wir einen ausführlichen Bericht über die Reise. Allerdings schreibt sie darin nichts über Mary und ihre abenteuerliche Geschichte – in den Augen von Mrs. Parker muß Mary so etwas wie eine Unperson gewesen sein.

Kurz bevor die *Gorgon* England erreichte, schrieb Edwards ein weiteres Mal an die Admiralität für den Fall, daß sein in Kapstadt aufgegebener Brief verlorengegangen wäre:

> «Ich erlaube mir, Ihnen mitzuteilen, daß ich bei meiner Ankunft am Kap der Guten Hoffnung an Bord der *Vreedenburg*, einem aus Batavia kommenden Segler der Holländisch-Ostindischen Kompanie, Seiner Majestät Schiff *Gorgon* vorfand. Ich hielt es für zweckmäßig, die Piraten, vormals von der *Bounty*, sowie die Deserteure aus Port Jackson (welche an Bord der holländischen Schiffe unter meinem Befehl standen) auf besagtes Schiff Seiner Majestät zu transferieren, der größeren Sicherheit wegen, und ergriff selbst diese Gelegenheit, um mich auf diesem Schiff nach England zu begeben; und ich hoffe, daß dieses mein Vorgehen die Zustimmung Ihrer Lordschaften finden wird.
>
> Ich habe Sie über meine Ankunft am Kap der Guten Hoffnung und meine Absicht, mit den Piraten, Sträflingen etc. an Bord der *Gorgon* zu gehen, bereits in einem früheren Schreiben unterrichtet und mir erlaubt, dieses von dort aus an Sie auf den Weg zu bringen, und zwar mit der *Baring*, Kommandant Thomas Fingey, einem amerikanischen Schiff, das Oostende anlaufen sollte.
>
> Beigefügt ist ein Verzeichnis der Besatzung von Seiner Majestät Schiff *Pandora* zum Zeitpunkt meiner Abfahrt vom Kap der Guten Hoffnung, aus dem hervorgeht, wie sie für die Fahrt nach Europa auf die Schiffe der Holländisch-Ostindischen Kompanie verteilt wurde;

desgleichen eine Liste der Piraten vormals von der *Bounty* sowie der aus Port Jackson desertierten Sträflinge, die mir von Mr. Wanjon, Gouverneur der holländischen Niederlassungen auf der Insel Timor, übergeben wurden und die sich jetzt auf Seiner Majestät Schiff *Gorgon* befinden.»

Am 18. Juni 1792 ging die *Gorgon* bei Portsmouth vor Anker, und Edwards wurde an Land gebracht. Er versah sein Schreiben mit dem Datum des folgenden Tages, dem 19. Juni 1792, und fügte einen Nachtrag hinzu: «Ich ging gestern bei St. Helen's von Bord der *Gorgon* und kam letzte Nacht in Portsmouth an, wo ich im hiesigen Marineamt nun die Befehle Ihrer Lordschaften erwarte.»

Dieser Mitteilung legte Edwards eine Abschrift der Liste bei, die mit seinem Brief aus Kapstadt abgegangen war, und ergänzte sie wie folgt:

<table><tr><td>«Emmanuel Bryant.
Gest. 1. Dezember 1791. Batavia.
Charlotte Bryant.
Gest. 6. Mai 1792
an Bord S. M. S. Gorgon»</td><td>}</td><td>Kinder der
obgenannten
William und
Mary Bryant</td></tr></table>

Mary und die anderen Gefangenen reisten mit der *Gorgon* nach London weiter. Sie hatten sich einst ihre Rückkehr in die Heimat wohl anders vorgestellt …

Es war genau fünf Jahre und sechs Monate her, seit Mary zu einer Reise ans andere Ende der Welt aufgebrochen war.

III
London

17. Kapitel

James Boswell betritt die Szene

An einem schönen, sonnigen Morgen – man schreibt den 3. Juli 1792 – sitzt in einem Londoner Kaffeehaus ein Herr bei der Lektüre des *London Chronicle.* Der Herr ist ziemlich beleibt und etwas kurzatmig, seine kräftige Gesichtsfarbe und die rot geäderte Nase verraten, daß er gern trinkt. James Boswell ist zweiundfünfzig, sieht aber älter aus. Er ist Rechtsanwalt von Beruf, nicht besonders erfolgreich, Witwer und Vater von fünf halbwüchsigen Söhnen und Töchtern, und erst vor kurzem hat er erreicht, was er sich sein Leben lang wünschte: Ruhm und Anerkennung für sein literarisches Schaffen.

Boswell ist aufgrund seines Werks *The Life of Samuel Johnson, LL.D.*, das er nach jahrelanger Arbeit 1791 veröffentlicht hatte, in die Literaturgeschichte eingegangen. Er beschreibt darin nicht nur das Leben des berühmten Dichters, Sprachwissenschaftlers und Literaturkritikers, der sein Freund und Mentor war, sondern vermittelt auch ein faszinierendes Bild seiner Zeit. Vom Leben James Boswells hat man wenig gewußt, bis in den 1920er Jahren auf der Burg Malahide eine umfangreiche Sammlung persönlicher Dokumente entdeckt wurde, darunter zahlreiche Tagebücher. Mit Ausnahme der *London Journals,* in denen Boswell über seine jungen Jahre in der Hauptstadt berichtete, sind diese Tagebücher einer breiten Leserschaft nicht zugänglich; sie wurden nur in kleinen Auflagen gedruckt, und die wenigen vorhandenen Exemplare sind im Besitz verschiedener Bibliotheken.

Fast zwei Jahrhunderte lang wußte man also nichts von der Rolle, die James Boswell im Leben Mary Bryants gespielt hat, denn diese Geschichte findet sich erst in seinem letzten Tagebuch.

James Boswell wurde am 29. Oktober 1740 in Edinburgh geboren, als erster Sohn von Alexander Boswell, dem achten Laird of Auchinleck in Ayrshire (Schottland). Wie Frederick Pottle in seinem Vorwort zu den *London Journals* schreibt, stammte dieser in gerader Linie von Thomas Boswell ab, der als Günstling König Jakobs IV. von Schottland eine Baronie erhalten hatte, kurz bevor beide im Jahre 1513 bei Flodden Field im Kampf gegen die Engländer ums Leben kamen. Die Nachkommen dieses Thomas waren treue Gefolgsleute der Stuarts und unterstützten den Anspruch Maria Stuarts auf den englischen Thron. Sie zeichneten sich auch durch taktisches Geschick aus, indem sie sich, obgleich selbst nicht von adeliger Herkunft, durch eine ganze Reihe vorteilhafter Heiraten mit der schottischen Hocharistokratie verbanden.

James Boswell, zeit seines Lebens ein ausgeprägter Snob, pflegte sich seiner guten Beziehungen zu jedem Adelsherrn zu rühmen, mit dem er dank der weitverzweigten Verbindungen seiner Familie in Kontakt kam. Seine Großmutter war eine Bruce, Tochter des Earl of Kincardine; seine Mutter, Euphemia Erskine, stammte, wenn auch nicht in gerader Linie, vom Earl of Lennox ab, und der wiederum war der Großvater von Lord Darnley gewesen, dem unglückseligen zweiten Gatten Maria Stuarts. «Boswell durfte also von sich behaupten (und er tat es auch)», schreibt Frederick Pottle, «daß in seinen Adern das königliche Blut von Robert the Bruce fließe; einmal erlaubte er sich sogar, König Georg III. daran zu erinnern, daß sie eigentlich Vettern seien …»

Sein Vater war ein renommierter Jurist, Mitglied der illustren Faculty of Advocates und einer der fünfzehn Richter des Court of Session, des obersten schottischen Gerichtshofes für Zivilsachen. Im Jahre 1755 wurde er in das fünfköpfige Richtergremium des High Court of Justiciary berufen, des obersten Gerichtshofs für Strafsachen. Obwohl kein Peer, führte er fortan den Titel Lord Auchinleck. Er besaß ein riesiges Landgut (angeblich konnte er zehn Meilen weit reiten, ohne seinen Grund und Boden zu verlassen) sowie ein stattliches Haus in Edinburgh.

Lord Auchinleck wünschte, daß sein Ältester in seine Fußstapfen trete und Jurisprudenz studiere. James wurde also nicht wie die meisten Söhne aus adeligen Häusern in die Edinburgh High School geschickt, sondern besuchte eine sehr streng geführte Privatschule, bevor er, mit dreizehn Jahren, auf die Universität kam. Daß ein Knabe dieses Alters sich an einer Hochschule immatrikulierte, war damals durchaus üblich, und sein Vater sah keinen Grund, warum er es nicht hätte tun sollen; der Junge konnte ja während des Studiums zu Hause wohnen. James sah darin vermutlich keinen Vorteil. Für ihn und seine beiden Brüder gab es im Elternhaus kaum Zerstreuung und sehr wenig menschliche Wärme, dafür um so mehr puritanische Strenge. Eine ganze Reihe von Hauslehrern hatte dafür zu sorgen, daß die Jungen fleißig lernten. Die Paukerei scheint aber nicht viel genutzt zu haben, jedenfalls nicht bei James.

Der nämlich, als Kind eher schüchtern und verschlossen, begann nun offen gegen das rigorose Regime seines Vaters zu opponieren. War er bisher schwächlich und eher zu klein für sein Alter gewesen, so wuchs er jetzt rasch zu einem stattlichen und, schon damals, ziemlich fülligen jungen Mann heran, der großen Wert auf sein

Äußeres legte und besonders stolz auf seine dunklen Haare und seine schönen Augen war. Er begeisterte sich fürs Theater, schrieb Gedichte und lief den Mädchen nach – letzteres eine Gewohnheit, die er sein Leben lang beibehalten sollte. Lord Auchinleck hatte sich für seinen Sohn eine brillante Karriere als Anwalt und Richter gewünscht, doch dieser Sohn stellte sich seine Zukunft ganz anders vor. Er träumte von einer eleganten Junggesellenwohnung in der Hauptstadt, von einer Uniform, vorzugsweise derjenigen eines Gardeoffiziers, von schönen Frauen, die er reihenweise im Sturm erobern würde. Lord Auchinleck wollte jedoch von einer militärischen Laufbahn nichts wissen, die beiden stritten sich immer öfter, und schließlich packte James kurzerhand seine Sachen und fuhr Hals über Kopf nach London – nicht ohne zuvor seiner entsetzten Familie mitzuteilen, er habe sich entschlossen, zum römisch-katholischen Glauben überzutreten.

Nicht nur das: Anscheinend spielte er eine Zeitlang sogar mit dem Gedanken, ins Kloster zu gehen. Bald aber überlegte er es sich jedoch anders und distanzierte sich von der katholischen Kirche, aus Gründen, über die er sich nie äußern wollte, die aber unschwer zu erraten sind: Nach den damaligen Gesetzen konnte ein Katholik weder Armeeoffizier werden noch die Zulassung als Rechtsanwalt erlangen; James hätte sogar auf Titel und Erbe verzichten müssen.

Lord Auchinleck, bestürzt über das Tun seines offenbar von allen guten Geistern verlassenen Sohnes, änderte in aller Eile sein Testament und wandte sich daraufhin an seinen alten Freund Lord Eglington mit der Bitte, den Hitzkopf zur Räson zu bringen. Dieser nahm sich des jungen Mannes an – allerdings nicht ganz so, wie der Papa es sich gedacht hatte, denn er führte ihn in jene Gesellschaft ein, von der er bislang nur geträumt hatte. James wurde, freilich nur für kurze Zeit, ein Intimus des wegen zahlreicher Skandale übel beleumdeten Herzogs von York, besuchte regelmäßig Pferderennen, dinierte in den vornehmsten Häusern und verbrachte seine Nächte in Theatern, Spielklubs und Bordellen.

Was eine militärische Karriere anging, blieb Lord Auchinleck unerbittlich. Aber James kam es ja vor allem darauf an, in London bleiben zu dürfen, und so beschloß er, um Aufnahme in die Inns of Court, den Verband der Rechtsgelehrten und Rechtsstudenten, anzusuchen. Er hatte vor kurzem Thomas Sheridan (den Vater des Lustspieldichters) kennengelernt, und dieser wollte ihm dabei behilflich sein. James war sich so sicher, daß der Vater sein Vorhaben gutheißen würde, daß er mit Sheridan übereinkam, sich auf November 1761 am Inner Temple einzuschreiben. Aber auch davon wollte Lord Auchinleck nichts wissen, da ihm inzwischen zu Ohren gekommen war, daß sein Sohn in London einen lockeren Lebenswandel führte und überall Schulden hatte. James wurde nach Hause beordert.

Vater und Sohn lagen sich während Monaten wegen James' Zukunft in den Haaren, bevor Lord Auchinleck endlich die Waffen streckte. Ob James unterdessen fleißig die Rechte studierte, wissen wir nicht, wohl aber, wie er seine Freizeit zubrachte. «Abenteuer mit P., einem ausnehmend süßen kleinen Ding, aber ziemlich widerspenstig ... keine Gelegenheit zu längerem Beisammensein», schrieb er im Januar 1762 in sein Tagebuch. Und am 3. März, triumphierend: «Hab's endlich geschafft.» Das «süße kleine Ding» war eine gewisse Peggy Doig, vermutlich ein Dienstmädchen oder eine Näherin. Schon im Juli desselben Jahres verhandelte James mit Dr. Cairnie, Schatzmeister des Pfarreibezirks Canongate, über die Höhe der Summe, die er ihm vor seiner Rückkehr nach London für Peggy und das Kind, das sie von ihm erwartete, anvertrauen wollte.

Boswell scheint sich über die Aussicht, Vater zu werden, ehrlich gefreut zu haben. Er übergab Dr. Cairnie einen ansehnlichen Betrag zu treuen Händen, legte in allen Einzelheiten fest, wie das Geld zu verwenden sei, wo und auf welchen Namen das Kind getauft werden sollte, und bestimmte auch einen Paten. Das Baby, ein Junge, wurde erst nach James' Abreise geboren und erhielt den Namen Charles. «Armer Kleiner», schrieb Boswell, als er die Nachricht erhielt, «ich wünschte von ganzem Herzen, ich hätte ihn noch sehen können, bevor ich nach England fuhr. Daß er mir gleicht, ist mir höchst angenehm. (...) Er wird in mir stets einen liebevollen Vater haben, und ich gebe mich allerlei schönen – vielleicht törichten – Vorstellungen hin, daß er es einmal zu etwas bringen wird. Ich habe mir fest vorgenommen, daß es ihm an nichts fehlen soll, damit er das Rüstzeug zu dem bekommt, wozu auch immer er sich berufen fühlt.» In geradezu rührender Weise malte er sich aus, was er seinem Sohn alles bieten würde: eine Erzieherin, die ihn «liebhaben würde»; eine Schule «in irgendeinem hübschen Dorf in England, wo man von seiner Herkunft nichts weiß, denn er soll nicht von seinen Kameraden gedemütigt werden»; eine seinen Neigungen entsprechende Ausbildung, kurz: all das, was ihm selbst in seiner Kindheit und Jugend versagt geblieben war. Leider sollte es nie dazu kommen, denn Charles starb schon im Alter von zwei Jahren. Sein Vater hatte ihn niemals gesehen, was ihn sehr betrübte.

Boswell ließ sich also wieder in London nieder. Seine Schulden waren bezahlt, er verfügte über ein privates Einkommen von jährlich zweihundert Pfund, und nun stürzte er sich voller Begeisterung in alle möglichen Aktivitäten, nur nicht ins Studium der Rechte. Ihn interessierte vor allem zweierlei: die vornehme Gesellschaft und die Frauen. Zu den Salons der ersteren verschaffte er sich mit allen Mitteln Zutritt, wobei es ihm offenbar nichts ausmachte, daß man ihm häufig mit Herablassung oder Gleichgültigkeit begegnete. In bezug auf die letzteren zeigte er sich weniger wählerisch. Für eine schnelle Nummer mit einem Sexpenny-Mädchen war er immer zu haben, und die physischen Attribute seiner diversen Eroberungen bilden einen wichtigen Gegenstand seiner Tagebuchaufzeichnungen. Er hatte eine ausgeprägte Vorliebe für üppige Busen. So schildert er etwa eine Begegnung «mit einer monströs fetten Hure, bei der ich's unbedingt wissen wollte, wie man so sagt. Ich ging mit ihr in eine Taverne, wo sie mir alle Teile ihres riesigen Leibes enthüllte; aber ihre Habgier war so groß wie ihre ****, denn sie weigerte sich entschieden, es für soviel zu machen, wie ich ihr anbot.» Er hatte eine stürmische Affäre mit einer Schauspielerin namens Louisa, bei der er sich angeblich einen Tripper holte, wohl nicht den ersten und nicht den letzten in seinem Leben. Im übrigen war er ein großer Esser und Trinker, und gelegentlich, wenn ihm danach zumute war, beschäftigte er sich auch mit seinem Studium.

Boswell hatte aber auch eine ganz andere Seite, und ebendiese führte ihn Jahre später dazu, sich für das Schicksal Mary Bryants zu interessieren. Während seiner ersten Londoner Jahre besuchte er einmal das Kriminalgefängnis Newgate, und er sah zum ersten Mal eine Hinrichtung. Diese beiden Erlebnisse prägten ihn. Anders als die meisten seiner Zeitgenossen, denen die fürchterlichen Zustände in den Gefängnissen gleichgültig waren und die in öffentlichen Hinrichtungen eine Art Volksbelustigung erblickten, reagierte Boswell mit Abscheu und Entsetzen.

Für ihn war Newgate «gewiß der bedrückendste Ort, den man sich vorstellen kann, mit drei Reihen Zellen, je vier Zellen in einer Reihe, alle übereinander angeordnet. Sie sind mit doppelt vergitterten Fenstern und auf der Innenseite mit dicken Eisenstangen versehen, und in diese finsteren Verliese werden die Verbrecher eingesperrt.» Er sprach mit zwei Gefangenen, die am folgenden Tag hingerichtet werden sollten. Der eine war Paul Lewis, ein Straßenräuber, dessen Beschreibung an die Figur des Macheath in *The Beggar's Opera* erinnert («jung, gutaussehend und sehr elegant in seinem weißen Rock mit Silberstickerei und seinem Wams aus blauer Seide, das Haar sauber zusammengebunden unter einem eleganten Hut mit silbernen Borten»), die andere eine junge Frau namens Hannah Diego, die wegen Diebstahls zum Tod verurteilt worden war. Tief deprimiert kehrte Boswell nach Hause zurück. «Newgate lastete auf meinem Gemüt wie eine schwarze Wolke. Immer wieder mußte ich an diesen armen Lewis denken ...» Er lag die ganze Nacht wach, «vom Kummer geplagt». Da er sich aber nun einmal vorgenommen hatte, die Sache bis zum Schluß zu verfolgen, machte er sich am anderen Morgen auf den Weg nach Tyburn. «Ich hatte in meiner Jugend so viel über Tyburn gelesen, daß ich eine Art schaudernndes Verlangen empfand, so etwas zu sehen.»

Ein Freund hatte ihm einen Platz in der Nähe des Schafotts freigehalten, und Boswell drängte sich durch eine dichte Zuschauermenge nach vorn. Was jetzt geschah, erfüllte ihn mit Entsetzen. Lewis ging tapfer in den Tod, wie es sich für einen Straßenräuber gehörte, die arme Hannah Diego dagegen schrie und wehrte sich verzweifelt, als man sie aufs Schafott schleppte; sie bekam die Hände frei und schlug zum Ergötzen der grölenden Zuschauer auf den Henker los. Boswell wurde es übel. Die Nacht verbrachte er bei einem Freund, denn «mich überfiel das kalte Grauen, so daß ich es allein nicht aushielt, und so ging ich hin und fand ein Bett (besser gesagt, die Hälfte eines Bettes) bei meinem guten Erskine, der mich liebenswürdigerweise beherbergte».

Boswell hat seine Meinung über öffentliche Hinrichtungen niemals geändert. Darin unterschied er sich grundlegend von Dr. Johnson, der spektakuläre Hinrichtungen sehr zu schätzen wußte. Die beiden hatten sich um jene Zeit in London kennengelernt, und ihre Freundschaft dauerte bis zu Johnsons Tod im Jahre 1784.

Aus James Boswell wurde nie ein berühmter Anwalt, wie sein Vater es sich gewünscht hatte. Er ging auch keine «vorteilhafte» Ehe ein, wie es in seiner Familie Tradition war. Als er sich 1769 entschloß, einen eigenen Hausstand zu gründen, fiel seine Wahl auf Margaret Montgomerie, eine Kusine, die kein Vermögen mit in die Ehe brachte. Das Paar hatte drei Söhne, Alexander, David (der schon bald nach der Geburt starb) und James, und drei Töchter, Veronica, Euphemia und Elizabeth («Betsey»). Obwohl Boswell seiner Frau aufrichtig zugetan war, nahm er es mit der ehelichen Treue nicht allzu genau. Nach seiner Heirat verzichtete er eine Zeitlang auf amouröse Abenteuer, verfiel dann aber wieder in die alten Gewohnheiten. Er hatte sich zwar als Rechtsanwalt in Edinburgh niedergelassen, hielt sich aber häufig in London auf, wo er ein Junggesellenleben führte mit Theater- und Kaffeehausbesuchen, Abendgesellschaften, hitzigen Debatten und fröhlichen Zechgelagen mit seinen Freunden. Ein Stich aus dem Jahr 1769 zeigt ihn auf dem Weg zu einem Kostümball, als korsischer Bandit verkleidet.

Lord Auchinleck starb 1782 und hinterließ James den

Familiensitz in Ayrshire, der jetzt das neue Heim von Margaret und den Kindern wurde. Boswell steckte trotzdem ständig in finanziellen Schwierigkeiten, denn die Einkünfte aus dem Gut deckten die Kosten seiner Londoner Wohnung und seines aufwendigen Lebensstils bei weitem nicht. Seine juristische Laufbahn gipfelte 1789 in der Berufung zum Recorder von Carlisle, dem Amt eines nur auf Zeit gewählten Richters, das er nur dank seiner guten Beziehungen bekommen hatte. Aber Boswell lag ohnehin nicht viel an der Juristerei, er widmete sich lieber dem, was er als sein Lebenswerk ansah, der Johnson-Biographie.

Sorgen hatte er wahrlich genug: Margaret litt an Tuberkulose und benötigte Pflege, die Erziehung der Kinder war teuer, und so steckte er bald bis zum Hals in Schulden. Die beiden Jungen sollten ihre Ausbildung in London erhalten, Boswell wollte sie später einmal in Eton oder Westminster studieren lassen. Veronica führte ihm den Haushalt. Boswell mochte viele Fehler haben, aber er liebte seine Familie. Zu seinen glücklichsten Stunden, schrieb er, gehörten diejenigen, die er mit seinen Kindern in Schottland verbrachte. Als sie noch klein waren, pflegte er mit ihnen im Park herumzutollen und ihnen abends Geschichten zu erzählen, als sie älter wurden, las er ihnen häufig vor, *Tristram Shandy* zum Beispiel. Er war ein sehr nachsichtiger Vater und mochte es gar nicht, wenn seine Bekannten ihm vorhielten, er sei mit den Kindern nicht streng genug.

Im März 1789 erreichte ihn in London die Nachricht, Margaret liege im Sterben, er müsse so rasch wie möglich nach Hause kommen. Boswell war gerade mit einem wichtigen Fall beschäftigt und schob die Abreise hinaus, zumal kurz darauf ein Brief von Margaret kam, die ihm versicherte, sie habe zwar ständig Fieber und fühle sich schwach, aber es habe keine Eile. Im April schließlich reiste er ab, vom Gewissen geplagt: «Aus lauter Melancholie gebe ich mich zu sehr meinen Zerstreuungen hin und trinke zuviel Wein.» Die nächsten Wochen verbrachte er am Krankenbett seiner Frau. Sie schien sich zu erholen, und so fuhr er nach London zurück, wo viel Arbeit auf ihn wartete.

Aber plötzlich ging es Margaret wieder schlechter, und diesmal erreichte die Botschaft Boswell zu spät: Als er nach einer Fahrt von «nur vierundzwanzig Stunden und fünfzehn Minuten» zu Hause ankam, war sie bereits tot. «Meine gute, liebe Frau, die Mutter meiner Kinder, so daliegen zu sehen, kalt und stumm und bleich, war ein schrecklicher Schock für mich. Ich wollte es einfach nicht wahrhaben und glaubte, es sei alles nur eine Täuschung. Ich brachte es kaum übers Herz, zu erlauben, daß man den Leichnam fortbrachte, denn es war mir doch ein Trost, an der Bahre zu knien und mit meiner geliebten Peggy Zwiesprache zu halten.»

Nach der Beerdigung mußte sich Boswell darum kümmern, was mit den Kindern geschehen sollte. Veronica und James, so beschloß er, sollten fortan bei ihm in London wohnen, während Euphemia weiterhin die Schule in Edinburgh besuchte. Betsey kam vorläufig in ein Internat in Ayr; Boswell hoffte, irgendwie Geld aufzutreiben, damit er sie später nach Frankreich in ein Pensionat schicken konnte. Alexander würde demnächst sein Studium in Eton beginnen. Nachdem alles in die Wege geleitet war, kehrte Boswell zu seiner Arbeit und seiner Johnson-Biographie zurück.

In diesem Porträt von James Boswell fehlt noch eine Facette. Daß er ungeheuer ahnenstolz war und sich auf eine manchmal ziemlich penetrante Weise bei der Aristokratie anbiederte, geht aus seinen Tagebüchern viel deutlicher hervor als die Tatsache, daß er zutiefst verabscheute, was er als ein im Namen des Rechts begangenes Unrecht ansah. Mehr als einmal hatte er sich, ohne dafür Honorar zu verlangen, für Menschen eingesetzt, denen wegen eines geringfügigen, in den meisten Fällen nur aus bitterer Not begangenen Delikts der Galgen drohte. Nicht immer war er damit durchgekommen. Aber er hatte es zumindest versucht und dabei weder Mühe noch Kosten gescheut.

Kehren wir also zurück zu jenem Morgen im Juli 1792, an dem James Boswell, ein Mann in mittleren Jahren, von stattlicher Figur und nach der neuesten Mode gekleidet, im Kaffeehaus sitzt und die Zeitung liest, nachdem er ausgiebig gefrühstückt hat. Er ist zufrieden mit sich und der Welt. Zusammen mit seinen beiden älteren Töchtern, hübschen, lebhaften jungen Mädchen, die er voller Stolz jeden Sonntagvormittag zu einer der von der feinen Londoner Gesellschaft besuchten Kirchen begleitet, bewohnt er ein elegantes Stadthaus in der Nähe der Oxford Street. Alexander und James studieren, Betsey ist in einem Pensionat untergebracht, und wegen des Schulgeldes braucht sich Boswell jetzt keine Sorgen mehr zu machen. Seine Johnson-Biographie ist zwar nicht bei allen Kritikern gut angekommen, aber sie verkauft sich ausgezeichnet und hat ihm nicht nur Berühmtheit, sondern auch eine hübsche Summe eingebracht. Er trinkt immer noch viel, mehr, als ihm guttut, und den Freuden der Liebe ist er immer noch zugetan, aber gar so wild wie in seinen jungen Jahren treibt er es jetzt nicht mehr.

Er überfliegt die Titelseite des *London Chronicle*, blättert weiter – und stutzt. Daß die Redaktion einem Bericht fast eine ganze Seite widmet, kommt selten vor. In der Regel sind Zeitungsartikel kurz gefaßt und mit knappen

Überschriften versehen, wie etwa «London», «Nachrichten aus dem Ausland», «Neues vom Hofe». Über diesem Bericht aber steht eine fette Schlagzeile, und die lautet: «STRÄFLINGE AUS BOTANY BAY GEFLOHEN».

18. Kapitel

Das Mädchen aus Botany Bay

In seiner vorletzten Ausgabe hatte der *London Chronicle* eine kurze Meldung folgenden Inhalts gebracht:

> «Nachricht aus Botany Bay von Seiner Majestät Schiff *Gorgon.* Die junge Kolonie befindet sich in größter Not, da es ihr an allem Lebensnotwendigen mangelt, und keineswegs in blühendem Zustand, wie man es darstellte, auch besteht nicht die entfernteste Möglichkeit, diesen Zustand herbeizuführen. (...)
> Die folgenden Personen waren Passagiere der *Gorgon.* Major Rolls, Hauptmann Campbell, Hauptmann Meredith, Hauptmann W. Tench, die Leutnants Johnstone, Kello und Dawes, Kapitän Edwards von der *Pandora,* über hundert Mann des Marinekorps sowie Frauen und Kinder, zehn Meuterer von der *Bounty* und mehrere Sträflinge, die in einem offenen Boot von Port Jackson nach Batavia entkommen waren, obgleich die Entfernung nicht weniger als 1000 Seemeilen beträgt.»

Der Bericht, den Boswell am 3. Juli 1792 liest, ist zwar sehr viel ausführlicher, aber nicht viel exakter. So heißt es, das Fluchtfahrzeug habe einem «Kapitän Smith» gehört, dem Kommandanten eines holländischen Schiffes; dieser sei von «einem Sträfling namens Briant [sic], Ehemann der Gefangenen Mary Briant», überredet worden, es ihnen zu überlassen. Es folgt eine Aufzählung der

Vorräte, die sich die Sträflinge beschafft hatten, sowie eine kurze Schilderung der «erstaunlichen und waghalsigen Flucht». Zu diesem Thema muß der Verfasser einiges von James Martin selbst erfahren haben, denn in manchen Einzelheiten stimmt sein Artikel mit Martins *Memorandum* überein. Er erwähnt, daß die «Briants» ihre beiden kleinen Kinder mitnahmen und daß alle sich darüber einig waren, «unter den gegebenen Umständen lieber ihr Leben aufs Spiel zu setzen, so schrecklich die Gefahren des Meeres auch sein mochten, als weiterhin an unwirtlichen Gestaden ein elendes Dasein zu fristen». Den Schwerpunkt bilden die Ankunft auf Timor und die Ereignisse, die dann zu ihrer Verhaftung führten. Schließlich wird noch beschrieben, auf welche Weise Will, die beiden Kinder sowie James Cox, Sam Bird und William Moreton umgekommen waren.

Der Verfasser führt Namen, Alter und Delikte der Geflohenen auf, an erster Stelle «Mary Briant, etwa 28 Jahre alt, unter dem Namen Broad vor sechseinhalb Jahren durch das Schwurgericht in Exeter zum Tode verurteilt wegen eines in Plymouth begangenen Raubüberfalls». Hier liegt auch der Ursprung der später übernommenen, irreführenden Angaben zu Wills Prozeß: «William Briant wurde um dieselbe Zeit in Bodmin zu sieben Jahren Deportation verurteilt wegen tätlichen Angriffs auf Zollbeamte, welche in seinem Besitz befindliches Schmuggelgut beschlagnahmen wollten.» Wie wir heute wissen, erfolgte Wills Verurteilung bereits zwei Jahre davor, und zwar wegen Urkundenfälschung, nachdem ihn die Geschworenen der Schmuggelei für nicht schuldig befunden hatten. Allerdings ist denkbar, daß Will selbst die Geschichte so erzählt hat, weil Schmuggel im Gegensatz zu Urkundenfälschung als eine Art Kavaliersdelikt galt.

Eine weitaus blumigere Darstellung erschien am 21. Juli im *Dublin Chronicle.* Dem unbekannten Verfasser ging es offenbar vor allem um die lokalen Bezüge, und so steht im Mittelpunkt seines Artikels «James Martin aus der Grafschaft Antrim in Irland, zweiunddreißig Jahre alt, vor rund sechseinhalb Jahren in Exeter verurteilt wegen Entwendung eines Quantums Blei und Alteisen im Gewicht von etwa 20 lb., welches dem Lord Courtenay gehörte».

Manche Einzelheiten dieses Berichts stammen offenbar aus anderen Quellen als denjenigen des *London Chronicle.* Danach wäre Mary «des Diebstahls eines Mantels für schuldig befunden und zum Tode verurteilt worden, da solches ein Kapitalverbrechen ist, dann aber zusammen mit den beiden Frauen, die desselben Deliktes angeklagt waren, begnadigt unter der Bedingung, auf sieben Jahre nach Botany Bay deportiert zu werden». Höchst dramatisch schildert der Verfasser, wie Will Bryant die Zollbeamten «in Ausführung ihrer Pflicht» angegriffen habe. Da hat er wohl einiges dazugedichtet, was später übernommen wurde. Andere Einzelheiten erscheinen in keiner der Londoner Zeitungen, klingen jedoch glaubwürdig:

> «Diese Flucht war wohl das abenteuerlichste und erstaunlichste Unternehmen, das jemals von neun Personen (dazu zwei Kinder) vollbracht wurde, um ihre Freiheit zurückzugewinnen. Sie würden sich, wie sie erklärten, nie auf ein solches Wagnis eingelassen haben, hätten sie nicht befürchten müssen, Hungers zu sterben, und hätten sie nicht die Gewißheit gehabt, daß sie die Heimat niemals wiedersehen würden, auch wenn sie die Jahre der Verbannung lebend überstehen sollten. Sie sagten, sie seien von Gouverneur Phillip sehr

anständig behandelt worden, jedoch habe das Land nicht die Hälfte von dem hergegeben, was ausgesät worden war. Das Vieh sei von den Eingeborenen getötet worden, was eine Hungersnot zur Folge gehabt habe. Sie hätten pro Tag nur je vier Unzen Mehl und Pökelfleisch bekommen, und wer wegen Verletzung oder Krankheit arbeitsunfähig war, sogar nur die Hälfte dieser Menge. Und so hätten sie denn die erste Gelegenheit ergriffen, um sich auf Gnade und Ungnade dem Meer auszuliefern, anstatt in diesem unwirtlichen Lande zugrunde zu gehen.»

Beide Zeitungen zitieren einen Ausspruch von Mary: «Ich wollte lieber den Tod erleiden als zurück nach Botany Bay.»

Kurz entschlossen ließ sich James Boswell Hut, Mantel und Stock bringen und machte sich auf den Weg nach Newgate, wo laut *London Chronicle* die fünf überlebenden Protagonisten dieser sensationellen Flucht jetzt auf ihre Aburteilung warteten. Man kann ihn sich gut vorstellen, wie er sich seinen Weg durch die engen Straßen Londons bahnte, wo der Lärm der Kutschen und Wagen dröhnte, an den laut rufenden Straßenverkäufern vorbei, durch den Gestank der Abflußrohre – es war schließlich Hochsommer – und durch das ganze lebendige Stadtleben, das ihn auch nach dreißig Jahren in London noch so faszinierte. Es war ein weiter Weg von der Great Portland Street zum Gefängnis von Newgate, was gleich neben dem Old Bailey lag, und ein großer, schwerer Mann von nicht besonders guter Gesundheit würde wohl eine Stunde gebraucht haben, um ihn zurückzulegen. Er ließ sich beim Oberaufseher melden und verlangte, zu den Deportierten geführt zu werden.

Vermutlich hatte man sie alle in die chronisch überfüllte «allgemeine Abteilung» gesteckt, denn sie besaßen ja kein Geld, um die Wärter zu bestechen und sich damit ein etwas besseres Quartier zu erkaufen. Sie erwarteten wohl auch nicht, daß sie noch lange in Newgate bleiben würden: Wer aus einer Strafkolonie ausriß und vor Ablauf der Verbannungszeit nach England zurückkehrte, mußte mit einem Todesurteil rechnen. Obwohl Boswell vorhatte, sich für alle Geflohenen einzusetzen, interessierte ihn doch in erster Linie diese erstaunliche junge Frau, Mary Bryant.

Wir wissen nicht, was für eine Vorstellung sich Boswell von ihr gemacht haben mag. Ein dralles, rotbackiges Mädchen jener Art, die er in seinen jungen Jahren bevorzugte, war sie sicherlich nicht. Die Frau, zu der man Boswell führte, war von hagerer Gestalt, mit großen dunklen Augen in einem bleichen, von Leid und Entbehrungen gezeichneten Gesicht. Der Unbekannte, der da auf einmal bei Mary erschien, war offensichtlich ein Herr in den besten Jahren, wohlgenährt und nach der neuesten Mode gekleidet. Vor ihm waren schon andere Neugierige in Newgate erschienen, um sich die Gefangenen anzuschauen, von denen ganz London redete, und deshalb zeigte Mary wenig Interesse, als er ihr Grund und Zweck seines Kommens erklärte. Sein Name sagte ihr nichts, und die Tatsache, daß er Anwalt war, bedeutete ihr wenig. Ihr konnte kein Anwalt mehr helfen. Morgen würde man sie dem Untersuchungsrichter vorführen, der würde den Fall an das Kriminalgericht überweisen, der Prozeß war dann nur noch eine Formalität und würde unweigerlich mit einem Todesurteil enden.

Boswell ließ sich durch ihre Gleichgültigkeit keineswegs entmutigen. Er sei ein bekannter, allseits respektierter Anwalt, wiederholte er. Marys Geschichte, die er aus der Zeitung erfahren habe, gehe ihm sehr zu Herzen, und so sei er unverzüglich nach Newgate gekommen, um ihr sein Wissen und seine Erfahrung als Jurist zur Verfügung zu stellen.

Warum, wollte sie wissen. Die Frage verblüffte ihn einigermaßen. Wegen der schlimmen Lage, in der sie sich befinde. Ob ihr denn nicht klar sei, was sie erwartete? Ob sie nicht wisse, daß das seinerzeit in Deportation umgewandelte Todesurteil immer noch rechtskräftig war und ohne weiteres vollzogen werden konnte, weil sie vor Verbüßung ihrer sieben Jahre aus der Strafkolonie geflohen sei? Ob sie denn nicht begreife, daß ihr der Galgen drohe? Er redete auf die junge Frau ein, und vielleicht kam ihm dabei die inzwischen längst tote Hannah Diego in den Sinn, die so verzweifelt geschrien und um sich geschlagen hatte, als man sie zum Galgen schleppte.

O doch, all das sei ihr vollkommen klar, erwiderte Mary. Aber was hatte sie denn vor sich, wenn ihr der Galgen erspart bliebe? Sie war lange genug eingesperrt gewesen, in Plymouth, in Exeter, auf dem Gefängnisschiff, auf dem Sträflingsschiff, in einer Strafkolonie am anderen Ende der Welt, in Eisen gekettet auf dem Deck der *Rembang*. Sie hatte ihren Mann und ihre Kinder verloren, es gab nichts mehr, wofür zu leben sich lohnte. Lieber hängen als wieder auf Jahre hinaus eingesperrt zu werden …

Boswell ließ nicht locker. Er konnte sehr hartnäckig sein, ganz gleich, ob es sich darum handelte, von vornehmen Leuten eingeladen zu werden, eine Frau ins Bett zu bekommen oder einen armen Teufel vor dem Galgen zu retten. Er werde am folgenden Morgen zur Verhandlung erscheinen, teilte er Mary mit, und danach wolle er sehen, was er tun könne. Auf jeden Fall werde er sie wieder aufsuchen. Nachdem er sich von Mary verabschiedet hatte, redete er noch mit den anderen vier Sträflingen und versprach, sich auch um sie zu kümmern. Dann verließ er das Gefängnis. Jetzt eilte es ihm nicht mehr, er hatte Zeit, ins Kaffeehaus zu gehen, um in Ruhe nachzudenken, oder einen Freund zu besuchen, um die Sache mit ihm zu besprechen. Etwas, was die Männer ihm erzählt hatten, ging ihm ständig im Kopf herum, nämlich daß Mary «mehr Tapferkeit und mehr Verstand an den Tag gelegt habe als sie alle miteinander».

Boswell war nicht der einzige Zuschauer, der bei der Verhandlung vor dem Untersuchungsrichter, Nicholas Bond, zugegen war. Die Angelegenheit hatte sich herumgesprochen, und es waren so viele Leute gekommen, daß sich die Wärter mit den Ellbogen einen Weg durch die Menge bahnen mußten, um die Angeklagten auf ihre Plätze zu führen.

Nicholas Bond ließ sie bei der Vernehmung ausführlich zu Wort kommen. Mit besonderer Aufmerksamkeit hörte er sich Marys Aussagen an; ihre Haltung, erklärte er später, habe ihn sehr beeindruckt. Sie beantwortete alle Fragen ruhig und überlegt, und nur einmal, als die Rede auf den Tod ihres Mannes und ihrer Kinder kam, zitterte ihre Stimme. Sie gab unumwunden zu, die treibende Kraft bei der Planung und Durchführung der Flucht gewesen zu sein. James Martin hatte bereits ausgesagt, daß sie wohl kaum davongekommen wären, wenn Mary sie nicht immer wieder zum Durchhalten angetrieben hätte.

Bond wollte wissen, ob Mary das Verbrechen, aufgrund dessen sie ursprünglich verurteilt worden war, aufrichtig bereue, und sie bejahte seine Frage. Im Saal wurde beifälliges Gemurmel laut. Aber warum, fuhr der Richter fort, hatte sie dann ihr Leben und das ihrer Kinder aufs Spiel gesetzt mit einer solchen Tollkühnheit wie einer

Fahrt über Tausende von Seemeilen in einem offenen Boot? Mary wiederholte, was sie schon mehrfach gesagt hatte: weil es besser sei zu sterben, als in Gefangenschaft zu leben.

Die Zuschauer waren offensichtlich gleicher Meinung. Nicholas Bond dankte ihr höflich und beendete die Einvernahme mit der Ankündigung, er werde den Fall vorläufig noch nicht an die für Strafsachen zuständige Instanz überweisen. Die Angeklagten seien vorläufig wieder in Gewahrsam zu nehmen und ihm am folgenden Donnerstag zwecks Fortsetzung der Einvernahme vorzuführen.

Die Sympathie des Publikums für die Angeklagten war so groß, daß auf der Stelle eine Kollekte veranstaltet wurde; jedermann wußte, daß man sich in Newgate nur durch Bestechung einigermaßen erträgliche Bedingungen verschaffen konnte. Mit Erlaubnis des Richters wurde das gesammelte Geld den Gefangenen ausgehändigt.

Auch die Presse ergriff nun zugunsten der Angeklagten Partei. Ob es nicht angezeigt wäre, so der *London Chronicle*, in diesem Fall Gnade vor Recht ergehen zu lassen? Gerade die Frau habe doch wahrhaftig für ihr Verbrechen schon genug gebüßt. «Seine Majestät ist ja stets bereit, vom Gnadenprivileg Gebrauch zu machen», meinte ein Kommentator. «Gewiß hat noch nie zuvor jemand diese Gnade in so hohem Maße verdient.»

Bei seinem zweiten Besuch bei Mary äußerte sich Boswell sehr optimistisch über die Entwicklung der Dinge. Die Öffentlichkeit stehe voll und ganz auf ihrer Seite, versicherte er, und angesichts dieser Tatsache sei er überzeugt, daß man sie nicht zum Tod verurteilen werde.

Aber Mary konnte seine Zuversicht nicht teilen. Das Interesse der Leute würde wohl kaum lange vorhalten, und die Aussicht, noch Jahre in Newgate verbringen zu müssen, erfüllte sie mit Schrecken. Ob Boswells nächster Zug von Anfang an geplant war oder spontan erfolgte, wissen wir nicht. Jedenfalls legte er Mary nun folgendes dar: Falls Richter Bond beschließen werde – und alles deute darauf hin –, den Fall nicht an die höhere Instanz zu überweisen, würden die Angeklagten bis auf weiteres in Haft bleiben. Das verschaffte ihm, Boswell, den zeitlichen Spielraum, um eine Begnadigung zu erwirken.

Mary war nicht so naiv anzunehmen, daß einem solchen Gesuch ohne weiteres stattgegeben würde. Mit Boswells Verbindungen zu namhaften Persönlichkeiten war es zwar häufig nicht so weit her, wie er zu behaupten pflegte, doch in diesem Fall konnte er sich tatsächlich auf einen alten Bekannten berufen, Henry Dundas, ein ehemaliger Schulkamerad und Studienkollege, jetzt Innenminister. Die Tatsache, daß er sich nie besonders gut mit ihm verstanden hatte, spielte keine Rolle. Er werde sich bei Dundas höchstpersönlich für sie verwenden, versicherte er Mary und verabschiedete sich.

Sie mag sich gefragt haben, welche Motive eigentlich hinter Boswells Intervention steckten. Ging es ihm wirklich nur darum, sie freizubekommen, oder hegte er etwa noch andere Absichten? Aus Boswells Aufzeichnungen geht nicht hervor, ob er schon zu diesem Zeitpunkt mit ihr darüber gesprochen hatte, daß er nach ihrer Freilassung eine Wohnung für sie besorgen wollte. Mary wußte aus eigener Erfahrung, daß ein Mann im allgemeinen eine Gegenleistung erwartet, wenn er einer Frau hilft, und sie hatte inzwischen wohl auch mitbekommen, ohne daß Boswell ihr gegenüber deutlich zu werden brauchte, daß er ein Schürzenjäger war. Aber das stand alles noch in den Sternen.

Anläßlich der zweiten Einvernahme, die am 7. Juli

1792 stattfand, erging folgender Beschluß: Die Angeklagten Mary Bryant, James Martin, John Butcher (alias Samuel Broom), William Allen und Nathaniel Lilley seien formal der Zuständigkeit des Kriminalgerichts Old Bailey zu unterstellen und hätten aufgrund der ursprünglich über sie verhängten Urteile in Gewahrsam zu verbleiben, bis sie «gegebenenfalls aufgrund gesetzlicher Maßnahmen» entlassen würden. Die Regierung wünsche nicht, hieß es weiter, daß in diesem Fall das Gesetz in aller Schärfe zur Anwendung komme. Demzufolge wurden die Angeklagten auf unbestimmte Zeit wieder ins Newgate-Gefängnis verbracht – ein Ort, den sie, einem Artikel im *London Chronicle* vom 12. Juli zufolge, «als Paradies betrachteten im Vergleich zu den schrecklichen Leiden, die sie während ihrer Reise hatten erdulden müssen».

Seltsamerweise findet man in keiner einzigen Ausgabe des *Western Flyer and Sherborne Mercury* im fraglichen Zeitraum auch nur eine Zeile über diese aufsehenerregende Geschichte, in deren Mittelpunkt doch eine aus Cornwall gebürtige und in Exeter verurteilte Frau stand, obwohl das Blatt über verschiedene viel weniger bedeutende Fälle berichtete, die in London vor Gericht kamen.

Mary mußte also wieder ins Gefängnis. Diesmal bestand immerhin die Aussicht, daß sie sich dank des Geldes, das für sie gesammelt worden war, einige Hafterleichterungen verschaffen konnte. Unterdessen nahm James Boswell die schwierige Aufgabe in Angriff, Marys Begnadigung zu erwirken.

19. Kapitel

Ein Abstecher nach Cornwall

«Die Ansichten der Menschen in bezug auf Regierungen ändern sich in allen Ländern sehr schnell. Die Revolutionen in Amerika und Frankreich haben einen Lichtstrahl über die Welt geworfen, der bis in die Menschen hineinreicht.»

THOMAS PAINE

James Boswell hätte für sein Vorhaben kaum einen ungünstigeren Zeitpunkt wählen können: Die allgemeine Stimmung im England des Jahres 1792 war noch stärker von Angst und Unsicherheit geprägt als zu der Zeit, da Mary die Landstraßen unsicher gemacht hatte.

Seit nunmehr drei Jahren verfolgte die Regierung die politische Entwicklung in Frankreich, zunehmend besorgt, daß der Bazillus der Revolution den Ärmelkanal überqueren und sich in England ausbreiten könnte. Die Wirtschaftslage hatte sich verschlechtert, und auch für die bisher von finanziellen Sorgen verschonte Mittelschicht wehte nun ein rauher Wind. Die Londoner Zeitungen wie die Provinzblätter brachten neben den Meldungen von gewalttätigen Auseinandersetzungen in Frankreich jetzt immer häufiger auch Berichte über Unruhen im Inland. Die Furcht vor neuen Ideen wurde noch geschürt durch die Publikation einer Schrift mit dem Titel *Die Rechte des Menschen* von Thomas Paine, deren erster Teil im Februar 1791, der zweite ein Jahr danach erschienen war.

Paine forderte darin, daß England die Monarchie abschaffe, sich als Republik konstituiere und das Volk ermächtige, selbst über sich zu bestimmen. In allen Einzelheiten legte er die Mängel eines Systems dar, in dem Vetternwirtschaft und Korruption herrschten und mit dem sich der *Status quo* nur deshalb aufrechterhalten ließ, weil das Volk durch Armut und Unwissenheit niedergehalten wurde:

> «Blicken wir auf die Aufstände und Unruhen zurück, die sich zu verschiedenen Zeiten in England ereigneten, so werden wir finden, daß sie nicht durch das Fehlen einer Regierung entstanden, sondern daß die Regierung selbst sie verursachte; statt die Gesellschaft zu festigen, entzweite sie sie, beraubte sie ihres natürlichen Zusammenhangs und erzeugte Unzufriedenheit und Unordnung, die sonst nicht existiert hätten. (...) Übermaß und Ungleichheit der Besteuerung, wie verschleiert auch die Mittel sein mögen, zeigen sich stets an den Auswirkungen. Da hierdurch eine große Masse der Gesellschaft in Armut und Unzufriedenheit geworfen wird, ist diese beständig am Rande des Aufruhrs, und da sie unglücklicherweise der Mittel zur Aufklärung beraubt ist, wird sie leicht zu Gewalttätigkeiten gereizt. Was immer die scheinbare Ursache eines Aufstandes sein mag, die tatsächliche Ursache ist Mangel an Glück. Dies zeigt, daß im Regierungssystem etwas schlecht ist, etwas, das dem Wohlsein schadet, durch das die Gesellschaft erhalten werden soll.»

Auf das politische Establishment wirkten solche Worte wie ein rotes Tuch. Im Juni 1792 wurde gegen Paine Anklage wegen Hochverrats erhoben; der Prozeß fand jedoch erst im Dezember statt, und Paine hatte England inzwischen verlassen können. Die Verurteilung erfolgte also in Abwesenheit des Angeklagten, und zwar aufgrund der Tatsache, daß «Tom Paine, ein niederträchtiger, verleumderischer, übelwollender Mensch und ein Feind unseres Herrn und Königs sowie der trefflichen Regierung und Verfassung Seines Reiches, eine lügenhafte und gemeine Schmähschrift gegen besagte Regierung veröffentlichte». Nach einer sechsstündigen Tirade des Staatsanwaltes hielten die Herren Geschworenen weitere Erläuterungen für überflüssig und fällten einen Schuldspruch. Das nannte man Gerechtigkeit.

Aber die von Paine angeprangerten Mißstände waren ebenso offenkundig wie die Tatsache, daß das Volk diese Mißstände nicht mehr länger hinnehmen wollte.

Am 18. Juli 1791 hatte der *Western Flyer and Sherborne Mercury* – mit einjähriger Verspätung – eine kurze Meldung über die Ankunft der Zweiten Flotte in Botany Bay gebracht, der die geneigten Leser entnehmen konnten, die Kolonie befinde sich «in einer besorgniserregenden Lage, da aufgrund des Mangels an Lebensmitteln viele erkrankt sind». Mindestens 270 Deportierte seien während der Überfahrt umgekommen. Sehr wahrscheinlich erregte diese Meldung jedoch weniger Aufsehen als ein in derselben Nummer publizierter, groß aufgemachter Bericht über die «Gewalttaten des Pöbels» in Birmingham.

Die fortschreitende Privatisierung von Allmenden hatte eine Landflucht von gewaltigen Ausmaßen ausgelöst, während die kleinen Handwerksbetriebe immer mehr von den neuen Manufakturen verdrängt worden waren. In Birmingham und den umliegenden Ortschaften zogen Hunderte, ja Tausende von Arbeitslosen durch die Straßen, plünderten die Läden, richteten Verwüstungen an und steckten Herrensitze in Brand, wobei sich «bei all diesen Verheerungen die Weiber besonders hervortaten». Die Obrigkeit mußte drei Abteilungen Dragoner einsetzen, um den Aufstand niederzuschlagen; es gab sechzehn Tote und zahlreiche Verwundete. Aufrührer, die nicht gefaßt und eingekerkert wurden, fanden in stillgelegten Kohlebergwerken Unterschlupf; des Nachts verübten sie weitere Anschläge.

In derselben Ausgabe des Blattes wurde auch über ein Ereignis berichtet, das sich ebensogut auf einem fremden Planeten hätte zutragen können: der «Große Hofball» Seiner Königlichen Hoheit des Prinzen von Wales. Es war in der Tat eine großartige Angelegenheit. Der Prinz, schwärmt der Verfasser, sei «in einem mit Silberfäden bestickten und mit Diamanten übersäten Rock aus teegrüner Seide» erschienen, die Damen in nicht minder prächtigen Toiletten; noch mehr bewundert habe man jedoch die neue Kalesche des Herzogs von Bedford, «mit Lakaien in Livreen aus blauem Samt, der Wagen außen mit blauen Blumen auf weißem Grund und goldenen Zierleisten bemalt, innen mit rotem Saffianleder ausgeschlagen». Auch das Gefolge des Herzogs habe sich durch seine Eleganz ausgezeichnet, namentlich die Herzogin, welche «eine Ballrobe aus schokoladenbraunem gestreiftem Seidenkrepp und goldfarbenem Tüll» trug und dazu den kostbarsten Diamantschmuck.

Die Ereignisse in Birmingham machten zwar Schlagzeilen, aber Unruhen brachen auch in anderen Gebieten aus, zumal in Cornwall, wo die Konzentration in der Bergwerksindustrie unaufhaltsam weiterging und immer mehr Minenbesitzer, Schmelzer und Finanzbarone sich ihren Anteil an immer kleineren Gewinnen zu sichern suchten. Die schlecht bezahlten und schlecht ernährten Grubenarbeiter waren nicht mehr gewillt, die Kosten dieses mörderischen Konkurrenzkampfes zu tragen. Bisher hatte es nur sporadische Protestaktionen gegeben, jetzt kam es immer häufiger zu blutigen Ausschreitungen. In

Truro konnte ein Aufstand nur mit Hilfe der Armee niedergeschlagen werden. Unter den reichen Landbesitzern war die Furcht so groß, daß sie, als die Regierung im Jahre 1792 angesichts der Gefahr einer französischen Invasion bewaffnete Milizen rekrutieren wollte, energisch protestierte; es sei «unklug, die Arbeiterklasse zu bewaffnen», lautete ihr Argument. Ein Geistlicher warnte seine Gemeinde eindringlich davor, Waffen an die Grubenarbeiter auszuteilen, «denn sie werden diese Waffen viel eher gegen die Großbauern und den Landadel wenden als gegen die französischen Eindringlinge».

Wie in Birmingham leisteten auch in Cornwall die Frauen ihren Beitrag zu den «Verheerungen», indem sie Fuhrwerken auflauerten, die Getreide transportierten. Die Kornhändler beklagten sich lauthals über das Unwesen solcher «Terrorbanden» und die unverschämten Forderungen nach gerechten Preisen. Ein gewisser Mr. Basset, Grubenbesitzer in Tehidy, führte an der Spitze einer Schar von Getreuen eine nächtliche Razzia durch. Fünfzig «Terroristen» wurden festgenommen und zwecks Aburteilung anläßlich der nächsten Schwurgerichtssitzung nach Bodmin verbracht. Drei der Männer wurden zum Tode verurteilt, die übrigen zur Deportation. Trotz zahlreicher Gnadengesuche bestand Basset darauf, daß zumindest einer der Rebellen hängen sollte (so geschah es dann auch), in der absolut illusorischen Annahme, dies werde «eine erzieherische Wirkung auf die Grubenarbeiter ausüben, so daß sie hinfort von ihrem rohen und dreisten Tun ablassen und sich mit dem geziemenden Respekt verhalten».

Es verwundert nicht, daß die «zehn jugendlichen Personen», die in St. Austell, einer Ortschaft in der Nähe von Fowey, eine Versammlung «zur Feier der Französischen Revolution» veranstalteten, jedes Aufsehen zu vermeiden suchten. Der Anlaß verlief dann auch ruhig und «mit größtem Anstand»; nur wenige Leute hatten es riskiert, daran teilzunehmen. Wenig später versammelten sich rund tausend Menschen in Plymouth, wo Thomas Paine *in effigie* verbrannt wurde, «unter den Beifallskundgebungen all jener, die diesem Anlaß beiwohnten. Das Ganze ging ohne jeglichen Tumult vor sich.» Die Regierung hatte großmütig Geld für diese und ähnliche Veranstaltungen im ganzen Land zur Verfügung gestellt.

So also lagen die Dinge, als James Boswell daranging, für fünf aus der Strafkolonie entflohene Deportierte, darunter eine seinerzeit zum Tod verurteilte Straßenräuberin, Gnadengesuche einzureichen – und zwar ausgerechnet bei einem Mann, der ein enger Vertrauter von Pitt dem Jüngeren und ein großer Bewunderer von Edmund Burke war und der in seiner Eigenschaft als Innenminister seine wichtigste Aufgabe darin erblickte, für Ruhe und Ordnung im Lande zu sorgen.

Boswell war früher schon einmal von Henry Dundas abgewiesen worden, als er es gewagt hatte, ihn an ein gegebenes Versprechen zu erinnern. So schien es ihm ratsam, sich zuerst an den Unterstaatssekretär Evan Nepean zu wenden, jenen Mann, der seinerzeit bei der Ausrüstung der Ersten Flotte und der Organisation der Strafkolonie eine wichtige Rolle gespielt hatte. Nepean gab zu bedenken, man habe im Fall dieser fünf Deportierten bereits große Zurückhaltung geübt: «Die Regierung ist gewillt, Gnade vor Recht ergehen zu lassen, sie ist aber nicht gewillt, ihnen noch eine weitere Gunst zu gewähren, da dies andere dazu verleiten könnte, ebenfalls einen Fluchtversuch zu unternehmen.»

Boswell stand unter Zeitdruck. Schon seit langem hatte er einen alten Freund besuchen wollen, William

Johnstone Temple, Pfarrer der Gemeinde St. Gluvias bei Falmouth in Cornwall. Alles war vorbereitet, er hatte auch bereits verschiedenen anderen Bekannten, bei denen er und seine beiden ältesten Töchter unterwegs Station machen wollten, seinen Besuch avisiert. Jetzt mußten die Reisepläne kurzfristig geändert werden, denn er wollte sichergehen, daß sein Gnadengesuch auch an die richtige Stelle gelangte.

Am 10. August bat er Lord Dundas schriftlich um eine Unterredung bezüglich «der fünf zur Zeit in Newgate inhaftierten Flüchtlinge aus Botany Bay». Er fügte hinzu, daß sich sogar der zuständige Richter, Nicholas Bond, zu ihren Gunsten geäußert habe. Zwei Tage später teilte man ihm mit, Dundas werde ihn am Mittwoch der folgenden Woche empfangen. Boswell schob seine auf Dienstag geplante Abreise hinaus, da er sein Gesuch unbedingt persönlich vorbringen wollte, und erschien am 15. August zur festgesetzten Zeit in Dundas' Amtssitz. Nachdem er stundenlang im Vorzimmer gewartet hatte, erfuhr er, daß seine Lordschaft den ganzen Tag anderweitig beschäftigt sei. Wutentbrannt ging er nach Hause und schrieb tags darauf einen zweiten Brief an Dundas:

«Sir,
ich bin eigens noch einen Tag länger in der Stadt geblieben, um Ihnen gestern um *ein Uhr,* wie in Ihrem Schreiben ausdrücklich *gefordert,* an Ihrem Amtssitz meine Aufwartung zu machen; und ich war einige Minuten vor ein Uhr dort, doch Sie ließen sich nicht blikken. Das einzige, was mich für diese bittere Enttäuschung entschädigen könnte, wäre eine von Ihnen nach *Penrhyn, Cornwall* adressierte Mitteilung, in der Sie mir bestätigen, daß auf ein hartes Vorgehen gegen die unglückseligen Abenteurer aus Neusüdwales *ver-*

zichtet wird, deren Schicksal mir am Herzen liegt und deren ungewöhnlicher Fall sicherlich keinen Präzedenzfall begründen wird. Ich hoffe, daß mir die Zusage eines solchen *Verzichts* seitens eines Ministers nicht vorenthalten wird, zumal Sie selbst dieser Minister sind und dieses Gesuch ein Appell an die Barmherzigkeit.
Stets Ihr ergebener
James Boswell»

Diesmal reagierte Dundas prompt, und schon am nächsten Tag erhielt Boswell die Bestätigung, daß sein Gesuch zugunsten der «Gefangenen von Botany Bay ordnungsgemäß in Erwägung gezogen» werde. Boswell ließ Mary über den Stand der Dinge orientieren, bevor er abreiste. Er war jetzt doppelt neugierig auf Cornwall, die Heimat seines neuen Schützlings.

Boswells «Abstecher nach Cornwall», wie er seine Aufzeichnungen über diese Reise betitelt hat, verdiente es, einem breiten Publikum zugänglich gemacht zu werden; große Teile bieten eine sehr vergnügliche Lektüre. Begleitet von Veronica und Euphemia, brach er an einem schönen, sonnigen Morgen auf, und als die Kutsche durch die Oxford Street fuhr, wurde ihm so recht bewußt, «wie sehr er London liebte». Das erste Etappenziel war Bagshot, wo Betsey, die Jüngste, bei der Familie einer Schulfreundin, einer «Miss Williams», die Ferien verbrachte. Anscheinend herrschte beim gemeinsamen Abendessen eine gewisse Betretenheit, da Boswell dieser Miss Williams einmal, als sie in London zu Besuch gewesen war, in angesäuseltem Zustand ziemlich gewagte Komplimente gemacht hatte ... Danach fuhren sie weiter nach Salisbury, wo sie die berühmte Kathedrale besichtigten und vom Bischof zum Mittagessen eingeladen wurden, bevor sie Lord Pembroke aufsuchten, der sie auf seinem prächtigen Landgut empfing.

Nach einem kurzen Aufenthalt bei einer Bankiersfamilie in Exeter überquerte die Reisegesellschaft den Tamar. Nun war man also in Cornwall. Es regnete. Es sollte kaum jemals aufhören zu regnen im Lauf der nächsten vier Wochen. Während die Reisekutsche sich durch den Straßenschlamm quälte, notierte Boswell, daß er von Mary Bryants Heimat wirklich nicht viel Gutes sagen könne. «Die Gegend zwischen Lounceston und Bodmin und darüber hinaus, bis Truro in Sicht kam, wirkte so düster wie noch kaum eine, die ich bisher gesehen hatte ... Sie besaß die Schroffheit unseres Hochlandes ohne dessen Reiz, und ich wunderte mich sehr, daß mein Freund Temple dieses Cornwall so gerühmt hatte.» Seine trübsinnige Stimmung besserte sich aber, als er und die beiden Mädchen endlich in St. Gluvias anlangten und vom gastfreundlichen Temple, dessen «griesgrämiger» Gattin und ihren zahlreichen Kindern begrüßt wurden.

Boswell schildert dieses Cornwall aus der Perspektive eines Mannes in mittleren Jahren, der der gehobenen Mittelschicht angehört und fast sein ganzes Leben in der Stadt verbracht hat. Das Cornwall, das er erblickte, hat kaum etwas gemein mit demjenigen der Seemannsfamilie Broad in Fowey. Land's End fand er überwältigend:

> «Die Klippen waren die eindrucksvollsten, die ich je gesehen habe, doch der Anblick dieser Felsmassen hoch über dem Ozean war schaudererregend. Hier endlich überkam mich dieses Gefühl, das ich mir bisher nur vorgestellt hatte, das Gefühl, dort zu sein, wo England zu Ende ist, gut 600 Meilen weit von Auchinleck oder Edinburgh entfernt. Zur Essenszeit kehrten

wir nach Penzance zurück. Ich hatte zum Frühstück etliche frische gebratene Sardinen verzehrt, die mir ausgezeichnet mundeten. Sie sind fetter als Heringe und haben mehr Geschmack. Ich bestellte mir nochmals zwei zur Vorspeise. Fisch ist in Penzance sehr billig, eine ansehnliche Portion Kabeljau kostet zusammen mit einem Gläschen Branntwein nur neun Pence.»

Für die *Cornish cream*, eine andere Landesspezialität, hatte er dagegen gar nichts übrig.

Boswell besuchte der Reihe nach verschiedene Bekannte auf ihren Landgütern: «War bei den Bassets auf Tehidy und erfuhr, daß drei ihrer Großonkel seinerzeit für Karl I. gefallen sind. Tehidy hat einen reizenden Park.» Bei einem Essen im Hause Lord Eliots ging es offenbar hoch her: «Es gab zwei Gänge und einen Nachtisch, dazu trank ich je eine Flasche Madeira, Rheinwein, Sherry (27 Jahre alt), Portwein, Rotwein und hinterher noch eine Flasche Champagner, auch kanarischen Süßwein; Apfelwein und Bier gab es, soviel man wollte.»

Er ließ sich zum Schluß von Sir John St. Aubyn auf St. Michael's Mount hinüberrudern:

«Obwohl das Städtchen, das man in Hafennähe erbaut hat, gewiß einiges einbringt, ist es doch ungemein ärgerlich, daß sich dort nur gemeines, schmutziges Gesindel aufhält und alles nach Fisch und herumliegendem Unrat stinkt. Das Schloß ist jetzt Eigentum von Sir John St. Aubyn, der die Räume mit viel Geschmack und großem Aufwand herrichten und ausstaffieren ließ, und ließe er bloß das Städtchen verschwinden, so könnte er eine wunderbare Residenz daraus machen.»

Überall wurde Boswell als «der berühmte Biograph» empfangen; sein Buch verkaufte sich sogar im fernen Westen Englands. In Falmouth besuchte er das Theater – «ein armseliges kleines Theater, nur zwei Räume in einem gewöhnlichen Gasthaus» –, wo eine Benefizvorstellung für eine gewisse Mrs. Kemp stattfand. Man gab drei Stücke, nämlich *Which is the Man?*, *The Wapping Landlady* und *The Padlock.*

> «Ich habe mir nur den ersten Akt angeschaut, aber sie spielten gar nicht übel. Die Truppe gehörte dem jungen Hughes, dem Sohn eines der Besitzer von Sadlers Wells. Mein Hirn rostet so schnell ein auf dem Lande, vor allem bei Regenwetter ... In einer Loge saßen drei Ausländer und eine hübsche kleine französische Demoiselle, Divry mit Namen, mit der ich eine Zeitlang in London liiert war. Wir taten beide, als würden wir uns nicht kennen. Sie kam in Begleitung von einem der Ausländer her, um hier zu warten, bis ihr Schiff abgeht.
> ‹Je reconnais les attraits
> Qui m'ont autrefois charmé ...›,
> wie es in dem französischen Liedchen heißt. Aber als ich daran dachte, was für ein gemeines, käufliches Geschöpf sie war, verflogen meine Gefühle. Sie ...» [Weitere Einzelheiten über sein Verhältnis mit Mlle. Divry hat Boswell durchgestrichen.]

Eine seiner letzten Visiten galt Lord Falmouth. «Er lehnte die Idee einer universalen Vertretung im Parlament entschieden ab. Er meinte, es gebe ein Wort, das aus unserer Sprache verschwinden müßte – das Wort ‹Freiheit›. Er würde es lieber durch den Begriff ‹Schutz› ersetzen, worunter er den Schutz der Person und des Eigentums verstand. Er plädierte auch für die Abschaffung des Wortes ‹Verfassung›, aus welchen Gründen, weiß ich nicht mehr genau.»

Boswells «Abstecher nach Cornwall» dauerte mehrere Wochen. Bevor er die Heimreise antrat, ließ er sich einem Bekannten von Temple vorstellen, Reverend John Baron, Pfarrer der unweit von Fowey gelegenen Gemeinde Lostwithiel. Allem Anschein nach besprach er den Fall Mary Bryant und sein weiteres Vorgehen in dieser Sache sowohl mit Temple als auch mit Baron.

Sogleich nach seiner Rückkehr erkundigte sich Boswell beim Innenministerium nach dem Stand der Dinge. Es stellte sich heraus, daß rein gar nichts geschehen war. Lord Dundas, hieß es, sei immer noch damit beschäftigt, sein Gnadengesuch «in Erwägung zu ziehen». Wochen und Monate vergingen, und Mary dachte wohl schon, Boswells Beteuerungen, sie freizubekommen, seien nichts als leere Versprechungen gewesen. Aber so leicht ließ sich Boswell nicht entmutigen. Immer wieder hakte er bei Evan Nepean nach, trieb einen Ministerialbeamten namens Pollock fast zur Verzweiflung und ließ eine ganze Lawine von Mahnschreiben auf Henry Dundas los. James Boswell war nun einmal ein hartnäckiger Mensch.

20. Kapitel

Eine Handvoll dürrer Blätter

Fast wollte es scheinen, als würde der Innenminister mit seinen «Erwägungen» bezüglich des Falls Mary Bryant nie zu einem Ende kommen, aber endlich, am 2. Mai 1793, wurde dem Gnadengesuch stattgegeben:

«In Sachen Mary Bryant alias Broad

In Anbetracht der Tatsache, daß die zur Zeit in Newgate inhaftierte Mary Bryant alias Broad beschuldigt wird, vor Ablauf der Zeitdauer, auf die sie deportiert wurde, sich dem Gewahrsam entzogen zu haben, sowie in Anbetracht gewisser zu ihren Gunsten sprechender Umstände, welche Uns untertänigst dargelegt wurden, sehen Wir Uns veranlaßt, ihr Unsere Gnade und Barmherzigkeit zu gewähren und ihr die Strafe für ihr Verbrechen zu erlassen. Demzufolge geruhen Wir anzuordnen, daß die vorerwähnte Mary Bryant alias Broad unverzüglich aus dem Gewahrsam entlassen werde und daß aufgrund der nächsten Generalamnestie, welche den unglücklichen Gefangenen von Newgate gewährt werden soll, derselben die wegen ihres Verbrechens über sie verhängte Strafe ohne jede einschränkende Bedingung erlassen werde; und dieses ist die Vollmacht, welche zum Vollzug besagter Anordnung berechtigt. Gegeben an Unserem Hofe zu St. James, am 2. Mai 1793, im 33. Jahr Unserer Regierung.
Auf Befehl Seiner Majestät
gez. Henry Dundas»

Sieben Jahre und vier Monate waren vergangen seit dem Tag, da Mary in Plymouth verhaftet worden war. Bis auf eine kurze Periode der Freiheit hatte sie diese Zeit, einen großen Teil ihrer Jugend, in Gefangenschaft verbracht – in Kerkern, auf Sträflingsschiffen, in einer Strafkolonie am Ende der Welt.

Bevor Boswell Mary aus Newgate herausholte, suchte er noch ihre Fluchtgefährten auf und versprach ihnen, daß er sich weiterhin für sie einsetzen werde. Am 14. Mai wandte er sich in einem Brief an die Gattin des Innenministers, Lady Hope Dundas, und ersuchte sie, bei ihrem Mann Fürbitte für die vier Männer einzulegen. Die Dame teilte ihm postwendend und in scharfem Ton mit, sie mische sich grundsätzlich niemals in die Angelegenheiten ihres Mannes ein.

Boswell hatte sich bereits Gedanken über Marys Zukunft gemacht und in seinem Bekanntenkreis eine Geldsammlung organisiert. Er erlaubte sich sogar, eines schönen Morgens unangemeldet beim Finanzminister, Lord Thurlow, zu erscheinen. «Ich bat ihn», schreibt er, «ebenfalls etwas für Mary Broad zu spenden. Er rief aus: ‹Zum Teufel, soll sie sich mit anständiger Arbeit etwas verdienen!› Doch als ich ihm ihre Leiden und ihre Tapferkeit schilderte, gab er zu, ich sei ein überzeugender Fürsprecher, und versprach mir, etwas zu geben, wenn mir soviel daran liege.»

Boswell hatte für Mary eine Unterkunft in der Little Titchfield Street besorgt. Alle für sie bestimmten Spenden verzeichnete er peinlich genau auf einem Blatt Papier mit der Überschrift «Marys Geld». Aus der Aufstellung geht hervor, daß damit Kleider, Schuhe, eine Haube, ein Umschlagtuch und ein Gebetbuch für sie angeschafft wurden, nachdem sie aus Newgate entlassen worden war.

Boswell wandte sich auch an seinen Freund William Temple mit der Bitte, dieser möge in seiner Pfarrei eine Sammlung durchführen, damit Mary sich eine Zeitlang von den durchgemachten Strapazen erholen könne. Laut Frederick Pottle erklärte sich Temple zuerst damit einverstanden, teilte dann aber Boswell am 18. Juli mit, man habe ihm von diesem Vorhaben abgeraten, da Marys Angehörige als «notorische Schafdiebe» einen schlechten Leumund hätten. Das ist, gelinde gesagt, äußerst unwahrscheinlich. Zum einen wurde in Cornwall, vor allem in der Gegend um Fowey, praktisch keine Schafzucht betrieben; zum anderen besteht kein Grund zur Annahme, daß Leute, die sich ihren Lebensunterhalt stets auf anständige Weise als Seeleute oder Handwerker verdient hatten, so tief gesunken waren. Hier lag wohl eine Verwechslung vor.

In Boswells Aufzeichnungen ist stets von Mary Broad – nicht Bryant – die Rede. Ob sie selbst ausdrücklich wünschte, bei ihrem Mädchennamen genannt zu werden, erwähnt Boswell freilich nicht. Seinen Bekannten gegenüber bezeichnete er sie als Witwe, sah also ihre Heirat mit Will Bryant als rechtsgültig an; im übrigen scheint ihn dieser nicht interessiert zu haben. Ob er und Mary ein Verhältnis miteinander hatten, ist nicht bekannt. Gemäß Frederick Pottle «gibt es klare Beweise dafür, daß er gänzlich uneigennützig handelte. Boswell war ein Lebemann, doch in seinem Tagebuch (in dem er sehr offen über seine Frauengeschichten berichtet) findet sich kein Hinweis darauf, daß er eine Affäre mit Mary Bryant gehabt hätte. Am Tag ihrer Abreise aus London suchte er sie in Begleitung seines Lieblingssohnes, dem damals fünfzehnjährigen James, in ihrer Wohnung auf. Wäre sie seine Mätresse gewesen, hätte er James gewiß nicht mitgenommen.»

Boswells Freunde waren offenbar anderer Meinung. Die Nachricht, daß «das Mädchen aus Botany Bay» dank seiner Bemühungen begnadigt worden war, erregte großes Aufsehen. Man kannte seine Vorliebe für Frauen aus dem Volk, und so zirkulierten bald allerlei Geschichten. William Parsons, ein Intimus von Boswell, verfaßte ein Gedicht mit dem Titel *Heroic Epistle from Mary Broad in Cornwall to James Boswell, Esquire in London*, ein äußerst geschmackloses Machwerk. Darin wird erzählt, wie Mary, nach Cornwall zurückgekehrt, sich vor Sehnsucht nach ihrem stattlichen James, dem «Apoll von Auchinleck», verzehrt und nur noch einen Wunsch hat: am Galgen, dem sie glücklich entgangen ist, gemeinsam mit ihm den Liebestod zu sterben.

Ob Boswell und Mary ein Verhältnis miteinander hatten, sei also dahingestellt. Aus Boswells Aufzeichnungen geht jedoch klar hervor, daß er Mary ihrer Tapferkeit und Willensstärke wegen aufrichtig bewunderte und daß zwischen den beiden eine gegenseitige Sympathie herrschte.

Für Mary begann nach der Entlassung aus dem Gefängnis ein ganz neues Leben, und vermutlich war der Anfang für sie sehr schwer. Nach all den Jahren, in denen stets andere über sie bestimmt hatten, mußte sie nun wieder lernen, mit der Freiheit zurechtzukommen – und mit der schmerzlichen Tatsache, daß es ihr nicht vergönnt gewesen war, diese Freiheit mit ihren beiden Kindern zu teilen.

Sie wohnte jetzt in einer angenehmen Gegend, hatte alle Tage satt zu essen, besaß hübsche Kleider, schlief in einem bequemen Bett. Jemand, auf den sie sich verlassen konnte, stand ihr zur Seite. Nach sieben langen Jahren konnte sie endlich wieder kommen und gehen, wie sie wollte, konnte durch die Straßen bummeln, die Schaufenster betrachten, sich die Sehenswürdigkeiten der Hauptstadt anschauen. Daß sie, wie in einem Bericht behauptet wird, eine Stelle annahm, ist wenig glaubhaft. Zum einen erwähnt Boswell nichts Derartiges in seinem Tagebuch, zum anderen hätte sie aufgrund der Kenntnisse, die ihr das Überleben in der Strafkolonie ermöglichten, in der Stadt wohl kaum eine anständige Arbeit gefunden.

Mit der Zeit entstanden verschiedene Legenden um «das Mädchen von Botany Bay». Eine, von der noch lange Zeit immer wieder die Rede sein sollte, geht auf einen Bericht zurück, der am 4. Juni 1793 im *Dublin Chronicle* erschien:

> «Ein Militär von hohem Rang besuchte sie in Newgate und erfuhr, was sie erlebt hatte. Am folgenden Tag erschien er abermals und erklärte dem Gefängnisdirektor, er habe die Begnadigung für sie erwirkt, wies diesem auch das entsprechende Dokument vor und bat, man möge ihr vorläufig noch nichts davon sagen. Einen Tag später fuhr er mit seiner Kutsche vor, um die arme junge Frau abzuholen, welche vor lauter Glück und Dankbarkeit beinahe die Besinnung verlor.»

Diese Geschichte ist durch keinerlei Fakten belegt. Nicht ganz aus der Luft gegriffen ist dagegen ein Bericht, der im *Annual Register of Events for 1792* erschien. Dessen Verfasser schildert, nicht sehr akkurat, die Flucht und die weiteren Erlebnisse der Deportierten, stellt fest, für «das Mädchen aus Botany» bestünden gute Aussichten auf eine Begnadigung, und schließt mit den Worten:

«Die Tatkraft dieser Frau sucht ihresgleichen. Einmal, als der Anker zerbrach und die Brandung so stark war, daß die Männer sich verloren glaubten und mutlos die Ruder sinken ließen, griff diese Amazone nach einem Hut, und indem sie ausrief: ‹Habt keine Furcht!›, machte sie sich sogleich daran, das Wasser aus dem Boot zu schöpfen. Ihre Gefährten folgten ihrem Beispiel, und mit vereinten Kräften gelang es ihnen, das Boot vor dem Untergang zu bewahren, bis sie ruhigere Gewässer erreichten.»

Boswell besuchte Mary regelmäßig in ihrer Wohnung. Als er einmal spätnachts von der Little Titchfield Street nach Hause zurückkehrte – vermutlich etwas angeheitert –, wurde er das Opfer eines Raubüberfalls. So etwas kam in London häufig vor, und die Zeitungen berichteten jeweils ausführlich darüber. Der *London Chronicle* meldete unter dem Datum vom 8./11. Juni 1793: «Mr. James Boswell wurde niedergeschlagen, beraubt und verletzt auf dem Pflaster liegen gelassen. Er wurde von einem Passanten aufgefunden, der die Wache herbeirief. Er erlitt eine tiefe Wunde am Hinterkopf und Prellungen an beiden Armen.» Die Verletzungen verursachten ihm «starke Schmerzen und Fieber», aber er hatte noch Glück im Unglück. In der gleichen Ausgabe wurde auch über einen Raubüberfall mit tödlichen Folgen berichtet: Ein Herr aus Italien war in Soho zusammengeschlagen worden und drei Tage später an den Folgen «schwerer Schädelverletzungen» gestorben.

Nach Boswells Genesung scheinen er und Mary sich wieder regelmäßig getroffen zu haben, und sie erzählte ihm ihre Lebensgeschichte. Sie machte sich Gedanken darüber, ob sie ihre Eltern aufsuchen sollte und ob diese – falls sie überhaupt noch am Leben waren – sie trotz ihrer kriminellen Vergangenheit wieder aufnehmen würden. Wäre Mary schon zu dieser Zeit nach Hause zurückgekehrt, so hätte es ihr schlecht ergehen können: In Fowey wütete im Sommer 1793 eine Seuche, die zwischen Juli und September gegen vierzig Todesopfer forderte, darunter viele Säuglinge und Kleinkinder.

Und dann, am Sonntag, dem 18. August, geschah etwas ganz Unerwartetes. Ein ehrbar aussehender Mann tauchte bei Boswell in der Great Portland Street auf.

> «Heute morgen besuchte mich ein gewisser Mr. Castel, wohnhaft Cross Street Nr. 12, Carnaby Market, von Beruf Glaser. Dieser teilte mir mit, er stamme aus Fowey, sei mit allen Angehörigen von Mary Broad bestens bekannt und einer von ihnen habe ihm geschrieben und ihn an mich verwiesen; er wünsche, ihnen Nachricht von ihr zu geben und Mary mit ihrer Schwester Dolly zusammenzuführen, die in London in Stellung sei. Dann erwähnte er noch, daß Mary Broads Vater eine beträchtliche Geldsumme geerbt habe.
> Ich hatte den Verdacht, es handle sich um einen Betrüger. Dennoch führte ich den Mann zu ihr, und aus ihrem Gespräch wurde klar, daß er ihre Verwandten tatsächlich kannte. Sie erinnerte sich nicht an ihn, doch er schilderte, wie er ihr begegnete, als sie noch jünger war. Sie blieb zurückhaltend, was ich sehr vernünftig fand.»

Boswell hatte Castel gebeten, Mary nicht alles zu erzählen, bevor er selbst den Wahrheitsgehalt seiner Behauptungen überprüft hätte, aber Castel wollte seine Rolle als Glücksbote offenbar voll auskosten. Kaum hatte er sich vorgestellt, als er auch schon mit der Geschichte von der Erbschaft herausplatzte und Mary eröffnete, Dolly befinde sich in London, ja sie wohne sogar gleich um die Ecke. Mary fand offenbar, das sei alles viel zu schön, um wahr zu sein, und reagierte laut Boswell «nicht übermäßig begeistert».

Castel bestand darauf, die beiden Schwestern noch am selben Abend zusammenzubringen. «Ich geleitete ihn bis in die Nähe der Oxford Street», berichtet Boswell weiter, «ging dann zu Mary zurück und bat sie, nicht alles zu glauben, was er erzählt hatte, bevor ich nicht selber mit ihrer Schwester gesprochen hätte.» Ihm war bei der Sache nicht ganz wohl zumute: «Ich lief eine Weile ratlos herum und schaute dann auf dem Heimweg noch einmal bei Mary herein, nur um festzustellen, daß Castel ihre Schwester Dolly bereits hergebracht hatte, ein nettes Mädchen so um die Zwanzig; sie hatte sich große Sorgen um sie gemacht und zeigte sich ihr gegenüber sehr liebevoll.» Dolly war natürlich nicht zwanzig, sondern bereits dreißig, zwei Jahre älter als Mary, aber sie sah zweifellos viel jünger aus als ihre von Leid und Entbehrung gezeichnete Schwester.

Die beiden fielen sich schluchzend in die Arme. Als Dolly sich einigermaßen gefaßt hatte, berichtete sie, daß die Eltern noch am Leben waren und nach wie vor in Fowey wohnten. Der Vater habe tatsächlich eine kleine Erbschaft gemacht, so daß es ihnen jetzt recht gut gehe. Sie, Dolly, sei in einem vornehmen Hause als Köchin tätig.

Boswell fand, Dolly sei eine «sehr ehrbare und vernünftige junge Frau». Er fand offensichtlich Gefallen an ihr, denn wenige Tage nach dieser Begegnung besuchte er sie im Hause ihrer Dienstherrin, einer gewissen Mrs. Morgan, in der Charlotte Street. «Sie bezeugte mir ihre Dankbarkeit und sagte, falls sie jemals zu Geld komme, wolle sie mit £1000 geben. Das gute Mädchen, ich war wirklich sehr angetan von ihr. Auf mein Befragen erzählte sie mir die ganze Geschichte seit ihrer Ankunft in London, woraus hervorging, daß sie in höchst verdienstvoller Weise ihren Lebensunterhalt stets durch ehrliche Arbeit erworben hatte. (...) Diese Arbeit war aber viel zu schwer für ein so zierliches junges Ding. Ich beschloß, mich um eine bessere Stelle für sie zu bemühen.»

Wenige Tage später erhielt Boswell einen Brief aus Fowey, und zwar von Mrs. Edward Puckey, von der er annahm, sie sei ebenfalls eine Schwester von Mary. In Wirklichkeit handelte es sich wohl um jene Kusine, deren Hochzeit mit Ned Puckey wir eingangs beschrieben haben. Sie teilte Boswell mit, Mary solle doch nach Fowey zurückkommen, wo man sie «freundlich aufnehmen» werde. Diesem Brief folgte bald darauf einer von Ned Puckey. Dieser bestätigte die Geschichte der Erbschaft; laut Boswell handelte es sich um £ 300 000. Das entsprach sicherlich nicht den Tatsachen, eine solche Summe hätte nach heutigen Maßstäben die Broads zu Multimillionären gemacht. In den Archiven von Truro finden sich keinerlei Hinweise darauf, daß jemand in Cornwall im fraglichen Zeitraum eine Erbschaft in dieser Größenordnung gemacht hätte. Dagegen gibt es einen Registereintrag, wonach ein gewisser Peter Broad – möglicherweise ein Onkel von Mary – verwitwet und kinderlos verstorben war und seinen Verwandten etwa £ 2000 bis £ 3000 hinterlassen hatte. Das war für die damalige Zeit tatsächlich ein Vermögen.

Ob Mary etwas von diesem Geld erhielt, ist nirgends belegt. Ned Puckey schrieb später noch einmal an Boswell und erkundigte sich, wie man am besten vorgehe, damit sie zu ihrem Anteil kommt. Von einer Antwort Boswells ist nichts bekannt.

Mary war lange unschlüssig, was sie nun tun sollte. Einerseits zog es sie in die Heimat zurück, andererseits hatte sie sich inzwischen an ihre angenehme neue Existenz in London gewöhnt. Dolly war der Ansicht, sie müsse unbedingt nach Hause, die Eltern wünschten sich nichts sehnlicher, als ihre verlorene Tochter wiederzusehen. Mary hegte Bedenken, ob ein ruhiges, ereignisloses Leben in einer Kleinstadt auf die Dauer das Richtige für sie sei. Elizabeth Puckey schrieb abermals und versicherte, die ganze Verwandtschaft freue sich schon auf ihr Kommen und man werde sie «mit offenen Armen» empfangen. Doch Mary konnte sich immer noch nicht zur Abreise entschließen.

Auch Boswell scheint sich nicht sicher gewesen zu sein, was für Mary das Beste war. Wenn sie London verließ, würde sie ihm sehr fehlen, aber er fand, es sei ihre Pflicht, zu den Eltern zurückzukehren. Schließlich – es war mittlerweile Oktober geworden – teilte er Ned Pukkey in Marys Namen mit, «sie werde sich freuen, nach Hause zu kommen».

Boswell organisierte ihre Reise. Sie kamen überein, daß es mit dem Schiff einfacher war, und so besorgte Boswell ihr einen Platz auf der *Anne and Elizabeth*, die in den frühen Morgenstunden des 13. Oktober in See stechen sollte. Mary mußte bereits am Vorabend an Bord gehen. «Da ich mich die ganze Zeit ihrer angenommen hatte, versprach ich ihr, daß ich sie an Bord begleiten würde», schreibt Boswell – in der Tat sagte er aus diesem Grund sogar zwei Einladungen ab. Darauf folgt eine ebenso interessante wie für Historiker enttäuschende Bemerkung: «Im Verlauf des Vormittags schrieb ich einen zwei Seiten langen Bericht über ihre Flucht.» Leider sind diese zwei Seiten nie zum Vorschein gekommen.

Nach dem Mittagessen holte Boswell Mary in der Little

Titchfield Street ab, um sie und eine Seekiste mit ihren Habseligkeiten mit der Droschke zum Hafen zu bringen. «Mein Sohn James begleitete mich und wartete bei Mr. Dilly auf mich, bis ich von Beal's Wharf, Southwark, wo sie sich einschiffen mußte, zurück wäre.»

Das ungleiche Paar, das eine Laune des Schicksals zusammengeführt hatte, verbrachte noch einige gemeinsame Stunden. Zum Abendessen gingen die beiden in eine Taverne am Kai, danach tranken sie in einer Schenke noch einen Punsch, zu dem auch der Wirt und der Kapitän der *Anne and Elizabeth* eingeladen waren.

Als es Zeit wurde, Abschied zu nehmen, wurde Mary wieder von Zweifeln und Furcht vor dem, was sie in Fowey erwarten mochte, geplagt. Gewiß würden alle Leute mit dem Finger auf sie zeigen, sie, die von zu Hause ausgerissen und eine Straßenräuberin geworden war, die man nach Botany Bay deportiert hatte, die zweimal mit knapper Not dem Galgen entronnen war! Bei denen, die sie früher gekannt hatten, konnte sie mit anständigen Kleidern und guten Manieren keinen Eindruck schinden. Was würde mit ihr geschehen, wenn ihre Eltern sie nun doch nicht mit offenen Armen empfingen? Auch wenn sie jetzt wohlhabend waren, würden sie vielleicht nicht für sie sorgen wollen ... Erst im letzten Augenblick gestand Mary, sie fühle sich «sehr niedergeschlagen».

Boswell versicherte ihr, sie brauche sich darüber nicht den Kopf zu zerbrechen, denn «ich werde dafür sorgen, daß ihr, solange sie ein anständiges Leben führe, eine jährliche Rente von £ 10 ausbezahlt werde, damit sei sie unabhängig und könne ihre Verwandten verlassen, wann immer es ihr beliebe». Er brachte ihr bei, ihren Namen zu schreiben, «damit ich sie auf der Quittung erkennen kann». Die Rente werde sie in halbjährlichen Raten bekommen, erklärte er ihr, und zwar schicke er das Geld jeweils an Reverend John Baron, den Pfarrer von Lostwithiel, der es dann an sie weiterleiten werde. Es war dies ein außerordentlich großzügiges Abschiedsgeschenk, denn es gab Mary, was ihr am meisten bedeutete, Unabhängigkeit.

Boswell bezahlte dem Kapitän den Preis für die Überfahrt, begleitete Mary in ihre Kabine und gab ihr nebst einer kleinen Summe für den unmittelbaren Bedarf £ 5 als erste Rate ihrer Rente. Sie überreichte ihm zum Abschied das einzige, was ihr als Erinnerung an Neusüdwales geblieben war: eine Handvoll dürrer Blätter, «Süßtee», den sie in jener denkwürdigen Nacht, als sie, den schlafenden Emmanuel auf dem Arm, in die Dunkelheit hinausschlich, noch hastig gepflückt hatte.

James Boswell, Doktor der Rechte, Verfasser der Johnson-Biographie, Bonvivant und Philanthrop, kehrte nach Hause zurück, um sich vor dem Zubettgehen noch einen Schlaftrunk zu genehmigen. Er schlief den Schlaf der Gerechten, während die *Anne and Elizabeth* in der Morgendämmerung themseabwärts segelte, dem offenen Meer entgegen.

Mary Bryant, die schon so viele Meere befahren hatte, reiste zum ersten Mal in ihrem Leben als ein freier Mensch.

Epilog

Mary kehrte also nach Fowey zurück. Boswell hatte sie gebeten, nicht nur die halbjährlichen Geldsendungen zu quittieren, sondern ihm jeweils auch mitzuteilen, wie es ihr gehe und was sie mache. Da sie ja nicht selbst schreiben konnte, solle sie Pfarrer John Baron oder jemanden aus ihrer Verwandtschaft bitten, es für sie zu tun.

Die erste Nachricht, die er aus Cornwall erhielt, war ein vom 16. Februar 1794 datiertes Dankschreiben von Edward Puckey, das Mary mit «M. B.» unterzeichnet hatte. Der zweite Brief stammte von Pfarrer Baron und wurde ihm durch William Temple zugestellt. Er enthielt eine Quittung über fünf Pfund, ebenfalls mit Marys Initialen, und eine kurze Mitteilung Barons, wonach sie sich seit ihrer Rückkehr nach Fowey stets gut geführt habe.

Am 13. Oktober 1794 informierte Boswell seinen Bruder David schriftlich über seine finanzielle Situation und bat ihn um Überweisung von fünf Pfund Sterling «an Reverend John Baron in Lostwithiel, Cornwall, da er es übernommen hat, Mary Broad ihre Rente auszuzahlen». Die Quittung für diesen Betrag, die ebenfalls mit M. B. unterzeichnet und vom 1. November 1794 datiert ist, wurde ihm direkt aus Lostwithiel zugestellt.

Diese Quittung ist der letzte sichere Beleg für die Existenz Marys. Boswell starb ein halbes Jahr darauf, und seine Erben stellten die Rentenzahlung ein.

So können wir nur Spekulationen darüber anstellen, wie es mit Mary weiterging. Für einen Zeitraum von rund drei Jahren nach ihrer Rückkehr gibt es keinerlei Hinweise darauf, daß sie oder ihre Eltern in Fowey wohnten; auch erscheint niemand von ihnen im Sterberegister des Kirchspiels.

Vielleicht erwiesen sich Marys Befürchtungen als begründet, und sie wurde aufgrund ihrer Vergangenheit in Fowey nicht mehr als gesellschaftsfähig betrachtet, weshalb für sie dort auch keine Aussicht auf eine Wiederverheiratung bestand – falls ihr denn überhaupt daran gelegen war, nochmals zu heiraten. Denkbar wäre auch, daß die Broads sich von dem geerbten Geld in einer anderen Gegend ein Haus oder einen kleinen Hof kauften oder daß Mary allein wegzog und sich anderswo niederließ. In den Kirchenbüchern der Ortschaften in der näheren und weiteren Umgebung von Fowey findet man freilich ebenfalls keine Spur der Broads.

Verschiedene Forscher haben auf eine Mary Bryant hingewiesen, die im Eheregister der Pfarrei Breage bei Helston erscheint, einer Ortschaft im Südwesten Cornwalls, rund vierzig Meilen von Fowey entfernt. Aus dem Eintrag geht hervor, daß am 9., 16. und 23. August 1807 das Aufgebot von Richard Thomas, «wohnhaft in dieser Gemeinde», und Mary Bryant, «ebenfalls wohnhaft in dieser Gemeinde», verkündet wurde. Falls es sich um unsere Mary handelte, müßte sie damals 42 Jahre alt gewesen sein – nach Meinung einiger Historiker zu alt zum Heiraten und Kinderkriegen. Merkwürdig ist jedoch, daß in diesem Fall die Braut nicht, wie es damals üblich war, als «ledig» beziehungsweise «verwitwet» bezeichnet wurde. Geschah dies, weil man – falls es tatsächlich unsere Mary war – nicht mit Sicherheit wußte, ob ihre in Australien geschlossene Ehe als gültig anzusehen sei, und folglich auf eine nähere Angabe verzichtete?

Die Trauung erfolgte am 13. Oktober 1807, und den entsprechenden Eintrag im Eheregister unterzeichneten in Gegenwart von Pfarrer Herring Richard Thomas und, nur mit den Initialen, Mary Bryant. Auch diese Mary war also Analphabetin.

Falls Mary nicht in Fowey bleiben, aber auch nicht aus Cornwall fortziehen wollte, wäre ein Ort wie Breage keine schlechte Wahl gewesen, denn die Gegend um Mount's Bay und Lizard Point war damals so dünn besiedelt und so abgelegen, daß dort sicherlich niemand von ihrer Vergangenheit wußte.

Im Taufregister taucht der Name Thomas in den nächsten paar Jahren nicht auf, was ein wenig merkwürdig ist, falls es sich bei Richard und Mary Thomas um junge Leute handelte. Unter dem Datum vom 7. April 1811 ist dann aber die Taufe von «Mary Anne, Tochter von Richard und Mary Thomas aus Breage», verzeichnet. Sollte Mary Thomas mit unserer Mary identisch sein, so hätte sie also mit 46 Jahren noch ein Kind bekommen. Das mag nicht der Norm entsprechen, war aber auch in der damaligen Zeit durchaus möglich, zumal im Fall einer Frau, die über eine so robuste Konstitution verfügte wie Mary. Im Juli 1812 erfolgte die Taufe einer zweiten Tochter, Elizabeth. Dieses Kind muß entweder tot geboren oder kurz nach der Geburt gestorben sein, denn es erscheint gleichzeitig im Sterberegister mit der Altersangabe «00 Jahre».

Das könnte bedeuten, daß Mary Thomas nicht mehr die Jüngste war, als sie ihre Töchter zur Welt brachte – «Wechseljahrkinder», wie man solche Nachzügler in Cornwall damals nannte und auch heute noch nennt. Es würde gleichzeitig die Tatsache erklären, daß das Ehepaar Thomas keine weiteren Nachkommen hatte.

Allem Anschein nach lebten Richard und Mary in den folgenden 15 Jahren weiterhin in jener Gegend, desgleichen Mary Anne, die also mindestens das 15. Lebensjahr erreicht haben muß.

Wie gesagt: All dies beweist keineswegs, daß es sich bei Mary Thomas tatsächlich um unsere Mary handelte. Laut Professor Pottle wäre es durchaus möglich, daß sie sich entschloß, nach Amerika auszuwandern. Das Zeug zu einer Pionierfrau hätte sie sicherlich gehabt ... Mir persönlich ist der Gedanke lieber, daß sie nach all den Irrungen und Wirrungen ihrer jungen Jahre in einer der schönsten Gegenden Cornwalls eine neue Heimat fand, mit einem Kind, dem ein besseres Schicksal als Charlotte und Emmanuel vergönnt war, und daß ihr und ihrer Familie noch ein langes, glückliches Leben beschieden war.

Was Marys Fluchtgefährten angeht, so hielt Boswell sein Wort: Noch während er nach dem auf ihn verübten Überfall das Bett hüten mußte, schrieb er erneut an Evan Nepean und bat diesen, man möge im Fall «dieser unglücklichen Menschen» nichts unternehmen, bevor er, Boswell, Gelegenheit habe, nochmals persönlich mit Nepean und Gouverneur Phillip über die Sache zu sprechen. Letzterer war drei Wochen zuvor nach England zurückgekehrt.

Am 17. August 1793 besuchte Boswell die Männer in Newgate, «um ihnen persönlich mitzuteilen, ich würde alles, was in meiner Macht stehe, für sie tun». Das tat er auch, und am 2. November wurden alle vier aus dem Gefängnis entlassen. Als erstes suchten sie Boswell in der Great Portland Street auf, um sich für seine Hilfe zu bedanken.

John Butcher alias Samuel Broom hatte im Januar 1793 selbst ein Gnadengesuch an Dundas gerichtet und sich bereit erklärt, «unter gewissen Bedingungen» freiwillig nach Botany Bay zurückzukehren. Er sei auf dem Lande aufgewachsen, schrieb er, weshalb er sich in der Landwirtschaft auskenne und auch «aus schlechtem Boden etwas herausholen» könne. Man möge ihm doch Gelegenheit geben, seine Fähigkeiten zum Nutzen der jungen Kolonie einzusetzen. Auf dieses Angebot ging die Regierung auch nach seiner Freilassung nicht ein. So trat Butcher dem New South Wales Corps bei und ging als Soldat nach Australien zurück; 1795 wurden ihm 25 Morgen Land im Distrikt Petersham Hill zugesprochen.

Vom Schicksal der übrigen drei Männer ist nichts überliefert außer der Tatsache, daß James Martin dem bekannten Juristen und Philosophen Jeremy Bentham sein *Memorandum* zukommen ließ. Gut möglich, daß Martin in seine irische Heimat zurückkehrte und dank seiner abenteuerlichen Geschichte zu einer lokalen Berühmtheit wurde.

James Boswell erholte sich nie mehr vollständig von den Verletzungen, die er bei dem Überfall erlitten hatte. Im Lauf des Sommers 1794 verschlechterte sich sein vom übermäßigen Trinken ohnehin angeschlagener Gesundheitszustand. Er ging nur noch selten aus, etwa, um als Beobachter den Prozeß Warren Hastings' zu verfolgen, der als erster Generalgouverneur Indiens des Amtsmißbrauchs beschuldigt worden war. Nach jahrelangem Hin und Her erging ein Freispruch – ein Fehlurteil, wie Boswell meinte.

Zu Beginn des Jahres 1795 ging es ihm wieder besser; man sah ihn jetzt wieder öfter bei gesellschaftlichen Anlässen. Am 13. April aber erlitt er in den Räumen des «Literarischen Klubs» einen Zusammenbruch. Von da an verließ er das Haus nie mehr. Seinen Angehörigen und seinem Freund William Temple schrieb er, daß er wahrscheinlich nicht mehr lange zu leben habe. Der Arzt diagnostizierte «ein brandig gewordenes Geschwür an der Blase», das sehr schmerzhaft war. James Boswell starb am 19. Mai 1795 in Anwesenheit seines Bruders David, seiner

Söhne Alexander und James und seiner Töchter Veronica und Euphemia. Veronica hatte ihn bis zuletzt liebevoll gepflegt.

Der so sehr auf Sitte und Anstand bedachte Leutnant Ralph Clark kehrte zu seiner Betsey Alicia zurück, der vollkommensten aller Frauen. Sie muß es mit ihm nicht eben leicht gehabt haben ... Ob er ihr jemals gestand, daß er vom Pfad der Tugend abgewichen war und mit Mary Branham eine Tochter gezeugt hatte, wissen wir nicht; in seinen Tagebüchern steht jedenfalls nichts davon.

Clark übernahm zuerst einen Posten in der Marinebasis Chatham; später wurde er nach Westindien versetzt und kam auf das Kriegsschiff *Sceptre*, auf dem auch sein Sohn, «Ralphie», als Seekadett diente und seine Feuertaufe erlebte. Vater und Sohn waren mit dabei, als die Engländer mehrere französische Schiffe aufbrachten, wofür, wie Clark an Betsey Alicia schrieb, ansehnliche Prisengelder in Aussicht standen; sogar der junge Ralph sollte vierzig Pfund bekommen.

Während eines Landurlaubs erkrankte Clark an der Ruhr. Kaum wieder auf den Beinen, nahm er an einem Einsatz gegen einen französischen Vorposten teil und wurde von Heckenschützen verwundet. Man brachte ihn an Bord der *Sceptre* zurück. Im Krankenrevier lag auch Ralph junior, der sich mit Gelbfieber angesteckt hatte; beide starben am selben Tag. Das Schicksal wollte es, daß auch Betsey Alicia um jene Zeit herum starb, und zwar am Kindbettfieber, nachdem sie im Marinehospital Chatham ein totes Kind zur Welt gebracht hatte. Es ist möglich, daß es irgendwo in Australien Nachkommen von Leutnant Ralph Clark gibt: Mary Branham verließ nach Verbüßung ihrer Strafe mit der kleinen Alicia die Kolonie, aber wohin sie gingen und was später aus ihnen wurde, ist nicht bekannt.

Watkin Tench erlebte im Lauf seiner Karriere noch einige Abenteuer. Nach seiner Rückkehr aus Neusüdwales wurde er zur Kanalflotte abkommandiert und diente auf dem Linienschiff *Alexander.* Anläßlich eines Einsatzes verlor dieses bei stürmischem Wetter den Kontakt zum Rest des Geschwaders und wurde von drei französischen Kriegsschiffen angegriffen. Wie es in einem Marinerapport heißt, mußte die *Alexander* «die Flagge streichen, nachdem sie die Großrah, die Besangaffel und alle drei Toppbramrahen verloren hatte». Vierzig Mann wurden getötet oder verwundet.

Die Überlebenden, unter ihnen Watkin Tench, kamen in ein französisches Kriegsgefangenenlager, vermutlich dasjenige von Audienne in der Bretagne. Einer Quelle zufolge schaffte er es, nach Roscoff und von dort mit einem gestohlenen Boot nach England zu fliehen; eine andere dagegen berichtet, er habe sich bei den Franzosen so beliebt gemacht, daß sie ihn gegen Kaution freiließen, bis er im Mai 1795 im Zug eines Gefangenenaustausches nach Hause konnte. Während seiner Gefangenschaft führte er ein Tagebuch, das er 1796 auszugsweise veröffentlichte.

Tench diente noch bis 1802 bei der Kanalflotte. Im Jahre 1816 nahm er seinen Abschied, kehrte aber drei Jahre später in den aktiven Dienst zurück und übernahm, jetzt im Rang eines Generalmajors, das Kommando der Division Plymouth, das er bis zu seiner endgültigen Pensionierung 1827 innehatte.

Er war verheiratet mit Anna Maria Sargent, der Tochter eines Schiffsarztes aus Devonport. Das Paar hatte keine eigenen Kinder, adoptierte aber 1821 die vier Kinder von Anna Marias verwitweter Schwester. Watkin Tench starb am 7. Mai 1833; seine Frau überlebte ihn um vierzehn Jahre. Mit Ausnahme dessen, was er selbst in seinen Tagebüchern über sich berichtet hat oder was in seinen Dienstakten steht, ist nichts über ihn bekannt.

Ob Watkin Tench damals im französischen Kriegsgefangenenlager manchmal an Mary Bryant dachte? Wenn die Geschichte seiner Flucht über den Ärmelkanal tatsächlich stimmt, ist er, der sich von Jugend auf für die Idee der Freiheit und der universalen Rechte des Menschen begeisterte, vielleicht ihrem Beispiel gefolgt. Wie dem auch sei, ich möchte dieses Buch mit einem Zitat aus den Aufzeichnungen von Watkin Tench beschließen:

> «Ich gestehe, daß ich diese Menschen nie ohne Mitleid und Bewunderung ansehen konnte. Sie waren in einem heldenhaften Kampf um die Freiheit gescheitert, nachdem sie allen Gefahren getrotzt und alle Schwierigkeiten überwunden hatten.»

Danksagung

Ohne die Hilfe, die ich von Bibliotheken und Archiven erhalten habe, hätte dieses Buch nicht geschrieben werden können. Deshalb möchte ich mich bei den folgenden herzlich bedanken: Algemeen Rijksarchief, Den Haag; British Library; British Newspaper Library; Cornwall County Archive; Cornwall County Record Office; London Library; London University Library; Mitchell Library of Sydney, New South Wales (wo die größte Sammlung von Material über die frühen Siedlungen in Port Jackson zu finden ist); Public Record Office.

Außerdem bin ich sehr dankbar für die Hilfe, die mir der Author's Fund of The Society of Authors gewährte, der es mir ermöglichte, in Australien zu recherchieren. Und ich danke Krissoulla Syrmis, die in der Mitchell Library so viele Quellen für mich ausfindig machte.

Literatur

Boswell, James, *Dr. Samuel Johnson.* Leben und Meinungen mit dem Tagebuch einer Reise nach den Hebriden. Deutsch von Fritz Güttinger, Manesse Verlag, Zürich, 1951.

Hamilton, Dr. George, *Die Piratenjagd der Fregatte «Pandora».* Deutsch von Hermann Homann. Horst Erdmann Verlag, Tübingen und Basel, 1973.

Hughes, Robert, *Australien: Die Gründerzeit des 5. Kontinents.* Deutsch von Karl A. Klewer. Econ Verlag, Düsseldorf, Wien, New York, 1987.

Paine, Thomas, *Die Rechte des Menschen.* Deutsch von Wolfgang Mönke, Akademie-Verlag, Berlin, 1962.

Umschlaggestaltung: C. Günther/W. Hellmann
unter Verwendung eines Gemäldes von Fitz Hugh Lane
«Lumber Schooners at Evening
on Penobscot Bay, 1860»,
mit freundlicher Genehmigung der
National Gallery of Art, Washington, D. C.
Satz Baskerville PostScript (PageOne)

Romane und Erzählungen

Julian Barnes
Flauberts Papagei *Roman*
(rororo 22133)
«Dieses Buch gehört zur Gattung der Glücksfälle.» *Süddeutsche Zeitung*

Denis Belloc
Suzanne *Roman*
(rororo 13797)
«Suzanne» ist die Geschichte von Bellocs Mutter: Das Schicksal eines Armeleutekinds in schlechten Zeiten. «Denis Belloc ist der Shootingstar der französischen Literatur.» *Tempo*

Andre Dubus
Sie leben jetzt in Texas *Short Stories*
(rororo 13925)
«Seine Geschichten sind bewegend und tief empfunden.» *John Irving*

Michael Frayn
Sonnenlandung *Roman*
(rororo 13920)
«Spritziges, fesselndes, zum Nachdenken anregendes Lesefutter. Kaum ein Roman macht so viel Spaß wie dieser.» *The Times*

Peter Høeg
Der Plan von der Abschaffung des Dunkels *Roman*
(rororo 13790)
«Eine ungeheuer spannende Geschichte.» *Die Zeit*
Fräulein Smillas Gespür für Schnee *Roman*
(rororo 13599)
Fräulein Smilla verfolgt die Spuren eines Mörders bis ins Eismeer Grönlands. «Eine aberwitzige Verbindung von Thriller und hoher Literatur.» *Der Spiegel*

rororo Literatur

Stewart O'Nan
Engel im Schnee *Roman*
(rororo 22363)
«Stewart O'Nans spannendes Erzählwerk ist zum Heulen traurig und voller Schönheit, seine Sprache genau und von bestechendem Charme. Die literarische Szene ist um einen exzellenten Erzähler reicher geworden.» *Der Spiegel*

Daniel Douglas Wissmann
Dillingers Luftschiff *Roman*
(rororo 13923)
«Dillingers Luftschiff» ist eine romantische Liebesgeschichte und zugleich eine verrückte Komödie voll schrägem Witz, unbekümmert um die Grenzen zwischen Literatur und Unterhaltung.

Tobias Wolff
Das Blaue vom Himmel *Roman einer Jugend in Amerika*
(rororo 22254)
«Wunderbar komisch – zugleich tieftraurig und auf sehr subltile Weise moralisch.» *Newsweek*

3287/5

90 Jahre Rowohlt

Heinrich Maria Ledig-Rowohlt hatte eine Schwäche für Bücher, «die sich ohne Mühe so weglesen». So fanden sich in seinem Verlag neben den zahlreichen literarischen Entdeckungen auch Perlen der vergnüglichen und entspannten, aber auch der gefühlvollen Lektüre. Kein Wunder, daß die Leser seinem Spürsinn vertrauten und so manchem dieser Werke zu Bestseller-Ehren verhalfen. Ausgewählte Taschenbücher zum Jubiläum:

Paul Auster
Die NewYork-Trilogie *Roman*
(rororo 22501)

T. Coraghessan Boyle
Wassermusik *Roman*
(rororo 22505)

Simone de Beauvoir
Memoiren einer Tochter aus gutem Hause
(rororo 22507)

Wolfgang Borchert
Das Gesamtwerk
(rororo 22509)

Rita Mae Brown
Jacke wie Hose *Roman*
(rororo 22513)

Hans Fallada
Kleiner Mann – was nun? *Roman*
(rororo 22510)

Peter Høeg
Fräulein Smillas Gespür für Schnee *Roman*
(rororo 22502)

Elke Heidenreich
Kolonien der Liebe
Erzählungen
(rororo 22514)

3670/1

rororo Literatur

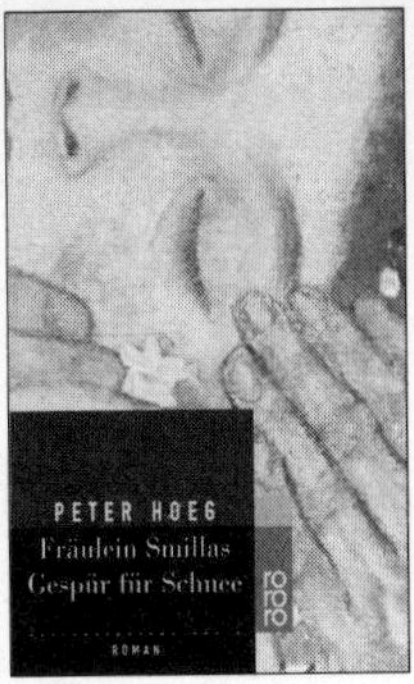

John Irving
Garp und wie er die Welt sah
Roman
(rororo 22504)

Klaus Mann
Mephisto *Roman*
(rororo 22512)

Harry Mulisch
Die Entdeckung des Himmels
Roman
(rororo 22503)

Robert Musil
Die Verwirrung des Zöglings Törleß
(rororo 22511)

Rosamunde Pilcher
September *Roman*
(rororo 22515)

Jean-Paul Sartre
Der Ekel *Roman*
(rororo 22508)

Carola Stern
Der Text meines Herzens *Das Leben der Rahel Varnhagen*
(rororo 22506)